人才盘点

创建人才驱动型组织

李常仓 赵实 ◎ 著

第 2 版

TALENT REVIEW

BUILDING TALENT POWERED
ORGANIZATIONS (2ND)

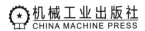
机械工业出版社
CHINA MACHINE PRESS

图书在版编目（CIP）数据

人才盘点：创建人才驱动型组织/李常仓，赵实著．—2版．—北京：机械工业出版社，2018.4（2024.6重印）

ISBN 978-7-111-59486-4

I. 人… II. ① 李… ② 赵… III. 企业管理－人才管理 IV. F272.92

中国版本图书馆CIP数据核字（2018）第056655号

　　本书作者立足于当前的经营形式和环境，指出企业实施组织与人才盘点的必要性，并完整地阐述了实施的工具和方法等。作者还结合自己多年的咨询实践，剖析了五家知名企业在人才盘点领域的实践经验。组织和人才盘点是一种新型的领导力发展方式，同时也是一种战略执行和组织发展的方式。企业通过组织和人才盘点，可以评估战略的执行，提前识别战略落地过程中可能存在的问题和障碍，并提前采取行动。

人才盘点：创建人才驱动型组织　第2版

出版发行：机械工业出版社（北京市西城区百万庄大街22号　邮政编码：100037）

责任编辑：刘新艳　　　　　　　　　　　　责任校对：殷　虹

印　　刷：涿州市殷润文化传播有限公司　　版　　次：2024年6月第2版第12次印刷

开　　本：170mm×242mm　1/16　　　　　印　　张：16

书　　号：ISBN 978-7-111-59486-4　　　　定　　价：69.00元

客服电话：（010）88361066　68326294

推荐序一

挖掘组织中被忽视的宝藏

从"半杯水"说起

我在给 EMBA 的同学上课的时候，经常举这样一个例子：在讲台的桌子上放一个盛着半杯水的杯子，我指着杯子问大家，你们看到了什么？有同学说，这是一个半满的杯子；也有同学说，这是一个半空的杯子。这是一个有趣的小实验，反映的是每个人看问题的不同角度。角度不同，接下来的行为和选择也将会不同。企业中的很多高管在用人的时候，也常常会持有"半空"思维，在经营管理中遇到问题就会觉得是员工能力跟不上，或者根本无人可用，于是逼着 HR 去外部寻觅合适的人才。然而，好不容易高薪请来的空降人才，一方面需要适应企业的文化和工作氛围，熟悉领导、同事和下属，另一方面还要开展全新的工作，要么精力几乎被消耗殆尽，要么工作很难快速推展。如此，将会陷入一个恶性循环，外部引进的人才短时间内难以充分发挥全部价值，最后往往导致业务机遇的错失，而企业中的员工也很难获得被认同感和安全感，那些真正有追求、有能力的人才，却因缺少发展机会，被迫选择离开或者变得平庸。

在过往 20 多年的学术研究和企业咨询工作中，我能够清晰地感知到，有相当一部分优秀的中国企业已经从人力资源管理 1.0 时代（人事管理）走到了人力资源管理 2.0 时代（人岗匹配），并正在向着人力资源管理 3.0 时代（人才管理）迈进，它们正打破上述这种恶性循环，有计划地结合着公司的战略发展目标和核心竞争力来考虑员工的关键核心能力，依据每个人的才能安排岗位，做到人尽其才、人尽其用。而人才盘点，正是它们做到这一切的秘密武器。当然，更有极少数顶尖的企业，使用更为先进的做法，利用大数据和人工智能对未来做出精准的预测分析，向着人力资源管理 4.0 时代（数据智能）勇敢地探索。

《人才盘点》这本书，为我们非常详尽地介绍了企业如何使用更加科学的方法在组织内部对人才资源进行挖掘和开拓，从而获得竞争优势。

本书不但架构了一套专业而成熟的理论体系，从观念意识、工具方法到运营操作，为我们全面而系统地介绍了组织与人才盘点的基本理念和知识技能；还从实践者的角度，为我们详细说明了在 GE、联想集团、长安汽车、强生、IBM 这些知名企业中，那些经过时间考验的完善的人才盘点的具体操作方法。

以上这些，正是我们中国企业可以突破人力资源管理 2.0 时代（人岗匹配），迈过人力资源管理 3.0 时代（人才管理），跨向人力资源管理 4.0 时代（数据智能）的基础——科学人才管理的基本思维模式（mindset）和洞悉人才资源的核心管理能力。

书中的一个观点我印象非常深刻，也无比赞同——组织与人才盘点不是一项人力资源的流程，而是一项公司业务流程；对于公司的高层管理者而言，执行组织与人才盘点的要求是：深谙战略制定和执行，善于识人用人，同时发现和培养未来领导者或继任者必须责任到人，至少是资深高层领导者，能及时支持并引导个人发展计划的执行。

诚然，在面对"盛着半杯水的杯子"这类问题时，我们可能很难在短时间内改变自己的思维模式，但是在看到"半空"的杯子时，还能够意识到它还有"半杯水"的存在，就是一个巨大的进步。人才盘点于企业经营管理者而言，应是这种"无言之知"，它的规则、流程和操作方法可能复杂而难懂，但是管理者必须知道，它可以帮你挖掘到你看不见的那个巨大的组织宝藏。

郑晓明　副教授

清华大学经济管理学院

推荐序二
突破人才经营的瓶颈

人才经营，成败攸关。

让我们先回到 2013 年。带着对互联网思维的焦虑，彼时还是万科总裁的郁亮，亲自率领高管团队，系统地游访了百度、腾讯、阿里、小米、海尔等公司，期待刷新对互联网时代的认知。学习和思考之旅结束后，在 2014 年春季例会（万科最重要的年度会议）上，郁亮用一张 PPT、五个字展示了"万科未来十年发展的解决方案"：事业合伙人。

为何有从"互联网思维"到"事业合伙人"的跳跃？ 2014 年 12 月 21 日，在万科回款突破 2000 亿元之际，郁亮在一封致内部员工的信中进一步解释了管理层的思考："互联网时代最大的变化是，知识经济的全面崛起。在知识经济时代，知识资本将取代实物资本，成为最活跃的经济资源。如何用全新的合约安排激发知识资本的创造力，是这个时代最重要的课题。这可能是比互联网信息技术更大的风口。"

席卷万科，后来几乎席卷整个中国企业界的实践大幕就此拉开。迄今为止，超过半数的房地产百强公司跟进建立了项目跟投等制度；美的、复星、德邦、永辉超市等各个行业的优秀企业，都建立了独具特色的事业合伙人机制。其中有很多企业受惠于此，实现了公司业绩和发展的突破。

想打赢人才经营战，需要双管齐下。除了创新激励机制之外，还有一个非常重要的杠杆：既然人才是最稀缺的"资产"，就要以运营思维，重塑／升级人力资源管理。在这一领域，华为的实践可资借鉴。

2013 年，华为设备业务的增长速度放缓：固网和电软核负增长，无线由于 LTE 的发展，实现了 9% 左右的增长。但在设备增长放缓的同时，整个服务的增长却达到了 24%。价值正在从设备向服务和软件转移，而服务和软件都是以项目驱动的。

为了实现业务的持续增长，在坚持以客户为中心的基础上，华为提出，要打造以项目为中心的拉动式、眼镜蛇式组织：头部（业务前端的项目运营）可以灵活转动，一旦发现觅食或进攻对象，整个身体的行动十分敏捷，可以前后左右甚至垂直蹿起发起攻击，而发达的骨骼系统（管理支撑体系）则环环相扣，转动灵活，确保在发起进攻时能为头部提供强大的支撑。

如何实现战略和组织转型的目标？

任正非在 2014 年年初提出"少将连长"的概念，并推行试点。所谓少将连长，就是指直接面对客户的一线销售员将会是经验丰富、专业、具有资源整合能力的员工。尤其是针对优质客户和重要的老客户，要将精锐的全能型"海军陆战队员"用来攻克难关，并配置合适的资源。

在内部讲话中，任正非透露了自己的思考："传统金字塔的最底层，过去级别最低，但他们恰恰是我们面对 CEO 团队、面对复杂项目、面对极端困难突破的着力点……过去的配置恰恰是最软点着力。"

原本不起眼的一线主管，在华为的新战略中被定义为最重要的岗位（人才）。这也正是华为和任正非最值得学习的地方：战略思维并不是全面改善、追求完美，而是要抓住主要矛盾，找到系统中的杠杆点，集中优质资源，一击而破局。

为了调动最优秀的人才奔赴一线的积极性，华为甚至在少数岗位上打破传统的以岗定薪的做法，在薪酬与激励上进行突破和倾斜，以彻底贯彻"将战略性的资源，配置到战略性机会点上"的战略原则。

华为的做法与本书倡导的思想和实践暗合：人才盘点的目的并不是给员工"贴标签"，而是从业务和战略出发，盘点组织、岗位和关键人才，并通过系统的措施提升人才管理对战略执行的支持度。

常仓兄和赵实兄是典型的咨询顾问：专业、前瞻、务实。两位对世界级企业的领先实践有持续的研究，同时又立足于中国企业的现实挑战和问题解决。几年前阅读本书的第 1 版即受益良多，第 2 版则基于最新的研究和咨询实践，对理念、工具都做了细致的更新和完善。期待本书的面世，能够帮助更多的组织、领导者和 HR 打赢人才经营战。

康至军

《HR 转型突破》《事业合伙人》作者

推荐序三

盘点人才　制胜未来

中共十九大报告指出："人才是实现民族振兴、赢得国际竞争主动的战略资源。"

几年前，一次偶然的机会，我公司的 HR 员工发现《人才盘点》一书，经过团队反复阅研，认为它适合长安汽车发展需要。为此，公司走上了专业化的人才盘点之路，几年下来，收获颇丰。

我欣喜地看到，在近几年实践的基础上，《人才盘点》第 2 版即将出版，这是一本既有专业性又有实战性的书籍。

当今世界，面对不确定性的未来，新概念、新技术、新的商业模式不断涌现，跨界融合趋势日益明显，市场竞争不断加剧，唯有人才资源是潜力无限、效率倍增的资源。同时，在激烈的市场竞争中，虽然企业的规模不同、发展阶段各异，但人才资源明显不足的困扰普遍存在。因此，建立人才资源定期盘点机制，全方位、多维度、全时性地把握每个人的优势与不足，做到人岗匹配，并不断地 PDCA[⊖]，是一件极其重要的事。

长安汽车在打造世界一流汽车企业的征程中，在推进落实第三次创新创业计划的过程中，引入人才盘点方法并形成机制，取得了较好

⊖ PDCA 指计划（plan）、执行（do）、检查（check）和行动（action）。

效果。首先，让各级管理者树立了关注人、重视人、培养人、发展人的理念；其次，公司发现了一大批高潜质的人才；最后，激发了每个管理者的活力与潜能，特别是针对存在的不足及时反馈，让每位管理者清楚地知道问题所在，明确改进方向。

《人才盘点》这本书，既适合每一位 HR 工作者，也适合每一位管理者阅读、实践。它一定能带给我们意想不到的收获。

江爱群
长安汽车人力资源部部长、公司新闻发言人

前　言

　　五年前，国内很多企业的人力资源体系处于转型期，即从非体系化转向体系化，从人力资源管理转向人才资本管理，从产品或流程驱动型的组织转向人才驱动型的组织，这样的转变很大程度上来自企业的创始人和管理团队对人才重要性的重新认知，他们逐渐意识到未来的竞争优势取决于组织中的人，并愿意为"人"的因素投入时间和资源，但回到实践中，他们又缺乏一套体系来支持他们的想法落地。当我们越来越频繁地被邀请去与这些企业讨论人才管理的话题时，当我们越来越多地感知到他们面对人才问题的困扰和忧虑时，我们决定写一本关于人才的书，尽可能地将我们在人才管理咨询中的经验、工具和方法总结出来，分享给读者，于是有了第 1 版的《人才盘点》。之所以用"人才盘点"这个话题作为人才管理体系的切入点，是因为在我们看来，人才盘点是整个人才管理体系中的连接器和驱动轮，一方面，人才盘点在流程和技术上能够有效地识别人才，使选拔、使用、培养人才的效率得到提升，让人才管理的各个模块得到很好的衔接；另一方面，人才盘点以管理团队面对面交流的形式，统一对人才的看法、对文化的理解，甚至对组织战略的认知，在此基础上，人才盘点能有效驱动人才管理各项工作的进行。在人才管理的各个模块中，除了人才盘点会议，可能没有其他哪一项工作可以像战略会议那样将所有的管理团队聚到一起，废寝忘食地讨论和反思。

《人才盘点》出版五年以来，我们受到很多企业的邀请去交流或提供人才盘点的咨询服务，在这个过程中，我们看到越来越多的中国企业将人才盘点作为人才管理的核心流程引入企业的组织管理体系之中，并结合中国企业管理的独特模式做了很多值得借鉴的创新。例如，京东集团建立了无纸化、标签化、自助化、灵活化的高效人才盘点在线系统；长安汽车借鉴联想集团的"述能会"，将其作为人才盘点的核心流程，并有所突破，推动干部任用实现"干部能上能下、能进能出，干部队伍能增能减，以及干部的收入能高能低"等。但在为企业提供咨询服务的过程中，我们仍然感觉到企业在进行人才盘点时常常出现以下三方面的问题，我们也试图在第2版中给出一些回应。

第一，如何更准确地评价人才。有的企业在人才盘点中使用多个测评工具作为主要评价依据，而有的企业则很大程度上依赖盘点会上的讨论来进行人才决策。如何平衡主观评价与客观评价？如何更智慧地对待人才讨论中的不同观点？如何更有效地形成组织中对人才标准的统一认知？这些冲突如果没有得到很好的转化，有可能致使人才盘点工作难以获得广泛的认可。对于以上问题，我们在第2版中用一整章（第4章）的内容为大家解读主流的测评工具应该如何与人才盘点活动有效结合。

第二，人才盘点结束之后，对结果的应用也是难点之一。人才盘点之后，优秀的高潜力人才常常会得到更多升迁、发展的机会，皆大欢喜，容易执行；而对于那些处于关键岗位上的不胜任者，如何安置、降职或离开岗位才是最难以处理的部分。要想解决这个问题，需要将组织发展与人才发展相结合进行思考。在第2版中，我们在第2章讲述了如何更有效地进行人岗匹配；在第二部分的最佳实践中，以长安汽车为例讲述了如何通过建立体系化的人才盘点机制，建立管理者能上能下的文化和机制，这些内容或许对该问题的回答有所帮助。

第三，如何通过人才盘点推动组织的变革。商业世界越来越多地呈现出动态复杂性，有更多的生成性和不可预测性，企业已经很难提前很长时间做出非常准确的决策，而是更加需要领导者以智慧的方式，创造性地解决问题。如果企业固守传统的人才标准、组织运营模式、人才使用流程，不仅商业机会稍纵即逝，甚至连企业自身的生存也会受到极大影响。作为组织管理中的两大重要会议之一（另一个是战略会议），人才盘点会议是感受企业内在活力的最好时机，虽然它以企业内部人才为核心盘点对象，但那些智慧的领导者也能看到组织与外部的互动方式和潜在危机，并帮助领导者不仅仅看到自己的下属，还看到外部的竞争对手、合作伙伴、客户、用户，以及他自己，并以此推动组织变革。在 VUCA 时代，我们相信，企业中人的差异最终会成为企业竞争优势中的唯一因素，如何培养能够适应 VUCA 环境的领导者变得格外重要。这样的领导者需要什么样的领导力呢？对此，在第 2 版中，我们增加了一章的内容来谈论个人领导力和组织领导力的话题。

除了回应人才盘点中出现的问题而做出的调整之外，第 2 版保留了第 1 版中较为实操的部分，并进行了内容更新，这也是人力资源领域的很多朋友积极反馈的部分，同时，我们也试图从战略 - 组织 - 人才的关联性上进行梳理，希望能够帮助人力资源从业者对人才盘点工作有更深入的思考和理解。第 2 版与第 1 版相比，有超过 70% 的内容是全新的。

本书所依据的很多素材源于禾思咨询同事的咨询实践，在这里，对他们表示感谢：夏勇军、姜英男、李玉静、徐静。本书是我们持续 10 年在人才盘点咨询和实践领域的经验所得，在这条实践和创新之路的探索中，也非常需要来自各方面的反馈和意见，我们很愿意以此书为缘，与更多的人力资源工作者、咨询同行、企业管理者共同交流，取长补短，欢迎大家批评指正。

目　录

· Part 1 ·

第一部分

理 论 体 系

· Chapter 1 ·
第 1 章

人才盘点创造竞争优势

....

　　人才决断的能力恐怕是最后剩余不多的可依赖的竞争资源
之一，因为擅长此道的企业很少。

——彼得·德鲁克

....

　　2006 年的福特在全球拥有很多品牌，各地区生产的车型不同，经销商出售的多是消费者并不喜欢的产品，很多车也都是赔钱出售或者不得不通过打折活动促销。福特公司内部钩心斗角，全球资产没有得到平衡，产品供过于求，公司的现金流损失殆尽，股价持续下跌。除此以外，工会占据统治地位，公司的董事会根本无计可施，甚至想过跟其他大的车企合并。总而言之，急迫的事情是找到 CEO 的接替者。

　　董事长兼 CEO 是福特家族后裔比尔·福特，他跟人力资源副总裁西蒙盘点了公司内部的高层管理者，发现没有人能够接替 CEO 的位置。他们设置了一条硬性标准："有带领公司起死回生的成功经历。"之后他们开始从公司外部搜寻继任者，发现符合条件的人只剩下前波音商用飞机负责人穆拉利。穆拉利其实早在五年前就闻名于业内，当时波音公司在经历"9·11"事件后销售额急剧下滑，正是穆拉利采用铁腕、高效方式重振波音公司。比尔和西蒙经过深入评估和盘点后，把穆拉利看作能够带领福特迅速走出困境的唯一人选。

穆拉利在与比尔·福特的深度交流中，意识到福特所面临问题的严峻性，比如产品品质的下滑，销售额过分依赖 SUV 和皮卡，团队的工作效率低，退休职工的高额养老金和医疗账单，高管间普遍存在的互相诽谤，以及以自我为中心的企业文化等。但是给穆拉利印象最深的是，董事长比尔·福特缺少变革的魄力和人才决断的能力，这才是导致福特陷入困境的根本原因。穆拉利打算接受这项挑战。当西蒙把薪资待遇协议交给穆拉利时，他手上其实还有两份更好的协议。

带着穆拉利口头答应加盟福特的消息，西蒙高兴地回到底特律，告诉自己的老板"拿下了"。比尔·福特了解情况后不满地说："西蒙，你太大意了，波音公司肯定会高薪跟进留住穆拉利的，要知道我们只有穆拉利一个选择了。"情况比比尔·福特预计的还要糟糕，时任波音 CEO 的吉斯·迈克纳尼召集董事会挽留穆拉利，匹配了薪资待遇，并说"接手那个烂摊子，一不小心会毁掉你的一世英名"。穆拉利犹豫了。

比尔·福特很气愤地告诉西蒙，到西雅图穆拉利的家门口去谈，谈不成不要回来。这次西蒙使出浑身解数，拿出了最优厚的薪资协议。当然，穆拉利不负众望。当人们第一次看到穆拉利时，很多人会低估眼前的这个人，因为这个人活脱脱像个喜剧演员，脸上经常带着微笑，演讲当中经常会出现"酷毙""哎呀"等词，但这个内心强大的硬汉很快就施展出了自己的本领。

这位美国的稻盛和夫给福特带来的不仅仅是利润的增长，更重要的是战略思维的转变。穆拉利上任后，给福特汽车制定了"一个福特"战略，开始了大规模的重组，先后将阿斯顿·马丁、沃尔沃、捷豹、路虎等豪华品牌转手，专注于"福特"品牌的运作。

他会跟公司各个级别的人员广泛接触。他没有在高管的专用餐厅里吃饭，而是选择在自助食堂里跟职工一起吃。在此之前，福特各个部门的底层职工都渴望管理层能够注意到各自部门的那些问题，穆拉利的出现让他们找到了倾听者。另外，穆拉利认为福特汽车如果不能够改变自身的企业文化，就不要希望提升市场表现。穆拉利开始依次找各个部门的负责人谈话，然后挑选能够同心同德的高管团队。在这中间，一位高管因为拒绝遵循他所制定的方针而被辞退，另一位经理也因为与团队合作不佳而提前退休。

为了建立一个高效、持久的运作模式，穆拉利设立每周例会，通过使用数据管理模式，每一个高管都需要不断跟进和报告其负责团队的动态运行情况，并且用实际行动赢得高管的信任。在提交的报告中，显示为绿色的部分表示"达成目标"，黄色部分代表"有些差距"，红色部分则意味着"出现了问题"。穆拉利认为，各个团队之间是合作共赢的关系，而不应该互相拆台。但是习惯了"报喜不报忧"的高管刚开始并不适应，据说在最初的几次例会上，即使福特在此前已经出现了几十亿美元的亏损，但各部门的主管还是将报告统统设为绿色，直到一个叫作马克·菲尔兹的人第一次举起了红色的报告，而且获得了穆拉利的掌声，此后在福特每周的雷鸟会议室里，人们不再只看到一种颜色。

在穆拉利的带领下，福特在2009年汽车行业崩盘的大背景下保住了濒于破产的公司。自2009年开始，公司扭亏为盈，之后连续五年盈利达到了423亿美元。同时，穆拉利也改变了福特曾经松散混乱的企业文化，创造了合作、透明的企业氛围。

当穆拉利一手创造了福特崛起的神话之后，他的去留却成了人们讨论的热点，甚至超越了对福特新产品的关注度。这当然不是当年主动让贤的比尔·福特希望看到的结果，也不是福特的董事会成员期待的局面。2011年穆拉利已经年满65岁（公司高管人员的标准退休年龄），尽管其任职合同中并未明确指明任期，但投资者出于对公司发展等各方面的考虑，希望福特可以公布穆拉利继任计划的细节。人们之所以如此关心穆拉利的去留，更多的是对于"后穆拉利时代"的福特能否继续辉煌充满担忧。

巴克莱资本公司的分析师布莱恩·约翰逊宣称："理性的投资者希望福特已经准备好完善的CEO继任计划。拥有完善的继任计划恰是一家健康且运行良好企业的典型标志。"

在《美国偶像：艾伦·穆拉利与拯救福特之战》一书中，作者布赖斯·霍夫曼就曾写道："在福特历史长长的清单上，超凡绝伦的成功与规模空前的失败轮番上演。历经万难恢复元气后，又会滑入溃败，回到平庸、管理不善的老路上。"但是，真正的英雄并不会创造了神话而让后人无法超越。穆拉利带给福特更大的贡献是，打造了一个强有力的高管团队。正如2013年9月菲尔兹曾对媒体表示："我们已经同心协力改变了福特的未来，这并不只是某个人的功劳，而是大家一起通过多年来的努力，打造了强有力的企业文化。"

实际上，2011年年初福特董事会和穆拉利就制订了CEO的继任计划，穆拉利将留任到2014年年底，届时穆拉利将满68岁。该计划将公司内部数名高管视为穆拉利的继任者，包括50岁的福特公司执行副总裁、美国业务单元总裁马克·菲尔兹，44岁的集团副总裁、亚太及非洲业务单元总裁韩瑞麒，56岁的集团副总裁、福特欧洲业务单元首席执行官及董事长斯蒂芬·奥德尔。如果穆拉利离职时间早于预期，则将由福特的首席财务官刘易斯·布思或董事长比尔·福特接任。

福特希望下任首席执行官做到的一件事情是让公司的财务状况稳定下来，继续推进当前的战略。董事长比尔·福特明确提出CEO的继任者将来自公司内部。

到了2012年，形势逐渐明朗，马克·菲尔兹晋升COO，成为穆拉利最有力的继任者。在未来两年内，菲尔兹有机会在最高的层面上窥见公司的内部运作机制。菲尔兹自1989年加入福特以来，曾在美洲、亚洲和欧洲地区担任职务，并领导公司进行了一系列重大转型。在负责福特汽车北美地区的业务转型计划时，他成功扭转了亏损局面，达成了北美业务创纪录的盈利水平；在负责南美地区的业务时，也成功实现盈利，并将传统车型组合转型为全新的福特全球车型；他还带领福特欧洲和福特汽车豪华汽车集团（PAG）团队取得了首次盈利。

2006年时菲尔兹就是CEO的热门人选，但穆拉利的空降使菲尔兹整整推迟了8年才成为福特汽车的CEO。菲尔兹不仅没有对穆拉利的空降表现出任何抵触，而且还成了后者所提出战略的坚定执行者。菲尔兹不仅取得了亮眼的业绩，而且在主管美洲区业务推进"前进之路"计划时，带领团队形成了强大的凝聚力。对于福特而言，这恰恰是最重要的。

能够实现从穆拉利到菲尔兹平稳过渡，对于福特而言将是一个里程碑。毕竟在这家企业110多年的历史中，几乎没有经历过常规的CEO更迭。除了创始人亨利·福特和比尔·福特，穆拉利的任期之长排在第三。

2014年7月1日，马克·菲尔兹正式接任CEO，除了坚定推进"一个福特"的基本路线之外，他还致力于推进战略转型：由单纯的汽车制造商向自动驾驶和移动出行等新领域转型。马克·菲尔兹一直坚持福特公司正在"积极而谨慎"地进行公司历史上最大的战略转型，该转型造成了福特北美、亚洲等核心地区的业务下滑。尽管2016财年福特的税前净利润为104亿美元，但新车型推出进度的放缓，使福特在传统业务方面落后于主要竞争对手通用汽车公司。截至2017年上半年，福特汽车在全球的销量严重下滑。根据盖世汽车的报道，自2014年马克·菲尔兹出任福特汽车CEO以来，福特的股价下跌了近40%。董事会认为，菲尔兹带领的福特在战略规划和战略执行层面出了问题。

2017年5月，福特智能移动出行部门的负责人吉姆·哈克特出任新的CEO。福特对于选择吉姆·哈克特出任CEO一职给出的解释是这样的："这一选择将会帮助福特进一步强化自己的核心汽车业务，也能够利用新机遇实现战略上的加速转型。"

福特CEO继任的故事还在继续，但福特建立了CEO的继任机制。对于全球领先的企业而言，能不能发现和培养未来的领导者标志着一个企业人才管理的成败。未来领导者的发现和培养事关企业的可持续性发展，一些比较成功的中国企业也越来越关注企业的领导力开发。

通过人才盘点落实战略转型

秉持"大规模才能产生大利润"的企业运作理念，2010年长安汽车先后与景德镇等 7 个地方政府签署了战略合作协议，并在英国诺丁汉、美国底特律等地设立研发中心，打造出了一个"五国九地"的全球化协同研发格局。这一战略使长安汽车自主板块业务增长迅猛，并在 2015 年和 2016 年连续两年成为"自主一哥"。

中国汽车工业协会数据显示，2006 年，长安汽车和一汽集团之间的销量差距为 45.7 万辆，但到 2015 年 1 月，长安汽车的销量已经超过一汽集团，跻身国内车企销量前三甲，而一汽集团则退居到第四位。

从销量上看，2016 年长安汽车是中国四大车企集团中唯一一个自主品牌销量超过合资品牌销量的车企，其自主品牌产量占比 56%，同时以 128 万辆的优秀业绩成为自主品牌乘用车品牌销量冠军，平均月销售超过 10 万辆。翻开长安汽车的发展历史，在 2008 年长安汽车就提出了由微车为主向"商乘并举"的战略转型，发展自主品牌乘用车业务；投入重金构建了"全球五国九地"的研发布局，到目前为止，长安汽车已建成涵盖振动噪声、碰撞安全、制动性能、底盘试验、驱动系统等 16 个领域的国际先进实验室。如果说长安汽车取得成功是由于战略的正确，那么真正的决定因素是长安汽车的人才管理策略。

从 2008 年到 2015 年，长安汽车重点打造管理层的管理能力，从 2015 年至今，重点打造管理层应对变化和不确定性的领导力。长安汽车的核心管理团队不断学习和借鉴合资伙伴的管理经验，深谙工业文明下需要的管理思想，并对信息互联时代下需要的领导力进行了深入洞察。

乘用车业务刚刚起步的时候，整个管理团队最为欠缺的是管理能力，如一些基本管理能力：标准化和数字化管理、质量成本效率管理、组织管理、时间管理、品牌管理以及对标学习等。为了强化管理能力提升，长安汽车构建了自己发展历史上的第一个领导力模型（长安汽车内部称之为 1721 模型，见图 1-1），该模型为管理者如何提升管理能力指明了方向，并提供了大量管理工具。2012～2014 年，随着质量管理体系、生产制造体系、供应链管理体系、产品开发体系等逐步完善，长安汽车实现了管理水平质的飞跃。

图 1-1　长安汽车管理者 1721 领导力模型

　　随着互联网企业进入汽车行业以及消费升级、消费快速变化，新能源、自动驾驶等新技术不断颠覆传统汽车产业，商业模式、产业生态不断刷新，长安汽车核心管理层在 2015 年敏锐地洞察到一个不确定的新经济时代的到来，企业要想经营良好并永续经营，企业管理人员尤其关键岗位上主要领导的领导力就变得非常重要。长安汽车构建了其发展历史上的第二个领导力模型，即长安汽车 CEO 领导力模型（见图 1-2 长安汽车 CEO1824 领导力模型），认为部门级及以上管理者的领导力本质是：创造价值、激发活力、催生动力、传递压力、赋予能力。

　　为了确保这些能力标准能够真正长在管理者的身上，长安汽车有三个方面的做法值得称道。第一，在模型发布后，总裁带头参加领导力模型的考试，如果未达到 90 分，要进行补考，确保每位管理者都能够熟记领导力模型。第二，抓领导力评价和人才盘点，从后备干部到部级领导的选拔，采用"述能会"的方式，帮助每位管理者找到自己跟领导力模型之间的差距，并形成领导梯队。第三，也是最难的一步，对干部的任用做到四能：干部能上能下、能进能出，干部队伍能增能减，以及干部的收入能高能低。对于国有企业而言，长安汽车是第一家做到这四能的企业，在 2015 年很多高级领导岗位上任用 80 后干部，当某部门的氛围和绩效都出现下滑时，立即调整领导班子，而不会等一等望一望。

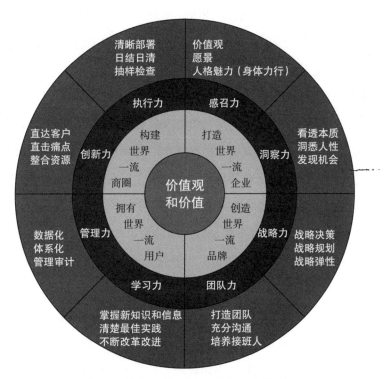

图 1-2　长安汽车 CEO1824 领导力模型

通过人才盘点加速人才培养

进入 21 世纪后，中国企业大举开启国际化的扩张之路。2002 年互联网泡沫破灭，这一年华为历史上首次出现负增长，从这一年开始，华为吹响了大力拓展海外市场的号角。2003 年 11 月 4 日，TCL 收购法国汤姆逊的彩电和 DVD 业务，组建全球最大的彩电供应企业——TCL 汤姆逊电子公司。2005 年中国化工集团及其下属蓝星集团总公司收购安迪苏，获得当时全球只有少数几个公司掌握的蛋氨酸生产技术。当时影响最大的是2004年年底联想集团收购IBM的个人电脑业务，号称"蛇吞象"。

要实现真正的国际化，本地化落地是必经之路，特别是对于发达市场，处于欠发达商业文化氛围中的中国企业，对外籍员工除了要敢于管理还要善于管理。当时中国企业走向国际化的最大限制是缺少国际化领导人才，如何培养国际化领导人才也没有经验可循。从2005年开始的收购整合，到2011年真正实现国际化目标，联想集团从CEO到多个区域市场由中国的领导者直接负责，其国际化领导人才培养的经验值得借鉴。

首先，建立国际化领导人才的标准。联想收购IBM的个人电脑业务后，高级管理层主要来自联想已有的高层和美国的IBM、惠普、戴尔等，为了加速融合，联想制定了"坦诚、直接、拥抱变化"的领导力模型。通过深入研究发现，中方领导者要成为国际化领导人才，关键在于三项能力的提升：国际化的视野、驾驭国际业务的能力、跨文化的沟通影响能力。

不难发现，这三项能力主要是知识和经验，知识可以传授，经验可以积累。但是这三项能力都不是在课堂上能够获得的，当然也不是天生的。因此，国际化人才培养的实质是：时间是最大的敌人，如何甄选出有潜力的人才，提供锻炼和实践的机会加速其成长。

其次，实施一项由CEO亲自参与的组织与人才盘点计划。这项计划与其说是一项关键岗位的继任计划，不如说是一项组织管理能力与领导力提升的行动学习计划。每年的二三月份联想会发布下一财年的战略，四月份是新财年的第一个月，CEO开始听取每个事业部集团的组织与人才盘点汇报。

该汇报包括以下内容。

- 事业部对公司战略的承接，事业部集团的年度战略规划及战略重点。
- 事业部集团所辖每个部门的战略目标及战略重点。
- 组织流程和关键岗位的设置情况以及落实战略的挑战有哪些。
- 组织结构和流程设计的优化方案。

- 战略性关键岗位的人岗匹配情况。
- 关键岗位人员的发展潜力盘点，形成高管职位的高潜力人才库。
- 中基层岗位的高潜力人才库盘点，形成中基层职位的高潜力人才库。
- 战略性关键岗位的继任计划管理。
- 组织与人才管理的年度行动计划。

每个部门的负责人和事业部负责人都要当面向 CEO 汇报，接受 CEO 的问询，同时邀请其他事业部集团的负责人（SVP）参加盘点会议。汇报使用的语言必须是英语。完成该汇报需要管理者深谙公司的发展战略，有很好的由外而内的思维习惯，同时在战略管理、组织管理、识人用人方面有深入的思考和洞见。在汇报的同时，听取其他事业部集团高管和 CEO 的"谏言"，向其他高管学习并开阔自己的视野。

对战略、组织和人才的理解有偏差或出现重大误判的管理者，汇报后等待他的是降职或调岗。

最后，对于甄选出来的高潜力人才，实施外派或轮岗，并配备一对一的高管教练。联想对轮岗的定义是，在界定的时间内让其中一位"被重点培养者"通过快速学习，为未来独当一面、全方位引领国际化业务做好准备。

当时轮岗的方式主要采取"2-in-1-box"的培养模式，把国内高潜质的管理者外派到其他国家和当地的高管一同工作，这些当地的高管通常是一些熟悉国际业务运作的高手。俗话说，没吃过猪肉，还没见过猪跑吗？是的，有些本土成长起来的管理人员尽管拥有很高的领导潜质，但因长期在国内本土市场摸爬滚打，还真就没见过国际运营这样的"猪跑"。联想希望的不仅是让本土高管见过"猪跑"，还要"吃肉"，让他们通过听、看、观察、询问、体会、亲身上手演练等方式实实在在地在岗位上接受磨炼。

这样做略带"因人设岗"的色彩。轮岗者充当"二把手"，既是实职又是虚职，主要任务是"影子学习"。

通过连续五年的组织与人才盘点，联想为中国培养了近 100 位国际化人才。2011 年，联想成功实现国际化，下一个战略目标是成为全球化企业。

人才盘点是组织建设的内在引擎

或许 20 世纪 70 年代之前出生的读者还能够想起，街边的百货商店每周总有那么一个下午歇业，门上挂着一个牌子"今日盘点"，店员要利用整整一个下午的时间清点货物。把成百上千种的货物清点清楚可不是一件轻松的活，但不仅仅是清点，还要计算每种产品过去一周的销售数量，预计未来的销售情况，进行缺货登记，必要的时候要通知调货。但在我们的记忆中，像沃尔玛这样的大型超市，出售的商品比街边的百货商店要多出太多倍，却从没有过歇业盘点的现象出现。原因很简单，每件商品采购时都会贴有一个标签，这个标签上会存有一系列的说明，包括商品的品类、规格、价格、数量、仓库中摆放的位置，所有这些数据都汇总到计算机的数据库中，每卖出一件商品，这个数据库中的数据就会更新，盘点也就变成随时可以进行的工作了。

对于物品的盘点，同样也可以用于人才的管理。如果我们能够用一套流程，把每个人的特点都变成标签记录到数据库中，并定期更新，那么组织就能够随时回答诸如"某类人才有多少，在哪里，都是什么水平，是否足够支撑战略实现，缺口多大"这样的问题，对人才的决断也就有了依据。富国银行坚持了超过 20 年不间断的人才盘点，它的前 CEO 迪克·库利智慧地指出："以人为先。我不懂业务没有关系，但是我知道当业务出现问题的时候到哪里去找到合适的人。"

人才盘点是对组织结构和人才进行系统管理的一种流程。在此过程中，对组织架构、人员配比、人才绩效、关键岗位的继任计划、关键人才发展、关键岗位的招聘以及关键人才的晋升和激励进行深入讨论，并制订详细的组织行动计划，确保组织有正确的结构和出色的人才，以落实业务战略，实现可持续成长。人才盘点是对组织与人才盘点的简称，英文缩写为 OTR（organization and talent review）。

在组织层面，实施人才盘点有助于推行组织的人才理念。例如，通过盘点中的测评环节，向所有管理层宣导"勇担责任"和"客户导向"的理念；诊断组织，持续改进组织效率，通过盘点人才，达到更好的人才匹配；塑造绩效导向的文化，对高绩效、高发展潜力的人才进行有针对性的激励和培养；同时，为管理者的能上能下奠定基础。

在个人层面，经理人通过参与人才盘点工作，能够有效地提升用人、识人的能力；提升管理者的组织建设与管理能力；给优秀、高绩效管理者提供更多的发展机会。

人才盘点的模式有两种，一种是封闭式盘点，即所有人才评价和盘点的结果仅有很少的一部分人知晓，通常盘点的成果是一份数十页的报告，锁在 CEO 的抽屉里，需要的时候拿出来翻一翻，这种模式在继任规划的前两个阶段较为多见。另一种是开放式盘点，盘点的参与者较多，通常以人才盘点会的形式分层分级进行，公开谈论人才与组织的匹配情况，形成的评价结论也在一定范围内共享，上级与员工愿意谈论个人发展，这种模式把人才盘点转变成组织梯队建设的内在引擎。

人才盘点要解决的关键问题

五年前（本书第 1 版出版时），组织与人才盘点对中国企业而言还是一项"很时尚"的实践活动，企业对"继任计划"讳莫如深，现在逐步相继开展，如长安汽车、越秀集团、华润置地、华为、联想等企业。实施组织与人才盘点成功的关键在于，它不是一项人力资源的流程，而是一项公司业务流程，对公司高层管理者执行组织与人才盘点的要求是：深谙战略制定和执行，善于识人用人，同时发现和培养未来领导者或继任者必须责任到人，至少是资深高层领导者，能及时支持并引导个人发展计划的执行。

人才盘点与组织战略的一致性

人才盘点起始于对组织战略的洞察。对组织战略的洞察包括四个方面：市场洞察、战略目标、创新焦点、业务模式。市场洞察是了解客户的需求、竞争者的动向、技术的发展和市场的经济状况以找到机遇与风险，目的是"解释市场上正在发生什么以及这些改变对公司来说意味着什么"。战略目标是组织结构的方向和最终目标，也是公司的战略重点。创新焦点进行与市场同步的探索和实验，从广泛的资源中过滤想法，通过试点和深入市场的实验探索新想法，谨慎地投资和处理资源，以应对行业的变化。业务模式是基于对外部的深入理解，为利用内部能力和持续增加价值探索的业务设计提供了基础。业务模式设计涉及六个要素：客户选择、价值主张、价值获取、活动范围、持续价值和风险管理。

下面以碧桂园为例，对战略洞察的四个方面进行说明。当前随着中国房地产行业发展的成熟，规模繁荣期虽然宣告结束，但上升通道没有被破坏。行业进入重新分配蛋糕的周期，竞争模式发生了质的改变。市场容错度大幅降低，企业面临的不确定性急剧增加，单纯依赖资源获取实现获利的时代已经结束。

2016年碧桂园取得了3088亿元的销售额，同比显著增长120%。对2017年碧桂园的战略规划重点洞察如下。

- 市场洞察：当前房地产行业面临的挑战是行业进入存量房时代，人口红利逐渐消失，信贷和投资政策收紧。面临的机遇是，城镇化进程持续释放需求，短期内房地产对中国经济的支柱地位不会改变，货币将持续超发。
- 战略目标：成为全世界最具竞争力的企业之一，2017年的销售目标为4000亿元。财务价值是衡量世界最具竞争力企业的标准，它的增长将直接影响企业的竞争力。降低财务负债率，追求有价值的持续增长，以及增强品牌信誉是公司战略重点。
- 创新焦点：高周转的销售模式；合伙人制度（项目的跟投机制）；打造科技和产城一体化小镇（产城融合）；人才发展战略。
- 商业模式：地产开发模式、产业新城模式、产业投资商模式；国内一二三四五线城市通吃，逐步拓展海外市场（如马来西亚的碧桂园森林城市）。

再好的战略，只有通过卓有成效的执行才能产生想要的市场结果，而组织与人才盘点是战略执行的核心。

通用电气（GE）在进行组织与人才盘点时，开宗明义地把它定义为一项业务流程，而不是人力资源流程，强调人才盘点与组织战略的一致性。

人岗匹配问题

用对人是人才盘点的核心问题。需要对关键岗位的角色定位、能力要求有深入洞察，同时对任职者和候选人有深入的洞察。相对而言，对关键岗位的能力要求洞察会容易一些，对人的洞察会难一些。第 2 章会详细介绍关键岗位的人岗匹配。

战略性岗位的继任计划

人才盘点能够识别出高潜力人才，这还不够，还必须结合组织需求和岗位特点，建立战略性关键岗位的继任计划。首先我们需要正确理解继任计划，它是识别和培养有潜力的员工填补组织中关键领导岗位的过程。通过继任计划的流程，招聘到的优秀员工，培养他们的知识、技术和能力，并准备提升他们进入更高、更具有挑战的职位。继任计划提高有经验、有素质的员工的能力，等他们成熟可用时可以就任重要的领导岗位。

我们往往把继任计划与替补计划混为一谈，替补计划的假设前提是组织结构不发生变动。在没有未来扩张或增长目标的企业中，我们经常看到替补计划，很多企业出现管理职位空岗后举行竞聘，通常也是替补计划的一种情况。替补计划不是以培养人才为目的。

所谓战略性关键岗位是直接影响战略目标实现的岗位，如果一个岗位出现短暂的空缺，就会给组织带来巨大的损失。有时迫于填补空缺岗位的压力，企业往往匆忙选择了错误的人选，而这一成本高于岗位空缺带来的风险（见图 1-3）。

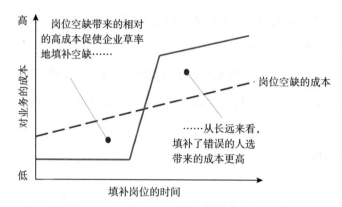

图 1-3　不决策 vs. 错误的决策：岗位空缺的成本 vs. 选错继任人的成本

在安排继任计划时，重点关注的准备度包括经验、专业知识以及角色转型需要的时间。专业知识可以是技术性的，也可以是基于网络式的（如营销／销售专业知识）。这些专业知识对组织来说都是非常宝贵的。更重要的是，这些专业知识与公司业务经营是紧密相连的。如果专业不匹配，一般不能列为岗位的继任人选。

影响继任计划准备度的经验主要有两大类：挑战性的任务和逆境。所谓挑战性的任务，主要指轮岗、升职或组织分配的特别任务。这种任务一般很难处理，有时需要痛苦和挣扎。

挑战性的任务经历主要有以下几种。

- 扭转局面。
- 崭新的任务（如新市场开拓、职业转变）。
- 组织变革。
- 领导一个团队或领导一个部门。
- 跨文化工作。

逆境一般由环境造成，通常该事件中经历的困境都不在组织或管理者的控制范围内。逆境的影响通常比我们意识到的都要大。

逆境包括个人犯过重大错误，遭遇过重大失败，遭受过重大人际冲突，被降过职，经历过艰苦磨难等。

在安排继任计划时，如果内部在未来 2～3 年都没有可接替的人选，则需要马上启动外部招聘。此外，还需要考虑内部培养和外部招聘人员的比例、女性人员的比例等。

人才盘点的成功因素

清晰的业务策略

有了清晰的业务策略才能够知道实现业务目标需要什么样的人才和组织。换个角度来说，人才和组织的标准需要随着战略目标的变化而持续调整。这是成功实施人才盘点的前提。IBM 的案例让我们清晰地看到一个组织是如何随着业务策略的调整来改变领导力的要求的。正是这样的调整，才能够有效地保证人才培养支撑业务发展。

案例：IBM 的领导力标准

从 20 世纪 90 年代到现在，IBM 经历过两次重大变革。1993 年，IBM 提出要从传统的硬件制造业务向咨询业务转型，这对 IBM 的经理人员的能力提出巨大挑战。原有的业务模式崇尚个人英雄主义，谁能够带领团队打下市场，谁就是"老大"；和传统的制造企业一样，管理者强调命令与控制、监控结果、关注内部流程，人们的行为是被动的，"如果我不知道，我就不会去做"。这些行为要求与咨询业务相差甚远，为了支撑新的业务模式，郭士纳提出管理者要转变为变革型领导，不能仅仅关注个人成功，更要关注整个组织的成功；管理者要关注下属的发展，善于激励团队，关注外部市场，行动更加主动，意识到"如果我不去做，我就不会成功"。基于这样的战略思考，IBM 提出了新的领导力素质模型，致力于成功（focus to win）、动员执行（mobilize to execute）、持续推动（sustain momentum），新的领导力要求统一了管理者的思想和行为，为 IBM 的第一次转型奠定了基础。

2003 年，IBM 的业务再次遇到了危机。互联网的兴起对 IBM 的咨询业务产生了极大的冲击。"网络确实改变了一切，在这个互联互通的世界，IBM 的客户需要成为'按需服务'的公司，它们的每个业务流程都可以进行精确的调整以迅速响应外界对它们的要求。为了帮助它们更好地实现这一点，IBM 也需要达到同样的标准。"郭士纳的继任者彭明盛清楚地意识到，IBM 必须从咨询式的服务转型为即时的解决方案提供商，以实现"按需服务"。因此，IBM 明确提出：IBM 的每一种业务必须做出及时、精确的调整，以应对外界的挑战；IBM 应致力于成为客户长期可信赖的合作伙伴；IBM 的客户面临高度复杂的竞争环境，IBM 的不同群体需要联合起来解决客户的问题。基于这样的业务变革需求，IBM 开始重新构建领导力。IBM 的全球人才管理副总裁唐纳·赖利指出："如果领导力还停留在过去，而我们的业务在转变，那么我们就会遇到问题。"

在随后的行动中，IBM 提出了以"对每个客户成功做出贡献、有意义的创新、信任与责任感"为核心主题的领导力素质模型，强调了四个方面的转变。

- 从"如果我不去做，我就不会成功"，向"如果我们不去做，我们就不会成功"转变。
- 从"严密组织管理"向"扁平管理和横向协作"（跨团队协作、影响力）转变。
- 从"客户导向"（理解市场需求）向"与客户建立伙伴关系"（维系持续的合作关系）转变。
- 从"发展人才"向"赢取下属信任"转变。

新模型形成后，IBM 对大约 4000 名经理人员进行了新素质的培训。他们用一年的时间来领会这些素质目标，之后开始对这些目标负责。新的方法激发起公司内部更加富有弹性和具有合作精神的行为。2004 年，IBM 的业务在四大领域都有平均 25% 的增长。市场对 IBM 的这种文化转型和领导力提升给予了积极的回应，IBM 的股价从 1992 年的 24 美元持续增长至 2004 年年底的 98.58 美元，整整增长了 3 倍多。

开放的组织文化

对于组织而言，建立人才盘点体系是人才管理的一次变革，这种变革比建立素质模型更彻底。究竟是什么决定了组织能否孕育这种变革？是开放的文化。人才盘点体系将建立一种流程，所有经理人都会涉及其中，都需要发表观点，既要评价别人，也要被别人评价；在一定范围内，要与他人共享你对下属的看法。在不少企业，谈论自己的接班人是非常敏感的一件事情，"培养自己的接班人"听上去似乎等于"挖个坑把自己埋了"，有这种想法的管理者大有人在。但是，如果一个企业的管理者大多有这样的想法，事实上，他们在"一起挖坑埋自己"。在竞争环境下，不知变革的企业必将腐朽。

组织开放性的高低，在很大程度上决定了推行人才盘点的时机。我们在与很多中国企业的高层管理者分享这一体系时，通常会有两类反应。一类是支持派，他们认为这就是组织所缺乏的，并努力学习，积极推行。另一类是保守派，他们认为这些先进的理念和方法不适合企业现阶段的发展水平，认为在一定范围内公开谈论人才会导致负面的效果，说出"张三比李四更加适合某个管理岗位"这样的话颇有风险，"没有不透风的墙"。我们尊重管理者自己的判断，但是我们仍然要指出，人才盘点作为一种新的管理理念，适用于所有形式的组织和所有组织发展阶段，它可以有不同的展现形式。选择做或不做，不在于工具本身，而在于管理者自己的理念。

20 年前，当国外企业的管理者正兴奋于卡普兰教授的成熟之作《平衡计分卡：化战略为行动》的时候，国内又有几家企业建立了完善的绩效管理体系呢？ 而现在，诸多企业都在使用或准备使用平衡计分卡进行绩效管理，或许，我们应该向最早使用该工具的一批国内企业致敬。人才盘点正如当年的平衡计分卡，到了企业"吃螃蟹"的时刻。

── 案例：GE 公开人才选拔流程 ─────────

　　1981 年，当杰克·韦尔奇上任后，人们认为几乎没有人能够替代他的位置；18年后，通过6年的层层选拔，从200人到24人，从24人到8人，再到3人，最终伊梅尔特胜出，并成功带领GE蓬勃发展。伊梅尔特的卓越表现只会让杰克·韦尔奇变得更加伟大。组织的文化往往决定了企业是否能够伟大。

高层的投入与承诺

人才继任，尤其是高层的继任比想象中的还要困难。企业领导力委员会（Corporate Leadership Council，CLC）2004年的调查发现，仅有20%的企业对高管继任流程感到满意。我们不妨把自己想象成CEO，当你去考虑未来自己的接班人时，你的大脑中会冒出上百张面孔，究竟谁更合适？要回答这个问题，组织必须构建人才盘点机制来保证对候选人有客观真实的评价，并能够源源不断地产生新的候选人，推动候选人持续成长。这一机制不是为了形成纵横交错的接班人树图，而是形成一个与公司的业务规划完全一致的人才选拔和培养流程。这一过程需要CEO的亲自参与，并愿意花费大量时间。这一过程不是仅仅覆盖几位核心副总裁，而是深入到一线经理，甚至像联想集团和卡特彼勒那样，涉及每一位员工。这一过程不是一次性的工作，而是坚持不懈地每年必须完成的战略工作。

继任计划所关注的对象不仅仅是CEO，而是为了完成发现和培养CEO或高层的接班人，对组织中所有富有潜力的员工的一次盘点。这不是局部的而是整体的，也不是个人的而是组织的，更不是临时的而是系统的，所以建立人才盘点体系的第一责任人一定是CEO，责无旁贷。遗憾的是，不少企业的老总虽然口头说关注人才，但似乎对业绩指标的达成更感兴趣，业务压力之下，往往最先放弃的安排就是关于人才培养的活动。我们在2010年关于中国企业领导力的调研发现，那些选择领导力培养为未来三年重要挑战的企业在培养预算和高层重视度上并没有明显增加，平均而言，仅有不到20%的高层管理者真正挽起袖子参与到领导力的开发或实践中。这表明很多中国企业的高层管理者并没有真正意识到培养领导梯队的紧迫性。

几年前，我们为一家国内大型机械装备制造企业实施人才盘点项目，我们不仅帮助该企业建立了人才盘点体系，也帮助它在部分事业部完成了试点工作。在项目的最后，企业的 CEO 专程到北京，花了一整天的时间听取我们对他的核心班子成员的评价，整个过程中他做了详细的笔记。看到那位老总如此关注人才培养，我们毫不犹豫地购买了该企业的股票，并以持有该公司的股票为荣。事实证明，高层对人才培养的投入水平与业务的长期成长性往往高度正相关，这样的投资策略不知道巴菲特能否赞同？

杰伊·康格尔和罗伯特·富尔默 2009 年在《哈佛商业评论》上发表了文章"建设领导人后备梯队"，强调了人才继任需要高层的投入，与我们的理念一致，特此摘录下来。

不要只依靠人力资源部

在大多数公司，负责继任规划和领导力发展工作的主要是人力资源部，但这种做法实在是大错特错。如果企业希望建设一支健康而可持续的领导人后备梯队，就需要各方面的人员参与到这两个流程中来——不仅仅是人力资源部门，还应包括 CEO 和各个层级的员工。

任何战略流程都离不开 CEO 的参与，这已是老生常谈。但在这里，我们并非平白无故地索取支持。如果公司的最高层和高管团队不能积极投入，下面的管理者就会觉得继任管理无关紧要，因而可能不重视该项目。实际上，部门主管也许还会通过操纵绩效评估结果，把优秀人才藏匿起来。

美国银行的肯·刘易斯对继任管理的投入为 CEO 做出了表率。他在接任董事长兼 CEO 后，立即着手将该银行打造成全球最受推崇的公司之一，而且他知道，要想获得成功，他必须让自己的直接下属和关键领导人了解招聘、培养和留住顶级人才的重要性。因此，他不但自己主管人才管理流程，而且让业务单元领导人亲自负责实现各自单元的人才发展目标，同时要求他们不断调高标准。

让 CEO 及其高管团队为人才和领导力的发展承担唯一责任既不现实，又不可取。因为他们没有那么多的时间，也缺乏相关的专业知识。公司的人力资源部以及职能或区域人力资源主管都需要参与进来。公司的人力资源部提供标准、工具和流程，职能或区域人力资源部则负责确保本地业务单元遵循规则并酌情调整。以美国银行为例，公司的人力资源团队为覆盖整个组织的人才管理数据库界定流程，并提供标准化的系列模板和工具。系统中的某些要素不得更改，例如报告和信息的界面风格、汇总报告的时间、岗位更替图，以及评级系统。公司的人力资源部还负责在整个组织中执行刘易斯的领导能力模型（该模型列出了领导人应该具备的行为和技能，应该效仿的价值观，以及诸如背信弃义和抵制变革等"脱轨"行为）。然后，各业务单元的人力资源工作人员会与各自组织内的领导人合作，在模型中补充一些技能或职能方面的能力要求。本地人力资源部也会帮助业务单元主管筹备人才评估会议，并在本地层面上对流程进行管理。

董事会成员也应该参与进来，尤其在公司为 CEO 挑选接班人时，但是董事们往往在候选人被正式提名时才见到他，而这个人通常是由 CEO 亲手挑选的，这就造成了继任决策由 CEO 一人拍板的状况。CEO 往往又怀有私心，要么是希望自己的不朽传奇能够在卸任后不被遗忘，要么是不愿接受即将退休的事实，这些都会严重影响他的判断力。公司或许可以在让 CEO 回避的情况下召开继任会议，视察候选人管理的运营单元，或者安排社交或娱乐性的郊游活动，以便进行非正式的评估。总之，公司应该让董事会成员能以批判的眼光对潜在的内部候选人进行全面的评估。

案例：汤姆森公司的高层投入

汤姆森公司是全球性媒体巨头，每年 6 月它都会召开年度人才盘点会，公司的 CEO、CFO 和人力资源的 SVP 组成的 3 人小组会花上整整 8 天的时间听取高管层关于他们的最佳候选人的报告。他们所使用的表格并不多，但这个 3 人小组需要所有的数据都有实例支撑。例如，当谈到某个总监善于发掘人才时，要说明他究竟培养了哪些人，又有多少人在他手上得到了升迁。中国哪家企业的 CEO 能够做到这一点呢？

人力资源的整合

人力资源的整合分为三个层面：人才盘点体系与人力资源其他模块的整合；人力资源与业务的整合；人力资源自身能力的整合。

首先，人才盘点体系与人力资源其他模块有着天然的联系，在实施人才盘点之前，必须要重审一次整个人力资源体系。例如，如果你被评价为高潜力的员工，但连续两年没有任何升迁或学习发展的机会，你会愿意继续"等"吗？如果你了解到一个在能力上远输于你的同级只不过因为他的上级在人才盘点会上的一番"推荐"而被提升，你是否会怀疑公司的晋升流程的公正性？如果你作为高潜力人才得到了海外轮岗的机会，但担心 2 年后回国没有合适的职位时，你又会如何选择？这些都是企业中发生的现实情况，要让人才盘点能够持续成功，必须要让人力资源的各个模块紧密联系。

人力资源各体系之间的整合之所以变得困难，是因为在特定的组织环境下，说到做到实属不易。组织的诚信和人的诚信同样珍贵。要让人才盘点不是"纸上谈兵"，说到做到就是关键。盘点的过程是对人才认知统一的过程，也是对那些善于培养人才的人给予鼓励的过程，如果识别出的高潜力人才在后续的晋升、流动、培养、激励等环节中得不到特别的对待和应有的机会，这些人才除了失望，可能只有选择离开。不能做到"说到做到"的人才盘点，是加速人才流失的"好方法"。在人情社会的中国，能够做到这一点的企业不多，很多企业以"敏感"为由，索性连说都不说。"我们从不承诺盘点结果和干部的晋升直接挂钩，"一位人力资源总经理如是说，"目前的结果仅仅用于培养。"所以不少企业变成了"先晋升、再考察"：某位干部基本上已经确定了要提拔，然后再征求民意。所谓的民意，只不过是流程而已。

其次，我们曾经提到，人才盘点是各级经理人的责任，但他们往往也只能对自己的团队负责，因此人力资源需要站在全局的角度，合理地把人才盘点的工作与经理人的工作有效结合。

—— 案例：美国银行的人才盘点让各级经理人都参与进来 ——

美国银行的肯·刘易斯在接任董事长和CEO后，立即着手将该银行打造成全球最受推崇的公司之一。他知道，要想获得成功，就必须让自己的直接下属和关键领导人了解招聘、培养和留住顶级人才的重要性。因此，他不但自己主管人才管理流程，而且让业务单元的领导人亲自负责实现各自单元的人才发展目标，同时要求他们不断调高标准。

让CEO及其高管团队为人才和领导力的发展承担唯一责任既不现实，又不可取。因为他们没有那么多的时间，也缺乏相关的专业知识。公司的人力资源部以及职能或区域人力资源主管都需要参与进来。公司的人力资源部提供标准、工具和流程，职能或区域人力资源部负责确保本地的业务单元遵循规则并酌情调整。例如，公司的人力资源团队为覆盖整个组织的人才管理数据库界定流程，并提供标准化的系列模板和工具。系统中的某些要素不得更改。例如报告和信息的界面风格、汇总报告的时间、岗位更替图以及评价标准。公司的人力资源部还负责在整个组织中执行刘易斯提出的领导力素质模型（该模型列出了领导人应该具备的行为和技能，应该发扬的价值观，以及不被提倡的负面行为）。然后，各业务单元的人力资源工作人员会与各自组织的领导人合作，在模型中补充一些技能或职能方面的能力要求。本地人力资源部也会帮助业务单元主管筹备人才盘点会，并在本地层面上对流程进行管理。

最后，人力资源自身能力的整合同样重要。人才盘点会中，HR不能也不应该仅仅是一个简单的数据和模板提供者，而应该是人才能力和组织需求的洞察者，他们应该具备与业务一把手甚至CEO对话的能力。HR本身有着其他业务部门所不具备的优势，他们更容易跳出业务去看待作为活生生的人的员工的能力和发展需求，也能够把人才放到整个组织中去比较，同时也容易从外部学习到最佳实践，眼界理应更加宽阔。在联想集团，每个业务单元的HR都会作为非常核心的角色参与到人才盘点的整个流程中，一方面快速理解每年人才盘

点的新要求，另一方面要为副总裁提供人才潜力评价的建议。这对他们而言，综合能力就变得非常重要了。

清晰的业务策略、开放的组织文化、高层投入与承诺、人力资源的整合构成了保障人才盘点体系运作成功的四个关键要素。在实际案例中，同时具备这四个要素的企业并不多，所以人才盘点体系的导入往往需要一定周期。在联想集团，尽管联想人具有高执行力的特点，但2006年第一次实施人才盘点的系统工程仍然存在信息传递不清晰的问题。不少总监和经理对该项工作的认识仅仅是人力资源的一项任务，这就容易导致信息的有效性不高，需要人力资源不断地检查和反复澄清、修改。但这是任何一个企业在导入该项工作时难以避免的一个环节。连续实施三年后，很多管理者已经彻底改变了对这个项目的最初看法，认为人才盘点工作的确能够帮助他们培养人才，甚至还主动找到组织发展的团队讨论如何更好地通过这个项目帮助团队发展。

── 案例：渣打银行的人才盘点 ──

渣打银行在推行人才盘点体系之初，也存在着人才规划缺乏延续性、人才盘点各个环节的质量无法保证、脱离业务发展、高层支持不足等方面的问题，聪明的人力资源团队通过整合人才评估，邀请高层引导战略人才规划会议，把人才盘点定位于帮助事业部发展，以及整合业务单元和集团人力资源规划等方式，使公司各层级的管理者从人才盘点中获益，并对该项工作有了新的认知。渣打银行主席、前任CEO默文·戴维斯对人才盘点工作给予了如下评价："人才战略会议为我们提供了一个标准化的方式，通过这个流程，我们可以在讨论人才规划时更加着重于事实而不是主观判断。这个流程强调了我们挑选合适的人才，授权领导人并且在适当的时候帮助他们的必要性。对于让我们的高级领导人开始考虑关键的人才问题，使用简明的方式评估人才并让他们的工作更加卓有成效有很重要的意义。"

第 2 章

人才盘点的四重门

....

好的经理人 70% 是选的，30% 靠培养。

——宁高宁

....

金山软件的 WPS 这个办公软件产品差不多是中国历史最悠久的科技产品，它从 1988 年开始一直做到现在。金山 WPS 一直面临着一位巨无霸的竞争对手——微软。一直以来，金山 WPS 苦苦奋斗在个人电脑（PC）端上，为迎合用户体验，努力地遵循着微软的规则，在夹缝中生存。这就像玩《愤怒的小鸟》，垄断的霸主建立了非常高的门槛，比如技术门槛、营销门槛、行业标准和专利门槛。这些门槛是新兴公司很难打破的，只能跟随。

2010 年 WPS 又一次遭遇了前所未有的困境，在 PC 端微软仍旧是不可逾越的大山，而且看不到任何逾越的希望。在金山软件 WPS 团队内部，研发人员和市场营销人员还在为如何以客户为中心而努力。一晃几年过去了，老牌的 WPS 正在借助移动互联网迎来春天，并且在移动端完成了对老牌劲旅微软的逆袭。移动端月活跃用户超过了 1.2 亿，PC 端月活跃用户也即将过亿。

2011 年 7 月雷军回来执掌金山的时候说："我也不知道现在该怎么管，但是只有一点，全力去做移动互联网。"雷军为 WPS 今后的发展指明了方向，但是如何执行是经营成功的关键。用 WPS 内部人员的话说："雷军一脚把我们踹到移动互联网的时候，我们什么都不懂。"成功的原因在于以下两个方面。

第一，干净利索地执行。考核与收入没有关系，但如果能够成功，核心团队共同分享成功。让核心团队深知业务的未来，并达成一致，形成共同的信念，把果断力和意志力根植于核心团队的骨子里。

第二，秉承小、快、灵的设计思路，把用户关心的功能做到极致，重点抓产品的更新速度和对新事物的敏感程度，专注于做出让用户尖叫的产品。金山 WPS 凭借着近 30 年 Office 的经验积累、技术立业的信念以及移动互联网时代的快速切入，实现了当竞争对手还在以年为时间单位发布产品的时候，自己已经以周和月为单位进行发布了。移动互联网的到来带来了生态系统和产业模式的变化，突破了 PC 的垄断，打破了巨人的围剿，金山 WPS 也因此被解放了。

从金山 WPS 成功向移动互联网转型来看，战略方向的确定非常重要，但更为重要的是核心团队的战略执行。雷军在为金山 WPS 确定战略方向后就全身心投入到小米的发展中，WPS 核心管理团队坚定的战略执行力是取得成功的关键。

自从转型为国际领先的个人金融生活服务提供商，平安集团全面推进综合金融战略——"一个客户、一个账户、多个产品、一站式服务"，并进入互联网金融。2013 年完成整合后，平安集团发现公司内部极其缺乏懂银行、保险、投资以及互联网方面的综合金融高管人才，通过猎头公司搜寻发现，这样的人才全球也不到 20 人。

平安内部曾经引以为傲的干部管理体系已经严重落后于公司的战略发展。平安在干部管理的各个模块都有严格的流程、规范和制度，建立了严格的绩效管理体系、干部晋升调动流程以及人才退出与招募机制等。但平安的干部管理体系存在以下不足。

- 对未来急需的人才没有形成真正的共识，没有从战略出发来明晰支撑未来业务发展的用人理念和人才管理哲学，高层管理者不能真正"自动自发"进行人才管理。

- 以人员区分、评价为导向,强调区分、筛选和"选拔即发展",没有真正明确以培养人才为导向的人才体系,未能强化对核心人才的"系统设计"。

- 强调各模块的功能完善,对未来组织所需的人才队伍缺乏清晰思考,不是以战略导向系统设计各模块工作的,未能形成整合联动的"人才生产体系"。

组织与人才盘点是战略执行的重要流程,是以未来的战略发展为导向,通过对组织战略、组织架构与关键业务流程,以及关键岗位人才的绩效、继任计划、发展、招募、晋升、激励等进行深入讨论,根据公司的战略要求制订相应的行动计划,推动组织建立正确的组织架构,安排和培养合适的人才,以推动组织战略的落地和组织的持续发展。

根据组织与人才盘点的框架,人才规划、内部人才测评与选拔、外部人才招聘、人才培养、人才晋升与激励等环节不是相互独立的,而是有机整合在一起。一般企业的做法是,先提拔管理者,然后进行培养或培训,而根据组织与人才盘点的系统流程,则是先甄选,再培养,最后提拔(见图2-1)。

图2-1   组织与人才盘点的框架

组织与人才盘点的目标是预测、发展、保留并且部署适合的、具备组织所需领导能力的领导人员（"供给"）来满足企业业务成长对领导人才的需求（"需求"）。具体而言，需要解决以下四个问题。

- 要满足支撑企业短期、中期、长期的业务发展，需要什么样的领导力和领导人才储备？
- 要满足不同业务部门实现其业务增长目标所需要的领导人才，供需差距如何？
- 如何加快识别高潜力人才，以及如何凸显对高潜力人才的重视？
- 如何加速领导人才的发展，并且拓宽他们的视野，增加他们的经验，提升他们的领导能力？

系统解决以上四个问题，需要突破组织与人才盘点的四重门：战略洞察、组织设计与组织盘点、关键岗位人岗匹配以及人才地图，旨在提升核心管理团队的战略执行力。

战 略 洞 察

国航作为国内三大航空公司之首，在 2003 ～ 2005 年实施战略转型之后，确定了枢纽网络战略，重点发展国内航线，狠抓全流程服务。加上遇到国内经济的快速发展，国航成为全球盈利能力最强的航空公司之一。所谓枢纽网络战略，就是把首都机场作为全球中转的枢纽基地，投入最好的时刻资源，打造世界一流的枢纽网络。国航作为国有企业，这一战略执行起来并不难，但是另外一个战略"打造全流程的服务体系"，执行起来就困难多了。2010 年前后，国航曾经被国际权威服务评级机构 SKYTRAX 评为四星航空公司，但是 2013 年又被降为三星。之所以困难，是因为需要中高层管理者转变思维观念，而且要打透"部门墙"，进行跨部门整合与合作。

曾经有一位白金卡旅客在新加坡乘坐国航的航班回上海，在头等舱休息室休息时询问服务员该航班是否准点起飞，服务员告知航班晚点了，起飞时会提醒他。一段时间后，该旅客又去询问服务员，服务员则告知航班已经起飞了。

该旅客大怒不已，投诉国航要求赔偿。因为是白金卡客户投诉，国航非常重视，交由服务管理部的一把手亲自负责，这个人查询情况后认为，新加坡机场的头等舱休息室属于国航的合作渠道，所有责任应该由该渠道负责，跟国航没有关系。令人惊讶的是，他竟然拒绝了旅客的投诉，并扬言即使打官司跟国航也没有关系。幸亏有更为明智的高层出面尽快把这件事解决了。虽然这是一件旅客投诉的小事，但可以看到部门负责人并不理解公司以客户为导向的"全流程服务战略"。

中国房地产行业经过多年的快速发展，过去拿地、开发、销售、物管的模式已经过时，未来的房地产将更加专业化、多样化和职业化，房地产解决的不仅仅是住的问题，而是一个有品质、有品位的新生活模式。过去的百强房地产公司之间的差距不大，而现在要进入前50强则必须达到300亿元甚至400亿元的规模，房地产公司的规模效益越来越大，规模越大风险越小，规模越小风险越大。

扩大经营规模并不是一件简单的事情，除了要有足够人才支撑业务的增长，还需要在以下两个方面进行整合。第一，战略和投资的整合。过去单纯靠关系拿地的日子已经一去不返，在拿地之初就需要有战略投资的眼光，并充分利用财务资源与其他房地产公司联合拿地。第二，整合设计、开发、营销和服务。在拿地之初就应充分考虑目标用户的需求，甚至成立客户研究部，以此统领设计、开发、营销和服务。作为项目负责人，不仅要具备专业能力，还必须具备经营意识和领导力。这对房地产公司的战略执行力提出了挑战，实际情况并不乐观，能够做到这两方面整合的房地产企业本就不多，而具备战略眼光、经营意识和领导力的项目总经理与区域总经理等人才更为稀缺。

不管是国有企业还是民营企业，企业内部擅长战略执行的管理人才严重不足。战略洞察是战略执行的第一步，也是进行人才盘点的前提。

组织有自己的生命周期。管理界普遍认为，组织像任何有机体一样，存在生命周期。1972年，格林纳提出了组织成长与发展的五阶段模型（后又补充了一个阶段），他认为，一个组织的成长大致可以分为创业、聚合、规范化、成熟、再发展或衰退五个阶段。每个阶段的组织结构、领导方式、管理体制和员工心态都有其特点，对领导能力的要求也不同。每个阶段最后都面临某种危机和管理问题，组织都要采用一定的管理策略解决这些危机以达到成长的目的。

企业所在的产业也有生命周期，每隔几年就会有大的改变甚至革命性的变革，比如汽车行业当前正在由内燃机向电动化、智能化转型，中国车企正面临弯道超车的发展机会。

对于企业的发展，行业内破坏性技术的出现、竞争对手的产品革新，以及新竞争对手的出现都会影响用户需求的根本性转变。诺基亚和摩托罗拉手机的衰败、柯达的破产等是企业的发展跟不上业务需求的根本性转变所致，这也对企业的领导力提出了挑战。

对于企业本身而言，每隔两三年就会做出业务转型的战略决策，比如进入新的市场、业务拆分、引入新的产品线等。作为企业的中高层领导，能否做出战略洞察，对于业务转型能否成功至关重要。

战略执行的常见问题有二个：第一，战略已经转变，而组织架构、人员配置和核心岗位人员的思维模式没有转变，导致战略转型失败；第二，战略转型的方向与内部的核心业务流程方向不一致，导致战略转型失败。这两大问题的解决与每位中高层管理者息息相关，如图 2-2 所示。

作为企业的一把手，董事长或首席执行官通常认为宣读了公司的战略或下发了战略规划，企业的中高层管理者就理解了公司战略，就会正确地执行公司战略，其实不然，每位管理者理解的角度和深度可能都不一致。战略洞察的着眼点是差距分析，并从四个方面进行洞察和进行战略一致性思考：市场分析、洞悉战略目标、思考增长策略和进行业务模式设计。

战略思维是由不满意激发的，正如前文所述，而不满意是对现状和期望业绩的一种感知。通常而言，存在两种差距：一种是业绩差距，是经营结果和期望值之间的差距，通常是一种量化的陈述。对于业绩差距，很多企业习惯于自上而下的目标分解，中高层管理者更多的是"被动接受"或"讨价还价式接受"，而没有开动每位中高层管理者的大脑，让他们自己去思考该怎么做。另一种差距是机会差距，是现有经营结果和新的业务模式设计所能带来的经营结果之间的差距，也是一种量化的评估。业绩差距可以通过高效执行填补，不需要组织变革或业务模式的改变，而填补机会差距则需要进行组织变革和新的业务模式设计。

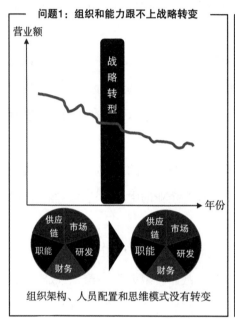
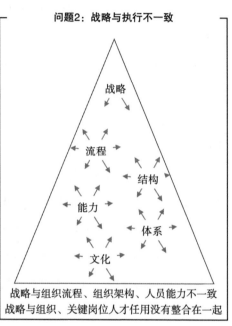

图 2-2　战略执行的常见问题

填补差距的路径只有一个：增长。增长是一种理念，不管是哪个行业、哪家公司，必须在中高层管理者的头脑中种下增长理念。持增长理念的管理者会不断拓展自己的视野，充分发挥自己的想象力，在面对未来的不确定性时勇于担当。没有增长理念的管理者心里只想着如何完成公司下达的目标，而且谨慎从事，害怕承担风险。不管经济形式处于衰退还是上升时期，增长一直是企业的主旋律，根本就没有成熟的行业，也不存在没有任何增长空间的市场。

增长的标准是有价值的增长，而不是没有价值的"坏增长"。有价值的增长是盈利性的、可持续的增长，而"坏增长"是没有盈利、浪费资源，甚至是不计后果的增长。衡量有价值增长的最佳指标是投资回报率，中高层管理者务必要深刻理解这一指标。

$$投资回报率 = 净利润率 × 资产周转率$$

$$净利润率 = 净收入 ÷ 销售收入$$

$$资产周转率 = 销售收入 ÷ 资产$$

以上三个公式基本上蕴含了运营管理思想和经营决策的本质，如果参加了 MBA 的学习，而没有掌握投资回报率的精髓，算是白学了。对于企业中高层管理者，不管是前端经营类管理者还是后端职能类管理者，都应该掌握净利润率和资产周转率的各个构成成分，同时掌握其成分之间是如何相互作用的。从客户需求、产品设计和开发、营销组合、客户服务，到制造技术与管理、资产配置、金融运作等细节，都属于经营的常识性知识，只有掌握这些知识才能对战略进行洞察。

由外而内的市场分析

战略洞察的第一步是解释市场上正在发生什么以及这些改变对公司来说意味着什么，尤其是对自己所负责的业务意味着什么。这需要了解客户的需求、竞争者的动向、技术的发展和市场经济状况，以找到机遇和风险。

先进行宏观环境分析和行业环境分析，比如市场规模与增长趋势、带动市场的关键要素及其关联性、最有吸引力的机会、最大的威胁以及对所负责的业务线意味着什么等，通常应用的工具是 SWOT 分析。

对于竞争对手的分析，包括行业内现有企业的竞争情况、潜在竞争对手的威胁、替代性产品的威胁、竞争对手的策略与执行情况，以及应对竞争的策略等。

要突破常规性思维，由外而内地审视宏观环境和进行市场分析。传统的思维模式路径是：公司的产品和服务 - 市场和渠道 - 终端消费者，分析我们拥有的资产、产品、服务、核心能力和品牌等，基于这些因素分析如何提升销售额。这是由内而外地思考，意味着通过现有产品和产品的销售渠道来预测未来，通过已有的商务运营和技术来预期未来。长安铃木曾经在中国汽车行业辉煌过，最近几年辉煌不再，销售额逐年下降。笔者曾经采访过长安铃木的前CEO，他认为公司的产品跟不上市场变化、产品定价过高、渠道挣不着钱，导致营业额不断下降。这是典型的由内而外的思维模式。

由外而内的思维模式是：终端消费者－市场和渠道－公司的产品和服务，关注市场变化的根本驱动因素及目标用户的需求。我们目标用户的需求是什么？他们的需求正在发生怎样的变化？预见到并满足这些需求的新竞争者是谁？按照这个思路，思考自己的产品、服务和营销策略。对目标用户的需求了解得越精确、越及时、越客观、越直接，对未来的战略洞察就越准确。

洞悉战略目标

组织的战略包括愿景、长期战略目标和近期战略目标。愿景是企业一个时期的战略发展方向，展示了长期的、可持续的盈利方式，是比长远战略目标更为长远的目标。愿景是企业对于未来的看法，为企业员工提供了统一的、深入人心的方向感。

所谓长期战略目标，是基于有效的、合理的、灵活的运营模式赢得现有市场增长机会的目标，同时该目标要保持与快速变化的市场相适应。长期战略目标涉及的因素包括产品、服务、市场、客户、技术及时机等。

近期战略目标主要指一些可衡量的业绩指标，主要涉及的因素有利润率、增长率、市场份额、客户满意度及新产品开发速度等。年度的绩效目标分解主要是制定近期战略目标。

除了对战略目标的洞悉，公司需要重点把握战略定位。比如房地产行业的领头羊之一碧桂园，从 2015 年的 1402 亿元到 2016 年的 3088 亿元，仅用了一年时间就实现了业绩 120% 的增长，这是个令行业惊叹的速度。当大家都期待其 2017 年设定更具挑战性的目标时，碧桂园调整了其战略定位，聚焦"品质"和"海外"：成为全世界最具竞争力的企业之一。"全世界"的定位意味着其坚定海外拓展的长期战略，扎实拓展印度、泰国、缅甸、老挝、俄罗斯、越南等"一带一路"沿线国家。碧桂园在追求规模增长的同时，越来越注重高质量增长，即降低财务负债率，追求提升投资回报率的持续增长。

对于多元化经营的企业，需要洞察其核心业务。企业核心业务是与多元化经营相联系的概念，通常核心业务是指一个多元化经营的企业或企业集团中具有竞争优势并能够带来主要利润收入的业务，企业的核心业务在企业的业务组合中，一定是在该行业中最具有竞争能力的业务，可以给市场和消费者一个明确的概念：我主要是做什么的。如果企业的核心业务能依托核心能力形成一种对内兼容、对外排他的技术壁垒，那么企业就能在纷繁复杂的市场中保持应有的竞争优势。

一汽集团背负着全国人民对汽车制造的梦想，但是其自主品牌至今没有发展起来，其自主品牌汽车的销量在 2016 年排在所有国企车企的末尾。也许因为一汽集团合资车的销量太好，导致搞不清楚自己的核心业务是什么，也导致自主品牌萎靡不振。

思考业务增长策略

企业的增长策略、业务线的增长策略和事业部的增长策略，甚至部门的增长策略，需要各层级管理者思考和谋划。常见的增长策略有开发更多新产品，在技术上加大投入，加强销售力量；加强执行，更彻底地执行公司战略；削减成本，降低产品价格；获得更大的市场份额，敢于冒更大的风险；开发新的产品销售渠道；全球化、并购、建立新的企业间联合、企业变革等。结合拉姆·查兰对增长的研究和验证，总结以下十大增长策略，这些都是取得增长的潜在机会。

- 自然增长，产品和服务正处于市场的繁荣期，而且增长强劲。
- 通过降低成本、提高生产率、缩短产品开发周期和加快资金周转获得市场份额。
- 拥有独到的技术，或者拥有专利技术。
- 长时间建立起来的高度发达的产品销售渠道。

- 利用现有的产品拓展新的市场空间，比如拓展海外市场。

- 通过并购或与其他企业联合获得更大的市场优势。

- 扩大市场或行业的边界。

- 对市场进行再细分。

- 进入相邻的细分市场。

- 业务组合增长。

扩大市场或行业边界的增长策略，最经典的案例是可口可乐公司前CEO罗伯托·郭思达的"从肚子里获取市场份额"。他并不是将可口可乐公司的市场重新定义为可乐市场，也不是软饮料市场，而是定义为人们消费的所有液体饮料市场。十年前（2007年前后）长安汽车自主品牌的主战场还是商用车，后来集中资源全力投入到轿车和SUV。截至2016年年底，长安汽车自主品牌汽车的销量超过百万辆，位列国产车企的第一名。

相对于万科，碧桂园一直把三四线城市作为战略布局的重点，为了获取增长空间，开始布局一二线城市，并布局海外市场。

业务组合增长是很多大型集团公司普遍采取的策略。业务可以分为三部分：核心业务、成长业务和种子业务，俗话说"碗里的、锅里的和田里的"。对于核心业务，要不断延伸发展，不断专注和捍卫，同时提高核心业务的生产效率和利润贡献。核心业务能够给企业带来大部分的利润和现金流，为种子业务增长提供足够的"粮草"。

对于成长业务，应用经过论证的业务模式扩大业务规模、增加市场份额，以获取市场机会，其核心组织能力是亲近客户。种子业务的业务模式还在探索之中，需要不断尝试和论证其可行性，并逐步构建能力和价值，以播种新的成长机会。种子业务的核心组织能力是产品领先。这是我们经常讲的：任何企业，你都要吃着碗里的，同时还要炒着锅里的，更重要的是还要种着地里的。

大部分企业的业务组合增长战略之所以失败，不仅未能扩大价值，反而损害了价值，根本原因在于"错误地偏离了核心业务"。在成长业务没有建立市场竞争优势之前，建议专注于核心业务中建立的市场竞争力，这是获取竞争优势和成功扩张的关键所在。曾经连续位居全球 500 强之首的通用汽车于 2009 年 6 月申请破产，原因是通用汽车进入了从机器人技术到 IT 咨询业务等各种其他业务领域，忽视了对轻型车业务的投资。著名的隐形眼镜生产企业博士伦从 20 世纪 80 年代中期开始雄霸市场，到 2003 年其市场份额降至原来的 1/3，沦为业内老三，原因是它把大量现金流从其镜片和清洗液业务转投新的商业领域。曾经以"生态化反"在"互联网＋"时代叱咤风云的乐视，之所以战略失败是因为虽然有不错的成长性业务，也有电动汽车等种子业务，但是没有强大的核心业务作为根基提供"造血"功能，因此失败也就不足为奇。

业务模式设计

对于任何一门生意，或从事任何一个领域的产品，认清其商业本质都非常重要，因为只有弄清楚生意的本质，才能掌握节奏。只有把产品的定义和商业模式弄清楚了，经营策略才会变得完全不一样。

小米在做插线板时，首先定位的是一个蚂蚁市场。所谓蚂蚁市场是指这个产品领域没有巨头出现。相对应的是成熟市场，如果四五家巨头垄断了这个市场的 80%，向 80% 的用户提供价格合理的产品，只剩下 20% 的细分市场，那么这是一个成熟市场。对于成熟市场，如果再进入的话就非常困难。小米在拓展生态链时避开了成熟市场，专门瞄准蚂蚁市场。

在中国的插线板市场里，"公牛"品牌的市场占有率是最大的，占 30%。排名第二的是"突破"，市场占有率不到 3%。第三名统计不出来了，市场被所有小厂子完全瓜分。该市场属于典型的蚂蚁市场。

在进入插线板市场之前，小米对市场的分析是：传统的插线板得不到重视，放在桌子底下，很不方便。用户的心声是：如果能够把插线板放在桌子上，那该多好、多方便！而且我们需要 USB 插口。因此，小米对插线板市场的判断是：第一，有需求；第二，这是蚂蚁市场，竞争不充分。

小米没有找第一名的"公牛"，而是与"突破"合作，重新定义插线板产品和这个市场，先从北京市场做起，然后推向全国。

　　小米插线板的正面为磨砂材质，侧面选择镜面抛光设计。小米插线板的机身选择的是 750℃阻燃材质，打火机这种小型明火是无法点燃的。它底边四角有防滑垫，拆开后里面是三角螺丝固定的。拆解并不是很容易，因为底部的卡扣式设计，拆开后容易破损。其中一款插线板的尺寸为 22.5cm×4.1cm×2.6cm，就插线板而言已经相当小巧了。

　　插线板本身配备三个 USB 智能充电插孔，总电流 3.1A。单口支持 2A 快充，会根据设备接入的数量自行适配。同类型插线板进行价格比较，小米插线板的价格要低于竞品 20 元左右。

　　小米插线板的目标用户仍旧定位于 20～35 岁，其中学生大约占总体的六成，其次是白领工作者。这与小米手机的目标用户一致。小米插线板的价值主张是："低价""好用""安全""美观"。小米用极致的逻辑、最小的体积、最精致的工艺、最安全可靠的设计做出了小米插线板。

- 外观一定要做到美轮美奂，让人们愿意把它放在桌子上。
- 相对于竞品都又大又蠢，小米一定要把插线板做到极致的最小体积。
- 从内部结构上改良传统插线板的状态。
- 外观尽可能做到符合人的审美。插线板是塑料做的，从侧面看有斜度，不太美观。小米插线板把斜度做到尽可能小。

　　跟小米手机的销售渠道一样，小米插线板以电商渠道为主，并铺货线下超市等渠道。小米插线板很快就改变并引领了插线板行业的发展，如果去超市看看，竞争对手已经开始模仿小米插线板了。

　　业务模式即打法是生意最为关键的一步，首先是行业和客户的选择，小米插线板选择了蚂蚁市场，进入市场化程度不高的市场，目标用户与小米手机一致，并采取与市场占有率排名第二（3%）的"突破"合作。其次，也是最为关键的一步，确定产品的价值主张，包括目标客户的价值需求和产品的独特卖点。再次是生意的展开：价值获取，即产品的产量、市场布局和营业收入的规划。小米插线板两年的销量为 750 万个，远远超出了最初预估。最后是确定销售模式，主要涉及与哪些合作伙伴合作，采取什么样的销售模式。在设计业务模式时，还有其他一些因素需要考虑，例如，如何保护利润，如何持续快速响应客户的需求，以及还有哪些潜在风险，还有哪些不确定性，这都需要经营者始终保持全面视角和商业的敏锐性。

组织设计与组织盘点

能否有效地执行公司战略，组织设计、组织盘点与优化起到了关键作用，同时为后续的人岗匹配和人才盘点奠定基础。

组织设计

为确保关键任务和流程能有效地执行，需要建立相应的组织结构和进行关键岗位的大小、角色定位，便于人岗匹配和人才盘点。组织结构由管理体系和流程构成，展示了资源和权力如何在组织中分配和授权、如何行权与问责，组织结构还展示了组织的决策流程和协作机制，以及组织的信息和知识管理。

- 组织结构服从于商业战略。
- 组织结构随战略的变动而调整（组织结构能够反应潜在的战略变化）。
- 组织结构是由核心业务流程支撑的。

组织结构服从于商业战略，这是设计和优化组织结构的第一原则。金山集团在 2011 年时有金山软件（WPS）、西山居（网络游戏）、猎豹移动三家子公司，后来成立了金山云，共有四家子公司。除了西山居的业务模式比较稳定之外，其他三家公司要么处于战略转型期，要么是新成立的业务。为了鼓励它们快速成长，金山集团采取充分授权的模式（分权模式），财务、人事、经营权等全部下放给子公司。到了 2017 年，随着金山云、金山软件、猎豹移动业务的成熟，各业务之间的协同越来越多，为了发挥资源整合的优势，金山集团加强了对西山居、金山云和金山软件的管控，猎豹移动由于业务比较特殊，跟其他业务整合的优势不大，则采取了更为独立的发展模式。

2008 年之前，信息技术部在各个航空公司的地位很低，主要负责信息安全和信息技术支持，比如国航，信息技术部放在了工程技术维修板块之下。随着信息技术在航空运控和安全管理、服务和营销管理中的角色越来越重要，能够直接带来商业价值，比如信息技术部门的工作直接与旅客满意度相关，并直接影响公司业绩指标的达成，很多航空公司把信息技术部门置于与飞行、运控、营销、工程技术等并列的业务部门。

在保险行业，财险和寿险在很多大的保险公司里都是比较独立的事业部或子公司。一般在各个区域公司，客户购买同一家公司的财险和寿险，需要到不同的网点开不同账户进行办理。随着保险行业的竞争加剧，对保险公司而言客户资源越来越重要，各大保险公司相继采取资源整合战略，开始打通财险和寿险之间组织结构的壁垒。

组织结构随着战略的发展而变动。房地产公司原有的开发模式是拿地、开发、营销和服务。一般而言其组织结构中投资部和战略规划部是分开的。随着房地产开发模式的多样化（如特色小镇、城市运营等），很多房地产公司把战略规划部和投资部合并为战略投资部。随着房地产行业越来越重视客户需求，房屋的品质越来越重要，很多房地产公司成立了专门的产品部，聚焦设计和研发，专注于产品力的打造和提升产品竞争力。过去在很多房地产公司，客户研究的职能一般放在营销部下面，随着客户研究的战略性增强，一些房地产公司把客户研究放在一个单独的部门，或放入创新研究部或产品中心。

组织结构的职位层级设计以提升运营效率为原则。传统的是以官僚式、多层级职位体系设计为主，以保持组织自上而下的高效执行，在追求执行效率、高品质生产方面，官僚式组织结构发挥了重要作用。随着经营环境的快速变化，组织需要对外部环境做出快速反应，扁平式组织结构、矩阵型或网络型组织结构逐步盛行。

对于组织结构的职位层级设计，首先要明确高管职位体系的设计。对于一家成熟的企业而言，高管团队的范围要非常明确。一般而言，超大型集团企业的高管职位分为四层（见表 2-1）：首席执行官（CEO）、高级副总裁（SVP）、副总裁（VP）、助理总裁（AVP）。一般企业可以只设副总裁及以上职位。

表 2-1　高管职位设置

职位	战略定位	职责定位	任命权
首席执行官	战略制定	管理整个组织	董事会
高级副总裁	战略整合	管理某个业务群	首席执行官提名，董事会
副总裁	战略执行	管理某个事业部	高级副总裁提名，首席执行官任命
助理总裁	战术执行	管理某个重要部门	

综合一些国际化大公司的人才数据，一般企业的副总裁及以上高管人员与全体员工的比例约为 1:100，助理总裁及以上高管人员与全体员工的比例约为 1:60。

对于中基层管理职位，一般企业设置三级：经理、高级经理、总监。如果是高科技公司，追求扁平化，可以设两级或一级。经理级及以上人员占全体员工的比例约为 1:6 到 1:10（见表 2-2）。

表 2-2　中基层管理职位设置

职位	战略定位	职责定位	任命权
经理	任务执行	管理一个团队	副总裁
高级经理	任务执行	管理两个或一个大的团队	副总裁
总监	战术和任务执行	管理一个部门或多个团队	高级副总裁及以上

对组织内每一个关键岗位的设计，都需要关注其控制跨度或管理幅度（见表 2-3）、责任跨度、影响跨度和支持跨度（见图 2-3）。尤其是控制跨度，它直接影响组织效率，原则上组织内不应该出现太多兼任（acting）的情况。每个管理岗位的控制跨度都具有一定灵活性，主要与所管辖岗位的成熟度和复杂性有关。

表 2-3　管理幅度的影响因素

管理幅度窄（直接汇报人数少）	管理幅度宽（直接汇报人数多）
工作非常复杂	工作相对简单
新设立的业务，运营管理体系需要探索	成熟业务，运营管理体系完善
工作结果和周期不可预期	工作结果和周期都已标准化
需要对工作流程进行严格监控	工作流程有标准的规则和程序
员工缺乏相应的经验和技能	员工高度自觉化，可以很好地自我管理

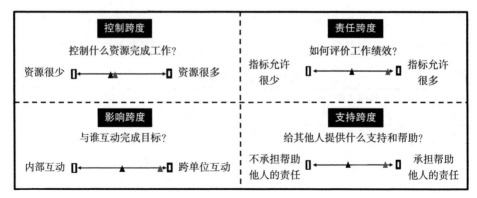

图 2-3　关键岗位设计

总而言之，在进行组织设计时，要重点关注以下五个方面的因素。

（1）战略决定组织设计，组织设计必须能够促进组织目标的实现。

（2）管理者的精力是有限的，在进行组织设计时，必须把管理者的精力作为稀缺资源，投入到真正重要的工作上。

（3）对组织做出调整时，需要充分考虑组织内部人员的能力、政治关系、文化氛围等实际情况。

（4）对于组织内部的每一个关键岗位，都需要关注其控制跨度、责任跨度、影响跨度和支持跨度。

（5）进行组织设计时，必须考虑组织（集团、公司）整体的管控关系与平衡。

组织盘点

进行组织盘点的主要目的是扫除组织战略落地的组织障碍。组织障碍分为两类："硬"组织障碍和"软"组织障碍。常见的"硬"组织障碍是关键岗位的设计过于复杂，组织结构和关键岗位的设置不是基于战略需要，而是因人设置。这种现象常见于国有企业，有一些"老人"或"位高权重"的人，虽然能力跟不上组织发展，但碍于情面需要在重要岗位上进行安置。对于国有企业的这种情况而言，长安汽车的做法可以借鉴，设置一些非战略性的岗位或行政支持类岗位，来安排这些跟不上公司发展的人员。

另一种常见的"硬"组织障碍是资源分配不合理，把握不住战略重点，资源分配与战略重点不一致。比如很多汽车企业没有产品经理岗位，一般由研发总监兼任，当产品开发结束后又回到研发岗位。对于大客车制造企业而言，B2B是其关键的业务模式，这一点跟小汽车制造企业不同，由于各个企业的采购比较个性化，因此，对于大客车制造企业而言，标准化岗位是非常重要的。但我们在为某大客车制造企业做组织盘点时发现，很多标准化岗位都是兼任的，给予的编制也太少，没有赋予足够多的责任和资源。

还有一种"硬"组织障碍是缺乏战略远见，存在过时的组织流程，且看不到业务在公司价值链中的战略意义。比如某大型航空公司，它的每个分公司都有自己的服务管理部、地面服务和客舱服务部，而且相互之间的服务标准是不一样的。对于航空公司而言，营销部里有一部分岗位，如大客户部、营销中心等是全流程服务中的关键一环，但从组织结构上看不到它们与服务管理部之间的关系。

最常见的"软"组织障碍是组织中不健康的文化，由于组织原因导致高离职率（不是因为领导的个人原因），比如过重的官僚文化、过于业绩导向而不重视人员发展的文化等。另一种"软"组织障碍是剑拔弩张的紧张氛围，由于存在内部矛盾导致组织内弥漫着的紧张氛围，阻碍绩效提升。

人才盘点首先要对组织结构进行盘点，如果组织结构已经过时，不支持战略发展，需要对组织结构进行调整。先展现当前的组织结构，在描述组织结构时需要包含以下信息（见图2-4）。

- 直线汇报关系和虚线汇报关系（实线和虚线）。
- 关键岗位的职责和角色定义。只描述核心职责，代表该岗位重要性的核心任务，或者描述承担的核心业务流程。
- 直接下属数量。
- 人员编制总数，包括正式工和非正式工、合同工和劳务工、在职人数和空岗数。
- 标注出战略性关键岗位。所谓战略性关键岗位，指对最终业务结果产生关键影响，对未来业务的战略重点也至关重要，且承担该岗位人员培养的岗位。

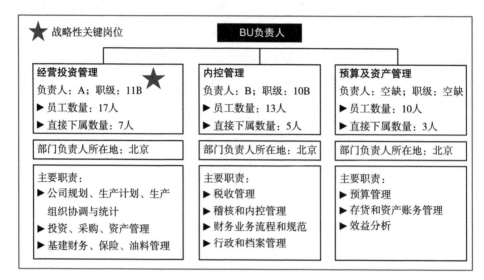

图 2-4 当前组织结构图样例

接下来需要对组织结构存在的问题和障碍进行一一盘点，并找出根本原因（见表 2-4）。

表 2-4 组织障碍诊断表

	问题 / 障碍	根本原因
组织盘点		1. 战略方向问题
		2. 层级设置问题
		3. 部门（分管领导）职责问题
		4. 内控体系责权问题
		5. 部门协同及效率问题

或者对组织的运营效率和组织发展的各个方面进行盘点（见图 2-5）。

如果需要对组织结构进行调整或进行重新设计，则需要给出新的组织结构图方案，同时给出调整的原因。多做一些对标分析是必要的。如果新的组织结构调整比较大，需要对岗位编制数量的增减、管理幅度的变化、用工方式变化等做出对比说明。

人效数据截止日期：2017 年 6 月 30 日	
类别	数据
总体编制	3 370
- 正式编制	3 288
- 非正式编制	82
- 女性比例（%）	24%
平均服务年限（全体员工）	5.5
平均服务年限（管理者）	7.4
高管占比（全体员工：高管人数）	192
管理者占比（全体员工：管理者）	8.3
高管的编制数	4
具备高管潜力的后备人才数量	1
其他高潜力人才数量	13

组织和人才发展的亮点与不足

亮点

- 随着云 OS 解决方案、医疗行业解决方案，以及 60 多家服务供应商的加盟和在线服务业务的发展，服务整体向好的方向发展，员工的士气越来越高
- 人才获取能力增强，驱动服务业务更为专业和年轻化
  - 数量：50% 新员工的级别在职位 8 级及以上
  - 质量：塑造核心技术的能力，如云服务、互联网技术、e 商业化等
- 根据 E2E 业务模式，持续优化组织资源，刺激业务健康发展
- 前瞻性地发展和培养人才，不断提升组织能力。去年一年淘汰了 89 人（不胜任者），并为其他组织贡献了 26 位人才

不足

- 对领导团队的授权不够，更缺乏比较强的激励措施
- 职位 8 级以下的人才储备不足，需要设法在短期内采取措施
- 需要更为灵活的薪酬和激励措施，以促进新业务的发展
- 要持续加强领导力的培养，尤其是中基层管理团队。团队的士气有很大的改进空间

图 2-5 组织运营效率盘点（示例）

关键岗位人岗匹配

如果不针对特定组织、特定岗位，我们很难界定一个人的优劣势。我们建立的领导力模型实际上是通用标准，如果对人进行深入的评价和发展，还需要岗位标准。这部分内容是人才盘点的核心部分，是把组织和岗位要求与人的素质能力水平进行匹配的过程。

对于革命家而言，需要具备先天下之忧而忧，后天下之乐而乐的品格，具有改变世界的使命感，还需要具备用使命感召他人的领导力。对于创业者而言，需要具备分享财富的胸怀和心怀梦想，还要有"赌徒心态"的冒险精神。对于独立工作的程序员而言，只需要具备责任心和挑战自我的精神即可。

一般根据岗位特性（知识技能水平、问题解决的难度和责任大小）把岗位分为三大类：运营类岗位、协调类岗位、研究技术和职能类。比如销售总监、生产厂厂长等属于运营类岗位，需要具备战略思维能力和激励人心的能力，主动设定挑战性目标，且敢于担当和善于赢取他人信任。研究技术和职能类管理

者需要具备很强的判断力和商业意识，能够坚持原则和公平公正，且具有一定的人际合作能力。市场总监、采购物流总监等一般属于协调类岗位，需要很强的人际影响力，做事灵活且具备大局观。典型岗位的职责和关键素质要求示例如表 2-5 所示。

表 2-5　典型岗位的素质要求

典型岗位	核心职责	关键素质
销售类岗位	• 分析规划 • 与客户互动 • 关注外部市场 • 发展渠道 • 关系管理 • 推动执行	• 动力：追求卓越（勤奋、有好胜心、能吃苦） • 人际：人际敏锐和影响说服力（支配性强）、关系建立能力 • 勇气：自信、脸皮厚 • 思维：商机敏锐
端到端的运营岗位（P&L）	• 端到端的价值链管理 • 投入产出的平衡与决策力 • 建设一支自主和负责任的团队 • 业务规划 • 财务经营管理	• 思维：目标－手段思维（视取舍为达成目标的选择），设定与公司战略相一致的目标，并制定相应的经营策略，抓主要矛盾和矛盾的主要方面 • 人际：识人用人、团队凝聚 • 品格：赢取他人信任、利他主义
新市场开拓	• 清晰的战略方向和目标 • 市场洞察与决策 • 组建团队	• 动力：以结果为导向的快速行动 • 勇气：敢于决策 • 思维：敏锐捕捉商机和战机 • 品格：直接和坦诚地沟通 • 人际：识人用人
扭转乾坤	• 市场诊断与洞察 • 变革管理 • 战略聚焦 • 团队建设与激励 • 做出困难的人事决策 • 赢得尊重（而不是好名声）	• 思维：敏锐、深刻的洞察力，以目标为导向的策略谋划 • 勇气：人际勇气（直面冲突，敢于得罪人） • 人际：感召力（指明方向，点燃激情） • 动力：坚韧、精力充沛、毅力强 • 品格：公平公正、勇于自我否定
后端职能管理	• 成本管理 • 运营计划管理 • 政策、制度和标准建设 • 业务流程和体系建设 • 内部沟通与协作	• 思维：站在业务经营和战略角度提供专业支持（概念思维） • 人际：客户导向、说服影响力 • 品格：正直，以规则和原则为导向
跨部门/BU项目负责人	• 跨部门、区域、职能的合作沟通与协调 • 资源协调与整合 • 获得高管和外部资源支持 • 项目管理与推动	• 思维：由外而内的思维，目标－手段思维（项目规划） • 人际：说服影响力 • 品格：把企业利益放在第一位，善于自省

　　在进行人岗匹配时，我们切忌根据业绩表现直接做出对人的判断，很多管理者都习惯于业绩至上，只要业绩好能力就强。另一方面，切忌晕轮现象，看

到人某一个方面的优点，就推论这个人无所不能。

如表 2-6 所示，人才分类表中 4 和 5 是最难被评价、被识别的类别。为某保险公司选拔高管后备人才，设定的标准有：敏锐的战略洞察力、高超的人际影响力、赢取信任的领导力。通过评价中心进行甄选，有几位寿险分公司的总经理在这三项上能力得分很低，被淘汰了。主管寿险的领导当时脸就黑了，给出的直

表 2-6　从三个维度看人才分类

人才分类	高业绩		低业绩	
	高动力	低动力	高动力	低动力
高能力	1	2	5	6
低能力	3	4	7	8

接判断就是这次的评价中心不准确，而不认为这些寿险分公司的总经理能力不够。后来我们深入分析发现，其实寿险分公司总经理最重要的能力是勤奋、令行禁止的执行力、团结团队的亲和力，而这些能力都不是高管后备需要的关键能力，尽管他们的业绩非常优秀。

进行关键岗位的人岗匹配，一般分为三个等级标准：非常匹配（使用绿色表示）、基本匹配（使用黄色表示）、不匹配（使用红色表示）。

- 不匹配 = 关键岗位人员的能力现状与理想情况存在显著差异。
- 基本匹配 = 关键岗位人员的能力现状与理想情况存在差异。
- 非常匹配 = 关键岗位人员的能力现状与理想情况基本一致。

人岗匹配分析如表 2-7 所示。

表 2-7　关键岗位人岗匹配

岗位名称	核心能力要求	总体评价	亮点与不足
×× 城市公司总经理	· 战略思维与规划能力 · 结果导向 · 团队管理能力 · 人际敏锐度和搭建关系网的能力	（黄色）	有冲劲、肯付出、团队凝聚力很高，但缺少有效的方法，与政府的合作关系不稳固

人才地图

在明确了组织结构和关键岗位的要求后，接下来重要的一步是甄选高潜力

人才，形成人才地图。人才地图是以未来发展为导向，对现有人才的一种综合规划。绘制人才地图最核心的指标是：发展潜力。根据禾思咨询的调研，60%的企业把潜力定义为：晋升到更高一个职位层级可能性的大小，如果具备晋升到CXO位置的可能性，则为高潜力。一般把潜力分为四种类别，如表2-8所示。

表2-8　潜力标准及定义

类型	潜力标准	定义
潜力	高潜力人才（蓝色）	优秀的绩效表现，高效的岗位技能，展现高超的领导力行为，强烈的领导意愿和卓越的学习能力。具备在未来3～4年内晋升两级的潜力，列位某层级2%的最优员工
	可提拔（绿色）	优秀的绩效表现，有效的岗位技能，展现优秀的领导力行为，强烈的领导意愿和出色的学习能力。具备在未来1～2年内晋升一级的潜力
	在岗位成长（黄色）	良好的绩效表现，有效的岗位技能，具备在现任岗位上承担更大职责的潜力
	岗位调整（红色）	员工在现任岗位的绩效表现不达标，可能是由能力不足、动力不足、人岗匹配度不高导致

影响潜力的因素很多，主要参考因素有：业绩、能力（素质）、专业能力、潜力因子、敬业度以及其他阻碍因素等。

业绩是近一年内取得的绩效结果（跟目标相比）和成就。根据禾思咨询的研究，业绩是所有因素中对潜力预测最为重要的因素之一，约占25%～30%的比重。如果企业的绩效考核标准和考核结果不够客观，建议用过去一年取得的主要成就，对照绩效标准（见表2-9）重新打分。

表2-9　绩效标准

类型	评分标准	定义
绩效标准	超出期望	绩效表现和绩效结果都超过了预期
	达到标准	一般情况下，绩效表现和绩效结果达到了目标
	未达标	绩效表现和目标存在差距，需要经过努力提高才能够达标

能力是过去一年在工作中的行为展现。这些是公司的领导力模型里要求的，常用的评价方法是360度评估反馈。通常我们把能力分为三个标准进行评价，如表2-10所示。

专业能力是预测潜力的基础，对于管理者而言，专业能力不是不重要，而是变得更为重要。专业能力也是建立个人影响力或领导力的基础。专业能力是指积累了精深的专业知识。专业知识可以是技术性的，也可以是基于网络式的（如营销和销售专业知识）。这些专业知识对组织来说非常宝贵。更重要的是，这些专业知识与公司业务经营紧密相连。

表 2-10 能力评价标准

类型	评分标准	定义
能力	高效行为	一贯表现超出期望的行为，其行为代表了公司战略对领导力的要求，无论在常规还是在较为复杂的环境下，整体表现都超出期望
	有效行为	频繁地表现出期望行为，整体表现和期望一致
	待发展	在大多数场合下行为表现令人失望，在整体上和预期存在差距，需要进一步提高

根据禾思咨询的实践经验，很多能力和潜质不错的管理者在转换专业之后，尤其是专业性比较强的职业转换，个人的工作绩效受到巨大影响。专业能力的强弱不能与专业经验的丰富程度画等号，经验丰富并不代表专业能力强。一般而言，专业能力强弱的划分标准如下。

- 初级专业水平：主要掌握某专业的定向和概括性知识，是在明确的工作任务和情景下，应用规律和模型所获得的经验性知识。

- 中级专业水平：在一般的工作任务和情景下，通过对事实、模型和规律的分析所获得的知识。这个阶段的典型特征是能够在模型、事实和规律之间建立关联，在专业领域开始建立自己的见解和观点。

- 高级专业水平：在处理无固定答案、比较复杂的问题情境时获得的系统性学科知识。这个阶段的典型特征是掌握模型、事实、规律的细节和功能性知识。通常为公司内部公认的专家。

- 专家水平：通过处理非结构化任务获得的知识，典型特征是知识应用的创新，能够在专业经验的基础上，修订或改进理论模型，完善学科系统化知识。通常为在行业内有一定影响力的专家。

关于潜力因子，目前常用的有三个：思维敏锐度、人际敏锐度、内部驱动力。思维敏锐度主要指思维的品质，如反应的敏捷程度、从多个角度思考问题的灵活性、洞察问题本质的敏锐性等。人际敏锐度是指对他人情感与情绪的洞察，并快速做出恰当反应的敏捷性。内部驱动力是指不受外部环境影响的、自发自愿的内部动力，包括成就动机和权力动机。

根据禾思咨询的研究，以上三种潜力因子是比较稳定的心理特质，比较稳定也就相对比较容易衡量，在区分人的发展潜力方面，无论通过心理测验（如CPI）还是通过述能会，都有很强的区分性。很多咨询公司都非常重视学习敏锐度，但是它对于区分发展潜力的效度却很低，甚至相反。在某些企业，有一些没有承担重要工作、有很多空闲时间的人，他们在学习敏锐度上得分比较高，而承担重要工作职责的人，天天加班加点忙工作，在学习敏锐度上的得分比较低。

对于学习敏锐度，禾思咨询又进行了深入研究，对学习敏锐度中的关键因子"自我认知"进行了大量数据分析，发现对于基层管理者及以下员工，自我认知对发展潜力的预测效度不高，而对于中高层管理者的发展潜力预测效度显著。自我认知包括对自己的优势、劣势的认知，更重要的是对自我的反思与总结，这对自我的成长与发展至关重要。对于中层及以上管理者，如果还没有建立对自我的反思意识，说明其成熟度低，个性太"硬"，很难应对挫折和模糊不确定的情景。影响学习敏锐度的另外一个因子"好奇心"，禾思咨询的研究发现，相对于其他因子，它对于预测发展潜力的效果有限，可以忽略不计。

合作性对于发展潜力的预测至关重要。在做人才盘点时会发现，很多人的人际敏锐度很高，但是特立独行，根本不把周围其他人放在眼里，在一些任务和事情上，喜欢一意孤行。有良好合作性的人注重赢得他人的认可，被认为是合格的团队成员，能够赢得大家的尊重；同时他们非常重视合作，懂政治但不玩政治，深谙与他人合作的重要性，反对"独狼"行为。

对于甄选出来的高潜力人才，公司准备投入更大的资源进行培养。谁都不愿意为其他公司做嫁衣，因此在进行人才盘点时非常注重敬业度的评价。所谓敬业度实际上是对公司的一种内在情感或承诺。敬业员工满足以下四个方面。

- 情感的承诺：员工重视和信任组织，且对组织满意。
- 理性的承诺：员工认为留在组织中是他们自己的兴趣。

- 自愿的努力：员工愿意付出超越职责的努力。

- 保留的意愿：员工希望继续留在组织中。

综上所述，对于潜力的预测，专业能力是基础，主要看潜力因子、合作性和敬业度（见图 2-6）。

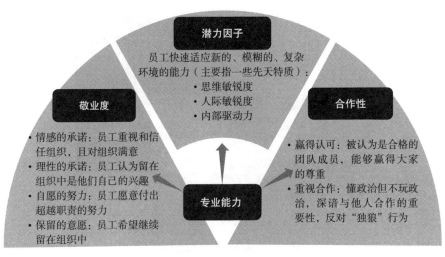

图 2-6　潜力模型

由于在潜力因子、合作性或敬业度上存在短板，71% 的高绩效员工在下一步获得成功的可能性有限。很多企业在进行人才盘点时往往比较重视绩效和潜力因子，而对合作性和敬业度不够重视，认为这两个方面比较容易培养和改变。其实这是一厢情愿的事情（见图 2-7）。

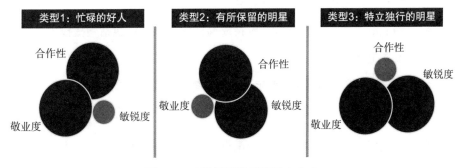

图 2-7　三种类型的假高潜力人才

用于人才盘点的常用工具是九宫格人才地图和继任计划表，除此之外还有其他一些工具方法。

九宫格人才地图实际上是由三个维度构成的，一般平面上看是两个维度——业绩和能力，实际上还有潜力维度。业绩和能力都是分三个层级，而潜力分为五个层级，分别用不同颜色表示（见图2-8）。

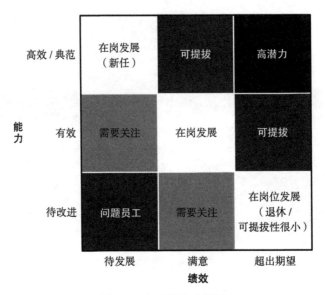

图 2-8　九宫格人才地图

- 高潜力：具备提拔两个及以上层级的潜力，可以作为 CXO 接班人进行培养。
- 可提拔：具备提拔一个层级的潜力。
- 在岗发展：发展潜力一般，维持原岗位的发展。还包括刚提拔人员，以及准备退休人员。
- 需要关注：跟当前的岗位要求有一定差距，建议采取绩效改进措施。
- 问题员工：跟当前的岗位要求差距太大，建议进行调岗或降职。

我们在应用九宫格人才地图时，重点关注的是高潜力和可提拔人才，实际上"需要关注"人员也非常重要，如果我们对需要关注的人员采取行动，帮助他们升到"在岗发展"一格中去，可以改善组织的绩效水平，构建高绩效组织。

在应用九宫格人才地图时容易忽略对潜力的衡量。因此，出现了组织结构式人才地图，它用更为直观的方式展现业绩、能力和潜力三个维度（见图 2-9）。

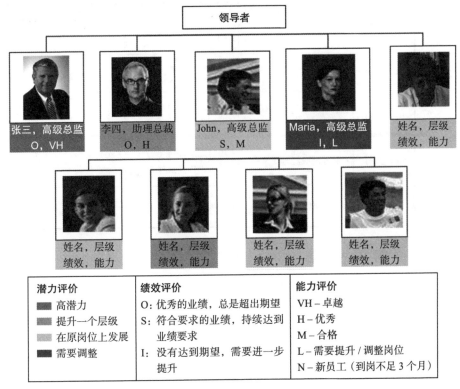

图2-9 组织结构式人才地图

扩展型九宫格人才地图的优点是，对人的发展潜力状况一目了然（使用不同颜色来表示），而且它参照了岗位职责的要求。不足在于，各类人才的分布比例不容易计算，人才分类也比较困难。

九宫格人才地图和组织结构式人才地图共同存在的不足是，没有考虑不同岗位类型的要求，也没有包含不同职位层级人员的质量状况。我们可以整合多重信息构建一张整合型人才地图，通过一张图来展现公司所有关键岗位人才的质量状况及未来发展状况（见图 2-10）。

在制定人才地图时，为了进一步区分人才，有些公司提出了其他一些标准。比如通过评价离职风险，评价其敬业度；通过评价跨区域流动意愿，评价其发展自我的内部驱动力。为了避免有些领导采取和稀泥的人才评价态度，公司可以采取强制排序的方法区分人才，比如联想集团。

	规划 & 政策类岗位	协调 & 商务类岗位	业务运营类岗位
企业领导		• CFO ●	
战略制定	• 集团总法务顾问 ● • 集团总审计师 ◍	• 市场 SVP ▷ • 供应链管理 SVP ●	• 运营 COO △
战略整合	• 人力资源总监 ▷	• 市场总监 ◁ • 区域采购总监 ◁	• 区域销售总经理 ◍
战略执行	• 财务高级经理 △	• 项目高级经理 ● • 品牌推广高级经理 ◍	• 销售高级经理 ◁ • 生产厂长 ●
策略执行	• IT 经理 ◍	• 市场经理 △	• 销售经理 △

（左侧纵轴：职位层级；战略制定、战略执行）

● 高潜力　● 可提拔　○ 在原岗位发展　◍ 问题员工　△ 调整的方向

图 2-10　整合型人才地图

在制定人才地图时，其他辅助的标准如表 2-11 所示。

表 2-11　其他评价标准

	评分标准	定义
继任计划	0 = 可立即上岗	现在可以接替在岗人员
	1 = 一年内可上岗	需要经过一年的培养期才可以接替在岗人员
	2～3 = 2～3 年内可上岗	需要经过 2～3 年的培养期才可以接替在岗人员
排名	排名（1，2，x）	整体排名依据：未来 12 个月内的结果、行为、潜力、职位的关键性（谁离开最让你心疼）
跨区域流动意愿	愿意、不愿意	因工作需求，对境内外 / 其他城市工作的意愿
脱岗可能性	月度 / 年度、不可离开	进行挂职锻炼或者进修而暂时离开目前工作岗位的时间
离职风险	H = 高、M = 中、L = 低	

制定人才地图的目的是建立人才梯队，并针对高潜力人才制订具体发展计划。对于甄选出来的高潜力人才，安排关键岗位的继任计划是非常重要的一步。由于很多管理者把继任计划理解为"替补计划"，安排继任计划就是为自己找接替者，因此从内心深处反对做继任计划。实际上，继任计划是有针对性

地培养未来的人才，它专注于高潜力人才的授权和培养，使企业未来有人才可用。因为目的是培养人，因此，继任计划的人才库可以很大。

在安排继任计划时，候选人是人才地图里的"可提拔"和"高潜力"人才。如果自己部门里没有可重点培养的人才，管理者可以去其他部门或外部其他单位寻找，但必须确保对这些人才有深入的评价，而且候选人有意愿过来。如果对人才组成有要求，比如女性、少数民族或残疾人等，在安排继任计划时要有所考虑。

继任计划一般最长安排三年左右的培养，分为当前不需要培养可以直接上任，需要一年的培养期，需要两到三年的培养期。到底需要多少年的培养期，主要依据候选人关键经历的缺失和需要哪些关键的角色转型。

角色转型包括纵向和横向的角色转型。纵向角色转型，比如从个人贡献者向团队管理者转型，由团队管理者向管理管理者转型等；横向角色转型，主要指跨专业或跨职能的转型，比如由审计到财务、由人力资源到营销的转型等。

关键经历包括价值链各个环节的工作历练，还包括对个人成长至关重要的工作经历，如管理团队、负责扭转乾坤业务、新市场开拓、负责一块业务的损益等。继任计划安排表如图 2-11 所示。

在任者	岗位	岗位（组织层面）	岗位（组织层面）	岗位（组织层面）	岗位（组织层面）	岗位（组织层面）	岗位（组织层面）
	姓名	姓名	姓名	姓名	姓名	姓名	姓名
现在可接任	姓名（目前职位）	姓名（目前职位）	姓名（目前职位）	姓名（目前职位）	姓名（目前职位）	姓名（目前职位）	姓名（目前职位）
	姓名（目前职位）	姓名（目前职位）	姓名（目前职位）	姓名（目前职位）	姓名（目前职位）	姓名（目前职位）	姓名（目前职位）
准备一年	姓名（目前职位）	姓名（目前职位）	姓名（目前职位）	姓名（目前职位）	姓名（目前职位）	姓名（目前职位）	姓名（目前职位）
	姓名（目前职位）	姓名（目前职位）	姓名（目前职位）	姓名（目前职位）	姓名（目前职位）	姓名（目前职位）	姓名（目前职位）
准备2~3年	姓名（目前职位）	姓名（目前职位）	姓名（目前职位）	姓名（目前职位）	姓名（目前职位）	姓名（目前职位）	姓名（目前职位）
	姓名（目前职位）	姓名（目前职位）	姓名（目前职位）	姓名（目前职位）	姓名（目前职位）	姓名（目前职位）	姓名（目前职位）

本事业部　其他事业部　公司外人员

图 2-11　关键岗位继任计划表

第 3 章

人才盘点中的领导力

....

有效的领导力不仅来自领导者的个人特性，还取决于领导者是否能够做出绩效。

——戴维·尤里奇

....

某客车制造集团企业的新能源公司一直处于亏损状态，虽然各项技术并不落后，但制造出来的新能源客车一直销路不好。2015 年该集团实施了人才盘点和继任计划，发现原来负责新能源公司的总经理 A 属于专家型管理者（是新能源领域的知名专家），他很少从外向内审视自己的公司，不关注市场和用户需求，产品策划和产品造型设计不仅非常"土"，而且行动迟缓，造成产品开发进度拖延。虽然新能源客车市场竞争十分激烈，但该公司一直没有一个像样的战略规划。战略规划的内容主要是如何融资、如何建立新能源产业园、如何拓展市场等，而对于如何快速开发出客户需要的产品，则没有作为战略重点。核心管理团队死气沉沉，运营总监抱怨"连员工更换一台电脑都需要 A 亲自过问"。

对于迟迟没有开发出具有市场竞争力的产品，A 的解释是，新能源汽车的战略规划归集团战略规划部负责，新能源汽车的产品策划归集团产品策划部负责，而新能源产品的设计归集团研究院设计中心负责。从组织结构看，职责划分确实如此。但在盘点会上，从董事长到 CEO，没有人听 A 的解释，结果是做出马上更换 A 的决策。

对于继任候选人，集团安排了负责产品开发的总监 B。B 的特点是思维敏锐，对客户和市场有深入的洞察，善于学习，能够团结和激励下属，有很强的跨部门协作影响能力。

B 上任三个月后，新能源公司的氛围得到了极大改善，员工的积极性和活力被激发了，各项工作的效率明显得到提升。但是新能源公司的核心流程和经营模式没有改变，产品开发的各个环节仍旧内耗严重，新产品上市的日期一推再推。CEO 对此非常不满，让 B 给董事会做一个战略规划报告。报告的内容没有太大改变，仍旧大篇幅谈新能源客车未来的市场前景、如何开发新一代充电电池、如何从外部融资、如何整合供应链上下游供应商成立新能源产业园等。

难道让 B 作为总经理的候选人选错了？笔者作为外部教练跟 B 进行了深入交谈，在以下几个方面进行了反馈辅导。

问题 1：作为新能源公司的总经理，你的战略重点是什么？答案：如何快速开发出具有市场竞争力、客户需要的产品，这是最为核心的战略重点。这是主要矛盾，其他是次要矛盾。

问题 2：作为新能源公司的总经理，你如何定位新能源公司与集团产品策划部、研究院设计中心、战略规划部的关系？答案：把负责新能源客车开发的相关人员，不管是哪个部门的，一律看作一个团队的人员，作为总经理亲自负责他们的能力发展和绩效管理。

问题 3：作为新能源公司的总经理，你最应该抓的三件事是什么？答案：第一，抓产品；第二，抓关键岗位上的人选；第三，抓外部资源整合。

此后笔者又跟进了几次辅导，情况发生了显著转变，到 2017 年年中，新能源公司的经营状况得到了质的改善。

放眼全球企业，更换 CEO 或高管已经屡见不鲜，人们都习以为常。我们不禁要问，到底是人出了问题还是组织出了问题？曾经在公司里取得过辉煌业绩的人，为什么现在业绩严重下滑？为什么我们需要继任计划管理，并针对高潜力人才提前科学规划其成长？

对于领导者的甄选和培养，离不开组织机制和环境，对于领导力的含义、运作机理以及习得方法的理解发生了根本转变，从特质论到服务型、协作型领导者转变。华为选拔领导者的最高标准是"实践"，强调从有成功经验的人中选拔和培养，反对纸上谈兵。领导力大师沃伦·本尼斯有两个著名的论断：第一，领导力不是一系列天生的特质，而是持续一生的自我探索的结果；第二，真正的领导者不是天生的，而是后天造就的。本章重点叙述塑造领导者和打造卓越组织领导力。

塑造领导者

本尼斯认为人人都有领导力，但并不是人人都会成为领导者。对于领导者的认知，《孙子兵法》强调优秀的将领应具备"智、信、仁、勇、严"。华为公司在选拔干部时，首先看的是干劲，"以客户为中心、以奋斗者为本"是衡量干部的基础，品德与作风是干部的底线，绩效是干部选拔的必要条件和分水岭。从基层成长到中层，绩效和创造高绩效的才能是第一位的，从中层成长到高层，品德是第一位的，或者说领导力是第一位的（品德是领导力的核心）。关于领导者的论述很多，如何甄别和培养领导者，以下几个方面需要我们深入地理解和掌握：领导动机、品格、思维和人际能力。

领导者动机

凡是领导者，必胸怀大志、艰苦奋斗；凡是领导者，必喜欢权力。成就动机和权力动机是个人深层次蕴含的能量，每个人都有成就动机和权力动机，但是每个人的水平高低不一样。心理学上对于成就动机和权力动机是天生的还是后天培养的，至今没有科学结论，有一点是肯定的，天生或遗传的占绝大部分，婴幼儿时期的家庭环境对领导者的动机有重要影响。

成就动机影响一个人是否怀有梦想，是否能成就一番事业。高成就动机的人能够吃苦耐劳、坚韧不拔，喜欢竞争。一般水平的成就动机表现出责任心和上进心，高成就动机表现出创业精神和企业家精神，中国改革开放后第一代企业家如任正非、张瑞敏、王石等，中生代企业家如雷军、马化腾等，显著特征是高成就动机。特别高的成就动机表现出改变世界的决心和革命家精神。

领导者的选拔和培养通常比较注重成就动机，对于权力动机则忽略了很多。如果只有高成就动机，权力动机很低的话，则不可能成为真正的领导者，最多只是一位专家或冒险家。权力动机的根本内涵是"支配和控制他人行为"愿望的强烈程度，它是产生领导力的基础。高权力动机的人能够从控制和影响他人的过程中得到自我实现。换句话说，权力动机是"对当领导者的兴趣"的强弱程度。经常会遇到一些管理者在说话、做事时"偏软"，遇到一些复杂问题时犹豫不决，遭到他人的质疑时开始退缩，缺乏魄力，这实际上是权力动机不足的外在表现。

甄选中层及以下职位的高潜力人才时，高成就动机和高权力动机是必要条件。经常容易混淆的是内驱力和外驱力，成就动机和权力动机都是内驱力，自发的、原生的动力，而外驱力主要受薪酬或工作环境驱动。

对于高层管理者而言，需要重点考察的是"能否驾驭自己的成就动机和权力动机"，如果到了高层职位，任由自己内在的成就动机驱使的话，则事事亲力亲为，且"注重进攻、疏于防守"；如果任由权力动机驱使的话，则容易搞个人崇拜和内部权力争斗，或利用权力搞内部政治，给组织带来巨大伤害。因此，在进行高层管理者盘点时，重点考查管理者驾驭自己成就动机和权力动机的水平。

还有一种重要的领导动机是亲和动机，是对与他人建立情感关系的关注。亲和动机越高，越在乎与他人的情感关系。亲和动机驱使个人关心、关注与他人之间的关系。对于中基层职位而言，一般或较高的亲和动机是有益的，但对于高层职位而言，较低的亲和动机对建设组织是非常必要的。受高亲和动机的驱使，管理者很难做到公平公正，且在面临人际困境时容易陷入情感纠结，无法做出明智的决断。谁都不希望得罪人，但对于高层管理者而言，一定的人际勇气是必需的。因此，在进行高层职位的人才盘点时，需要关注候选人不能有太高的亲和动机，否则会带来任职上的风险。翻开中国古代帝王的历史，凡是文治武功的皇帝，其亲和动机都是非常低的。

因为领导动机都是潜意识的，所以平时我们意识不到，只有在放松时才出现在我们的"白日梦"中。对于领导动机的测量，一般的人格测验大部分测量的都是"对三种动机的价值观"，直接测量领导动机的方式是采取"投射测验"——一种看图讲故事的方法，然后由受过专业训练的心理学家进行解码，对照常模后得出三种动机的得分（详细第4章）。

品格

品格是产生领导力的基础，它的重要性怎么强调也不过分。从人才盘点的角度看，中基层职位主要考查真诚、厚道；高层职位主要考查赢取信任和道德水平。

真诚的人给人的感觉是实在、透明，不藏着掖着，从内到外透露出一种诚恳。他们有一说一，没有任何损害他人利益的意图，通常形象的说法是"这个人很老实"。有人认为"老实"是一个贬义词，是不成熟、低情商的表现。从心理学上讲，这是两个概念，是两种不同的心理品质，不成熟或低情商的主要表现是，意识不到自己的言行会给他人造成什么样的影响，导致莽撞或情绪失控。

做到可信，时时刻刻讲实话，大事小事都实事求是，以及高精度的真诚至关重要。

这是拉尔夫·哈特年轻时的一则故事，当时他还是个推销员，他要向小商店推销计算器。他没有受过专业训练，直接拿着样机就入行了。他按路线走着，到了第一家店，紧张得根本不敢进去。天色已晚，他决定明早重新开始。

但第二天，他还是很紧张，一个也没有卖出去。最后当商店快关门时，他走向一位店主，可人家对他不感兴趣。哈特在书中这样写道：

我说："你能不能看一眼我们的产品？"然后店主开始发问了，而我一直在说："我不清楚，在我弄清楚后会告诉你的。"最后，店主答应买我的计算器了。我一脸疑惑，不明白为什么他最后动心了。他回答说："像你这么诚实的推销员卖的一定是好产品。"这是我人生中的一件大事，它教给我一个永生难忘的道理——做人要诚实，要讲真话。

真诚还有一种行为表现是善良，人的善良表现在对地位不如自己的人的态度，尊重地位低的人，面对学识、职位、专业显著不如自己的人表现出谦卑。

厚道的心理机制是，总觉得自己欠别人的，会记住他人给自己的帮助，"受人滴水之恩，必当涌泉相报"是对厚道的人最好的写照。这样的人感恩的意识重，如果欠了别人的东西，总着急还。真诚与厚道的人绝大多数团队合作意识都比较强，一般而言，也能够"说到做到"。

只有心胸开阔、不"以自我为中心"的人，才有可能赢取他人的信任。做到这一点的人，需要具备以下几个方面的特征：第一，信任。信任是一项重要的心理品质，该品质形成于 $0 \sim 3$ 岁，如果人从小所处的环境是安全的，例如，半夜睡醒有人照顾，排便后马上有人收拾，而且父母很少吵架，营造出温馨和谐的家庭氛围等，在这样的环境下，容易培养出信任的品格。信任的对立面是多疑，即不相信他人，在进行高层职位的人才盘点时，多疑是一个重要的"脱轨因素"，需要重点关注。多疑的表现是，经常变来变去、言行不一致，今天说好的事情，明天就改变了。这样的人经常给员工制造意外，对于自己不遵守承诺会找出一堆客观理由。

第二，胸怀或格局。俗话说"财散人聚"，作为领导者，是否把他人的想法和需求看得比较重，显示了个人的胸怀和格局。格局高的本质是，把他人的利益或集体的利益置于个人利益之上，思利及人。对立面是自私、自我中心。是否具有胸怀和格局，与能否控制和驾驭自己的领导动机直接相关。大家知道泰坦尼克号的沉没，其根本原因是船长的格局太小。当时泰坦尼克号的船长爱德华·约翰·史密斯已经62岁，他从37岁开始当船长，57岁时成为世界第一邮轮的船长，可以说从经验和资历上讲，史密斯作为泰坦尼克号的船长都当之无愧。但是正是由于他的资历和经验，史密斯过高地估计了自己的能力。根据他的判断，泰坦尼克号使用了最先进的技术和军舰级钢材，还特制了隔离间以防止沉没，世人都认为泰坦尼克号不会沉没，为此史密斯船长也认为泰坦尼克号不会沉没，因此忽略了冰山的威胁。但是这一点并不是最致命的，最致命的是史密斯船长马上要退休了，他想实现个人的理想："在泰坦尼克号首航时打破跨大西洋的最短航行纪录，成为真正的世界第一船长，他将因此而获得一笔丰厚的奖金，然后荣归故里，返回欧洲退休。"为了实现这一目标，他选择了一条更短的路线（忽略了冰山的威胁），为了节省空间和减轻重量，只带了20只而不是52只救生艇。史密斯船长的自大、自私最后葬送了泰坦尼克号。

此外，赢得信任还与人际能力相关。

在进行高管职位的盘点时，需要考察道德水平。哈佛大学心理学家科尔伯格提出道德发展阶段论，把道德水平分为三个阶段：前世俗阶段、世俗阶段和后世俗阶段。第一阶段是前世俗阶段，在这个道德发展水平上，人们做事的原则是对自己有利，这种道德水平在幼小的孩子身上表现明显：做了坏事，只要不被抓到，就什么问题也没有。撒谎、作恶等，只要自己认为没有被发现，他们心理上就认为自己真的没有做过什么。其实，我们曾经遇到不少的管理者还处于这个水平。从人才选拔的角度看，处于该阶段的人是存在道德缺陷的，不管其能力多么强，都是不能被接受的，即使是最基层的岗位。

第二阶段是世俗阶段，即按照世俗道德标准做事的阶段。在这个道德发展水平上，人们遵纪守法，遵从社会习俗，努力维护社会的和谐稳定，一般人的道德发展到这个水平就停止了。处于这个阶段的人认为，只要我遵守了公司的规定和国家的法律就没有问题，经常游走于法律、规定边缘的模糊地带。事实上，大部分人都处于这个水平。

第三阶段是后世俗阶段，即超越世俗道德标准的阶段。在这个道德发展水平上，人们开始考虑到底什么是正义，如果道德和法律不正义，他们就不会遵从。身体力行"己所不欲勿施于人",把"诸恶莫做、众善奉行"内化为自己的道德原则。道德内化是一个重要概念。道德内化的人不想做坏事,一旦做了坏事,有强烈的内疚感甚至负罪感。由酒鬼继父抚养长大的克林顿通过竞选让选民相信一个叫作"希望"的地方(这是他在阿肯色州的出生地,是一个非常神奇的地方),他在 1992 年成功竞选为总统。克林顿拥有智慧、魅力和建立共识的能力,这些足以让他成为美国历史上最伟大的总统。但克林顿有一样是欠缺的,那就是所有伟大的领导者都具备的道德原则(未达到后世俗阶段),因此发生了实习生莱温斯基事件。对于大企业 CXO 职位的任职者,要求具备后世俗阶段的道德水平其实不算高。根据禾思咨询的人才盘点实践,国有企业的整体道德水平高于私营企业,这或许跟国有企业不断实施党的教育有关系。道德水平越高,任用风险越低。

对于高尚品格,阿比盖尔·亚当斯在她写给儿子的信中说道"伟大品格不是在宁静的生活中形成的",她忠告儿子"强大思想的习惯是在与困难的斗争中形成的,巨大的困难催生伟大的品格"。

思维

一个人的思维水平直接影响其工作绩效和取得的成就大小。从人才选拔和发展的角度看,更倾向于把思维分为以下三种:分析思维、归纳思维或概念思维、战略思维。中基层职位需要分析思维多一些,高层职位则概念思维更重要。而战略思维则是在资源短缺或不足的情况下需要的一种思维形式,基层职位有时也需要战略思维。

分析思维是最常见的一种思维形式,因果推理、找出背后的原因等都是分析思维。通常我们评价候选人时,看他思考问题的深度,能否一下子抓到问题的本质,看透、看明白。一般而言,很多人自从参加工作以后,分析思维能力下降很快,不乏很多部门的一把手,分析问题时习惯按照一个维度进行分析、推理,不到 20% 的人能够熟练地从两个维度或三位维度交叉分析问题,以洞察问题的本质。最近为一家汽车公司做人才盘点时,其中的一道题是分析"官方降价和促销"两种方式的利弊，参加讨论的人很多是公司的高层管理者，让人大跌眼镜的是，大部分人要么站在营销的角度去分析，要么站在品牌的角度去分析，很少有人能够同时站在财务、营销和品牌等角度去分析利弊。

概念思维是归纳总结、洞察趋势和规律的一种思维形式。不管是对商业机会的敏锐性，还是对关键问题的判断力，以及对未来的前瞻性，都是中高层职位管理者的关键能力。华为对基层人员的要求是具备理解问题的能力，对中层人员的要求是具备执行力，高层需要具备判断力。随着工作环境的变化，很多问题变得日益模糊多变，实际上越来越多的中基层职位也需要概念思维。谷歌在招聘面试时，概念思维能力是必考题，如"使用外行能够听懂的语言解释一下你熟悉的一个专业术语或理论"。要想很好地回答这个问题，需要洞察这个专业术语的本质，然后进行形象化的类比，只有具备这种思维形式的人，才能做出突破性的创新。

思维品质是进行分析思维和归纳思维时的反应速度和效果。我们在进行人才评价时更加看重的是思维品质，尤其是在招聘大学生时，方法主要是通过面试或者述能会。考察思维品质主要通过以下几个方面。

- 主动思考问题。如果是在朗诵准备好的稿子，用大量篇幅讲述众所周知的原理，而没有自己的观点和看法，说明其很少在工作中主动思考问题。
- 每分钟传递信息量的大小。如果重复的语句多，无用的废话多，使用概念解释概念，则传递的信息量就会大大降低。如果传递的信息量少，评价者也很容易走神或精神不集中。
- 抓住问题的根本原因，观点之间逻辑清晰。大目标下套小目标，环环相扣，重点突出。
- 在讲述具体事例，不是泛泛而谈。比如，在讲述解决人际冲突、绩效辅导或离职面谈时，能够把当时对话的过程一五一十地讲述出来。如果是讲述一项技术问题的解决，能够把技术难题的关键点是什么，以及解决关键技术点的思考过程详细讲述出来。

心理学至今未对战略思维进行深入研究。从心理学的角度看，只有分析推理思维和概念归纳思维两种思维形式，心理学家在设计测评试题时，主要评价的是分析思维能力和归纳思维能力，很少针对战略思维能力进行评价。战略思维最早起源于军事，也叫军事战略思维，是对军事尤其是对战争领域中全局性问题的宏观思考与决策。《孙子兵法》是这方面的经典著作，它对战略思维进行了详细论述。

从军事的角度看，战略思维主要体现在思考能力和决策能力两大方面。战略思维起源于军事战争，《孙子兵法》认为战争是"国之大事"和"存亡之道"，必须探究战争胜败的原因和国家存亡的规律。这意味着，战略思维出现在对现状不满意、解决复杂困难的问题、资源短缺或生死存亡之时，简单问题不需要战略思维。与军事战略思维不同的是，军事战略思维是"君主、将帅"的特权，而一般的战略思维是普通员工都需要的一种思维。孙子认为，为君者"不可以怒而兴军"，为将者"不可以愠而致战"，也就是说，在进行战略思维时，不能意气用事，一定冷静处置。

首先，在进行战略决策之前必须以"知己知彼"为前提。"知己知彼"是战争胜利的基础和军事战略思维的前提条件。"知己知彼"的深入分析非常重要，"知己知彼，百战不殆；不知彼而知己，一胜一负；不知彼不知己，每战必殆"。"知己知彼"的分析是进行战略决策的前提，明君贤相"所以动而胜人，成功出于众者，先知也"。"知己知彼"指要熟知敌我双方的"道、天、地、将、法"，要"知战之地，知战之日，知地形之助，知可以战与不可以战以及知战道"等。因此，一个人对自我优劣势的分析，对市场和竞争对手的洞察，以及个人的视野是评价战略思维水平的基础。看问题的角度影响一个人的视野，有两种看问题的角度：由内而外和由外而内。由内而外看问题（inside out）时，着重思考"我们擅长什么？我们的潜力何在？我们的产品是什么？我们怎样才能更有效地利用资源"等，这是忽略外部环境变化，基于企业内部资源看问题的角度，这种思维模式的不足在于企业应对重大市场变化时行动迟缓。由外而内（outside in）看问题是站在外部市场、竞争对手、客户的角度审视观察自己的每项工作，将对客户价值的思考当作检视战略问题的"透镜"。从人才盘点的角度看，评价的要点是：由外而内的思考模式、知己知彼的剖析深度。

其次，凡是战略思维，必须有"目标"。正确的军事战略决策，取决于正确的战略思维目标。战略思维模式也就是"目标-手段思维"，手段是基于一定的目标而制定的。《孙子兵法》强调将帅思考战争问题，既要唯民是保，又要利合于主，达到安国全军的目标。以今天的眼光看，孙子的军事战略思维目标观实质上是保障国家的安全、人民的生存，以国家利益为核心的目标观。达到该目标的手段包括"战争手段和非战争手段"，孙子认为通过战争手段达到安国全军并不是理想方式，高明的手段应该是"不战而屈人之兵"，用非战争的方略争胜于天下才是最好的战略决策。从人才盘点的角度看，评价的要点是：目标-手段式思维模式。

再次，战略决策的思考过程。根据《孙子兵法》，孙子不仅提出了战略思维材料选择的"五事七计"要素论，还科学地揭示了战略决策的思考过程：经之以五-校之以计-而索其情。经之以五是指对影响战争胜负的五个重要因素进行评估，从总体上度量和分析敌我双方"道、天、地、将、法"五个方面的情况。接下来孙子提出了战略决策的"七计"问题：哪一方的君主是有道明君，能得民心？哪一方的将领更有能力？哪一方占有天时、地利？哪一方的法规、法令更能严格执行？哪一方的资源更丰富，装备更精良，兵员更充足？哪一方的士兵更训练有素，更有战斗力？哪一方的赏罚更公正严明？通过这些比较，就能知道胜负。"较之以计"是指计算、比较七个方面的敌我情况。孙子认为，仅定量分析"五事"和"七计"还不够，必须在此基础上进行定性分析："而索其情"，即探索战争胜负的情势（如设计好的商业模式）。这一军事战略思维方法在解放战争中被深入应用，就是要熟知敌我双方各方面的情况，并对这些情况进行由此及彼、由表及里的深入分析，由此寻找战略决策的突破点。从人才评价的角度看，评估一个人的战略决断力的因素有：对环境和商机的敏锐性、考虑问题的全面性、分析问题的深度（洞察本质）、洞察规律和趋势的准确性。

最后，制订正确的战略计划。孙子认为，最好的战争手段是伐谋，用计谋挫败对方，只有伐谋才能不战而屈人之兵。其次是伐交，通过外交手段挫败对方，比如离间其同盟，使之孤立。再次是与敌直接交战。最下策是攻城。在制订战略计划时，应优先考虑和制订伐谋的战略计划，其次是伐交的战略计划。因此，好的战略计划不仅重点、次重点分明，而且要审时度势，知道什么时候该终止什么事情，什么时候该开始什么事情。雷军提出风口理论——"站在风口上，猪都会飞"，根据雷军后来的解释，意思是好的战略计划要顺势而为。从人才盘点的角度重点评价：重点分明，有所为有所不为；顺势而为、审时度势的应变能力。

综上所述，战略思维是以分析思维、归纳思维或概念思维为基础的综合思维形式，涵盖了众多思维模式，如目标－手段思维模式、由外而内思维模式、知己知彼思维模式、顺势而为思维模式等。战略思维必须通过实践和经验的总结而获得，纸上谈兵是不可能获得战略思维能力的（见表3-1）。

表 3-1　战略思维模式与关键行为

	关键要点	思维模式	关键行为
战略思维：在资源短缺、解决复杂问题时应用到的一种思维形式	知己知彼分析	知己知彼思维 由外而内思维	（1）对自身优劣势、市场和竞争对手进行深度剖析 （2）用由外而内的视角看问题
	目标设定	目标－手段思维	（1）基于自身资源优劣势的战略目标设定 （2）目标的一致性
	战略决策	分析思维 归纳思维或概念思维	（1）对环境和商机的敏锐 （2）考虑问题的全面性 （3）洞察问题本质 （4）洞察规律和趋势 （5）前瞻性
	制订战略计划	重点分明 顺势而为、审时度势	（1）重点分明，有所为，有所不为 （2）顺势而为、审时度势

人际能力

人际能力对于领导者而言越来越重要，我们希望看到一位善于洞悉他人需要、充满人格魅力、能够激发他人动力的领导者。从人才盘点和测评的角度重点考查的人际能力项有：情绪的自我意识、同理心和洞悉人性。

情绪的自我意识是人际能力的基础，它在调节和激发他人思维、情感与行为中扮演着重要角色。情绪的自我意识包括两个方面的含义：第一是对自己情绪的意识，如对自己的害怕、悲伤、内疚、羞耻、尴尬、嫉妒、自豪等的意识；第二是能够意识到自己的言谈举止给他人情绪带来的影响。解决复杂人际问题的关键在于细节的控制，即对自己和他人细微情绪变化的洞察。在解决复杂人际问题的过程中，被评价者对自己和他人的情绪刻画得越细致，对话过程讲述得越生动，说明其情绪的自我意识能力越强。

同理心是理解他人感受的能力，是同情心的前提。首先是换位思考，站在对方的位置上看问题，其次是理解对方的谈话内容和体会对方的情绪。尊重和注重倾听他人是展现同理心的前提。在评价一个人同理心的水平时，关键的行为有：用心聆听，设身处地从对方的角度看问题，洞悉他人的细微情绪变化，以及展示自己的同情心。

在进行人才盘点时，我们发现管理者的识人水平与其领导力水平直接相关，如果管理者不关注人，对下属的评价一般只看工作经验和工作是否努力，结果会发现其领导力水平很低，包括一些具有多年管理经验的管理者。洞悉人性是指洞悉人的动机、人格特质和思维观念，从多个维度看人的能力。一般人会认为，心理学科班出身的硕士博士一定都善于洞悉人性，其实不然。随着人生阅历的增加，洞悉人性的水平会逐步升高，但是我们也遇到过很多50多岁的管理者其看人的水平很弱。

识别是否有经验、是否具备某项专业技能是最容易的。甄别思维能力的强弱会难一些，但是基本上也不会太费劲。区分内在动机的强弱更难一些，成就动机的强弱相对好区分一些，但区分权力动机的强弱难一些。更难的是甄别人格特质和价值观念，一是因为维度比较多且非常复杂，二是人格特质由于受环境变化的影响，表现形式复杂多样，区分起来就更困难。

善于洞悉人性的管理者会长年花时间思考人的问题，他们注意察言观色，注意倾听，在跟下属沟通时，说和听的时间基本上是平衡的。他们在评价下属时，不是凭空地评头论足，而是有理有据，从言语中透露出对人才的热爱和关注。在做人才盘点和做出判断时他们保持审慎态度，不轻易下结论。他们经常调整对人的看法，当有新的证据出现时，不会固守原来的评价。同时他们也善于洞悉人性，对欣赏的人知其弱点，对不欣赏的人知其优点。不善于洞悉人性的管理者在评价下属时经常说的一句话是"不用我说，你们也应该知道自己的优缺点"。他们认为自己知道的别人也应该知道。

成为领导者

沃伦·本尼斯曾经说过："人人都有领导力，但我并不认为人人都会成为领导者，尤其是在如今这种令人迷惑，而且往往充满对抗的环境中，大多数人仅仅是环境的产物，他们没有改变自己、挖掘自身潜力的意愿。"事实上，研究如何成为领导者、什么样的人能够快速成长为领导者，比研究领导者的特质更重要。

本尼斯通过对各个领域领导者的研究发现，领导者始终关心的是表现自己，对于如何表现自己分为两种，面对复杂的困境或"熔炉"，是选择"被驱动"还是选择"主动领导"，选择后者的往往更快成长为领导者，他们在整个人生中都在不断地成长和发展自己。

首先，成为领导者必须经历一系列的"困境"，这是成为领导者的前提。一系列的困境可以考验一个人的优点和缺点，并揭示一个人新的优点和缺点，也使人在此过程中不断进化。《荷马史诗·奥德赛》讲述了特洛伊战争之后，奥德修斯通过一系列的冒险经历成长为真正领导者的故事。成功洗劫特洛伊城之后，奥德修斯率领他的士兵乘坐几条船回家乡，但这次航程没有像奥德修斯预先设想的那样只需要 10 天，而是走了 10 多年。

奥德修斯带领他的团队从独眼巨人波吕斐摩斯的洞穴逃出来后，一回到船上就禁不住嘲笑这个瞎眼的、悲惨的怪物，开始自吹自擂炫耀自己的聪明，这时他还远没有达到脚踏实地和甘于默默无闻的境界。船上的大部分人都在奉承奥德修斯，但还是有人请他保持冷静，赶紧离开这个地方。可是奥德修斯还是继续嘲笑瞎眼的波吕斐摩斯，并把自己的名字告诉了它。奥德修斯忘了，哪怕是被击败的敌人也可能有强有力的武器来改变战局。对于波吕斐摩斯来说，它的强大武器就是跑到它父亲波塞冬那里，请他施展法力为难奥德修斯。这段故事显示，奥德修斯回到船上之后并没有表现出是一个真正的领导者，他的自吹自擂几乎立刻带来了灾难——滔天巨浪。

奥德修斯经历了波塞冬的滔天巨浪后游到了费阿刻斯岛。费阿刻斯人非常友善，并且爱好和平，以航海为生。作为费阿刻斯岛的统治者，阿尔基努斯宣称自己是波塞冬的直系后代，奥德修斯明智地没有暴露自己的身份，并使岛上的人相信自己只不过是个普通人，只想回到自己的家。尽管奥德修斯一直采取谦虚谨慎的态度，但他还是被鼓动着参加了几次运动会，这位无所不能的陌生人打败了所有对手，成为一个伟大的胜利者，还被误认为是诸神之一，同时阿尔基努斯也同意帮助他返回伊萨卡岛。经过此事，我们看到奥德修斯表现出了领导者所应拥有的能力：通过观察有效洞察事物的能力；通过交流控制他人意图的能力（影响力）；通过互相信赖和长期共事建立信任的能力；通过对自身能力的认识和有效运用完善自己的能力。奥德修斯的历险还在继续，这个故事的寓意也越来越深刻，最后奥德修斯达到了一个成功领导者的关键境界——成为他自己，故事也就结束了。

其次，影响成为领导者的四个关键因素为：认知自己；对于自己经历过的失败或成功，从自己身上找原因；不怕失败；从经历中反思。

在希腊福基斯市的帕那索斯山下有一座著名的神庙——德尔菲神庙。它兴建于公元前9世纪，传说太阳神阿波罗在杀死大蟒皮同之后，亲自在这里为自己修建了神庙，被人们称为"地球的肚脐"。后来这里成了古希腊诸神向求签的凡人传达神谕的场所。传世的德尔斐神谕大约有600条，在当时都被视为神的声音。在大约1100年的时间里，这里一直是西方世界最神秘的地方。而它给我们现代人留下的最重要的遗产，大概就是刻在阿波罗神庙墙上的那句由传说中的"七贤"一起写下的箴言：认识你自己。

可能很多人不会把认知自己当作一回事，在面试或绩效面谈时，我们发现很多人在极力掩饰自己，当问及自己的劣势时，很多人谈及的劣势有：对他人要求太高、工作太多对团队关注太少、自己承担的太多而授权不够等，这些也可以说是优势。很少有人真正地面对自己，他们对自己的认知甚至少于对下属的认知。所谓自我认知是对自身情绪、优势、劣势、个人需求与内驱力的深刻洞悉和一种诚实的态度。一个清醒认识自己的人，知道自己追求的是什么，以及为什么要追求。在遇到一个薪水丰厚的工作机会时，他可以坚决拒绝，因为这份工作不符合自己的原则或长远目标。

如何判断一个人的自我认知水平？首先是坦诚、实事求是地评价自己。能够正确认识自己，并坦然、自信地讨论自己的情绪与不足是如何影响自己工作的。其次，评价自己优劣势的深入程度。能够坦然谈论自己的内驱力、人格特质或价值观层面，而不是泛泛地谈论自己专业经验方面的优劣势。

影响成为领导者的第二个关键因素是，对于自己经历过的成功或失败，从自己身上找原因，而不是推卸责任。做到这一点的关键在于"是否对自己负责"，不管是成功还是失败，勇于承担责任。我们在实施小组面试时，让被评价者讲述自己过去两年内最成功和最失败的两个事件，对于成功的原因或失败的原因，分析被评价者是否敢于承担责任。根据我们的经验，不敢承担责任的人倾向于外部归因，即使是成功事件，他们也经常把成功归因于上级领导的帮助和支持，或者归因于团队成员的合作，对于自己的责任却很少提及。敢于承担责任者则从自己的所作所为和自己的责任剖析成功或失败的原因。

影响成为领导者的第三个关键因素是，面对锻炼计划或发展机会是否充满激情，是否会担心失败。当然这不是多读几本书或多参加几场培训那么简单，而是面对未来不确定性的一种充分展示自己的态度，是面临挑战、风险时展现的一种无畏、乐观、自信、不怕失败的态度。

第四个影响成为领导者的关键因素是从经历中反思，只有进行深入反思才能找到自己的人生真谛。在巨人集团早期失败后，史玉柱用了两年时间攀登珠穆朗玛峰，反思的问题是如何东山再起，把失败归因于企业盲目追求速度、盲目追求多元化，以及董事会形同虚设，决策权过于集中于他自己，这使得没有人对他的错误决策进行干预，还有一点是产品创新跟不上。到了第三年，史玉柱重新研读《毛泽东选集》，开始从自己身上找原因。"早期巨人倒台的内因在哪儿？第一，在我这个人，我的狂妄、我的不尊重经济规律，我不懂管理，对事物的困难估计得过低，然后我的团队被我带的也有同样的毛病。我们的管理漏洞百出，我们的模式就不可能赚钱，收入回来之后，大部分都被内部贪腐掉了，这个公司不破产才怪，媒体只是决定了在哪个节点引爆，引爆的时候烟花有多大。"史玉柱还谈道，"一个人的能力是有限的，在最低谷的时候，反思相对要深刻很多，成功的时候总结的经验往往是扭曲的。"

构建组织领导力

当郭士纳离开 IBM 时，他留给 IBM 最宝贵的财富是，带领 IBM 从一个以产品为导向的企业成功转型为一个以服务为导向的企业，使这头"大象"能够继续跳舞并在舞台上取得辉煌成绩。从某种意义上看，建立一个强有力的组织，远比培养出一位卓越的领导者更有价值。当然，培养领导者也是组织能力建设的重要组成部分。

改革开放四十年来，中国已经成长为世界大国。根据 2017 年《财富》杂志发布的新一期世界 500 强排行榜，中国的上榜公司数量持续增长，达到了 115 家，在所有国家中排名第二，仅次于美国。深入分析发现，上榜的中国公司排名靠前的大多是金融、建筑、能源、矿业、房地产等技术能力、创新能力较差的传统行业。典型公司包括国家电网、中石油、中石化、工商银行、中国建筑、建行、农行、中行、中国移动、南方电网、中海油、中国电信。

北京大学光华管理学院院长刘俏教授在解读这一现象时表示，中国的上榜企业仍然没有从根本上改变大而不强的状况。伟大企业的界定标准不是销售收入，而是盈利能力。中国 109 家上榜企业的平均总资产收益率（ROA）仅为 1.65%，一块钱的资产只能产生 1.65 分的税后利润；而美国企业的平均总资产收益率为 4.79%，是中国企业的 2.9 倍。中国通过大量的银行信贷和投资形成的资产并没有产生足够的盈利。这在很大程度上与中国投资拉动的粗放式增长模式是匹配的。此外，需要注意的是 109 家上榜企业中有 10 家企业的盈利为负，这显然与世界 500 强这一身份极为不符。中国经济的高速增长并没有催生出大批伟大的企业。

阿里巴巴和腾讯在 2017 年首次进入世界 500 强榜单，这是一个具有象征意义的变化。阿里巴巴和腾讯，再加上 2016 年进入榜单的京东，表明新经济在中国的崛起，这些企业正在以极大的冲击力改变着中国经济的微观基础，逐渐成为中国伟大企业最具有竞争力的候选者。

对于企业而言，制定战略方向性的转变并不难，难在企业的管理能力、流程和系统以及员工思维方式的转变，即组织能力的转型和升级是最为关键的挑战。

从徐留平主政长安汽车期间建立自主品牌的产品开发体系的经验，以及郭士纳带领 IBM 成功实现组织转型的经验中我们可以看到，实施组织转型或建立支持业务战略落地的强有力组织，主要有以下动作：①洞察"未来企业"需要具备的重要组织能力，并建立能力模型；②通过"人才盘点"的方式，推动组织变革和文化变革；③进行组织能力和人才的培养，逐步消除变革的"鸿沟"。

中国经济发展方式和管理方式正在发生转变，主要体现在：价值创造的基本方式转型和管理理念的转型。我们能发现中国企业的"未来成功特质"主要围绕"创新和变革"展开，主要有：

- 让创新超越客户的想象。
- 业务和产品创新。
- 渴求变革。
- 领导者对员工的真诚和尊重。

价值创造方式的转型

从依靠低成本加工和强调性价比的产品结构模式，向全流程产品价值创造和强调产品效能的模式转型。产品的竞争优势不仅仅来自产品的价格和质量，而更多地来自产品购买前的服务体验、产品购买中的产品体验、产品购买后的使用体验，以及利益相关人的"影响"。因此，产品的设计、研发、市场营销和服务等价值链将构成产品的核心竞争优势，产品创新、营销创新、服务创新以及业务模式创新将是价值创造的主要来源。

价值创造方式的转型带给领导力的挑战是，用户导向和创新将是中国企业未来成功的重要组织能力。以用户为导向和创新为组织发展主题的公司将主要从以下几个方面塑造组织的竞争优势。

以创新为组织发展主题的核心组织能力：

- 外部导向，根据潜在市场需求或行业竞争趋势，制定全新的战略。
- 灵活调整经营策略，建立新的管理流程或业务模式，适应新兴而多样化的市场。
- 创新业务模式。
- 选拔和培养人才，重视创新能力的开发。

以用户为导向为组织发展主题的核心组织能力：

- 寻找并开拓市场中全新和潜在的用户需求。
- 开发全新的产品或服务。
- 提供精细化和超出用户期望的服务。
- 与客户建立战略性伙伴关系。

管理理念的转型

西方管理科学几十年前就讨论过管理中关于人性的假设。纵观中国企业的发展，在管理理念上更多地把员工当作"机器"看待，即将"个性不一"的个体通过流程与管理转化为"可复制的同质性个体"。再加上中国企业的管理机制还比较落后，很多企业存在论资排辈的现象，因此，人的创造性和天性无从发挥。

由于管理理念落后，管理方式上更多强调权力、计划、执行和任务，最典型的是问责制。每次煤矿出事故，不仅对当事人问责，还要对政府官员问责；企业出现安全事故，不仅对当事人问责，还要对其主管领导问责等。但是我们发现，安全事故并没有因为问责制而减少。我们发现，问责制并不能实现提前预防；另外，也无法调动员工的积极主动性。在这种管理方式下，员工更多的是"被动接受式"，而不是"主动参与式"。

当前和未来中国企业的管理理念逐渐向"肯定员工自我价值"转型，要求企业或领导者更多地尊重员工，洞悉员工的个性化需求，激发员工的责任感。为此，领导者需要转变自己的领导理念，需要更多的尊重和真诚。

在洞察企业未来成功特质的基础上，企业要结合自身的特点构建领导力素质模型。世界上最受推崇的公司都能够紧扣战略目标，使用系统的领导力素质模型来选拔和培养领导者，并采用科学的薪酬体系加以支撑。

"铁打的营盘，流水的兵"，打造一个强有力的组织才是企业可持续发展的根本。塑造强有力的组织，最根本的是中高层管理者。因此，打造强有力的组织是目的，选拔和培养卓越的领导者是手段。人才盘点不仅仅是对领导人才的盘点，更为重要的是战略执行和塑造强有力组织的策略。

构建领导力模型

根据美国心理学家戴维·麦克利兰对素质模型的定义，领导力模型是指特定文化和组织里，区分优秀与一般管理者的个人特征组合。这些个人特征包括深层次的领导动机、人格特质，也包括管理知识和技能。

传统构建领导力模型的方法侧重于深层次的素质，忽略了管理知识和技能的重要性。尽管构建领导力模型的方法复杂，但基本上各家企业的领导力模型大同小异。如何更简便地构建领导力模型，同时更符合企业的实际需要？

基于我们的研究，领导力模型主要由三部分构成：通用领导力模型、企业个性化的价值观要求、通用管理技能。

通用领导力模型主要包含五条标准（见表3-2），对行业及发展阶段不进行区分。这五条标准源于《孙子兵法》里对领导力标准的演绎，为什么是这五条标准，也可以参照风里博士的《五大品质》一书。这五条标准为：战略思维、追求卓越、勇于担当、与人为善和团队领导。

表 3-2 通用领导力模型

战略思维：具备开阔的视野和长远的眼光，对市场格局有系统的认知，深刻理解当前的公司战略，洞悉行业发展的趋势，并制定前瞻性的战略目标和计划

L1：视野开阔，理解战略	L2：目标导向，全局思考	L3：把握机遇，因时制宜	L4：胸怀全局，前瞻远见
• 理解公司战略，明确公司未来的核心竞争力及在产业中需要占领的地位 • 快速获取并整合内外部信息，具备开阔视野，并理解不同业态、业务的内涵和价值链 • 与内外部沟通，建立关系网络，了解各种资源所在，寻找可能的机会	• 以目标作为"做与不做"、制定措施的依据 • 站在公司整体的角度，思考自己所在单位对其他单位业务的影响 • 洞悉组织内各个业务之间的关系，或集团各业务之间有价值的关系	• 理解公司的发展方向，能够结合内外部环境变化，快速制定或调整战略 • 理解行业发展规律，快人一步抓住机会，提升公司的竞争优势 • 将复杂的信息"化繁为简"，认识深层次的关键问题，提出解决方案	• 具备无边界意识和全局观念，把公司整体成功放在第一位 • 预判行业发展趋势，对宏观环境和市场格局做出前瞻性的判断，并进行战略布局 • 基于前瞻性的预判，重新定义企业价值，提出新的发展思路、管理或商业模式

团队领导：通过有效的识人、用人、发展人与激励人的策略，系统地提升员工的能力和动力，最大限度地发挥每个团队成员的潜能，打造高绩效团队

L1：沟通理解，明确职责	L2：行为示范，发展他人	L3：知人善任，授权激励	L4：愿景感召，形成合力
• 积极沟通，清楚了解每个成员的个性和优缺点 • 在环境变化的情况下，及时提供信息，使团队成员及时了解个人的职责和目标	• 严于律己，身体力行公司的价值观和行为准则 • 有培养人的意识，关注团队建设和人员发展，倾听并了解员工的发展诉求 • 根据团队成员的工作表现或职业发展需要，为下属提供有针对性的培训、辅导和反馈	• 善于评估下属的能力，能够结合团队成员的特点，妥善授权和分配任务 • 建立、跟踪和完善人才发展与激励的机制及流程，确保团队高效运作 • 评估团队现状，有计划地开展梯队建设，促进团队匹配当期及未来业务发展需要	• 描绘愿景、使命及目标，将个人追求与公司愿景融为一体，不断激发团队的信心和激情，营造高绩效的工作氛围 • 具有个人魅力，获得团队成员的信任与拥护，提升团队的凝聚力和忠诚度

与人为善：信任、尊重、诚实、友善、言行一致地对待他人，赢取他人的跟随和信任

L1：信任他人	L2：真诚厚道	L3：思利及人	L4：道德内化
• 把人往好处想 • 积极、正向地看待他人 • 对人坦诚，敞开心扉	• 发自内心地替他人着想 • 在他人面前不轻易承诺，承诺了就绝不失信 • 讲真话，即使对自己不利也讲真话	• 约束自己不做自己认为不对的事情 • 利人再利己，己所不欲勿施于人 • 站在别人的角度上思考事情该不该做 • 不做损害他人利益的事情	• 不受外界舆论或压力的影响，坚持自己的良心和道德准则 • 不取不义之财，明知赚钱而不为

（续）

追求卓越：把工作做好，改进创新和追求高标准的具体愿望与行动			
L1：责任心	L2：上进心	L3：事业心	L4：企业家精神
• 认真负责，试图把工作做好或做对 • 表达把工作做好的愿望和信心，关注自己的工作表现 • 对浪费和低效率感到不满和沮丧	• 工作勤奋，主动改进工作流程，提升工作效率 • 有紧迫感，快速、高效率地工作 • 挑战现状，持续改进	• 有远大抱负，展现出一份对事业的终身诉求 • 生命力强劲、意志品质坚强、精力充沛、耐力十足，且能屈能伸 • 竞争意识强，通过各种方式突破个人瓶颈，保持并不断提高自己的激情	• 在有使命感和企图心的同时，心灵宁静，有着由内而外的定力 • 在面对巨大失败时，仍然对未来充满期望 • 尽管过去已经创造出了骄人的战绩，但他们从不会认为自己已经功成名就

勇于担当：有相信自己能完成一项工作、有效解决问题的勇气和魄力			
L1：独立自主	L2：强势	L3：直面挑战	L4：英勇无畏
• 果断做出一般性的决策 • 在他人的挑战下，坚持自己的观点 • 面对挑战保持自信心，在不熟悉、不确定、模糊的情况下独立做事	• 自我关注，认为自己比别人强，明确表达对自己的判断或能力充满信心 • 施加压力，把自己的意见强加给他人 • 采取不受欢迎的重要决策	• 目光坚毅、语气坚定地接受挑战 • 直面人际冲突，不怕得罪人 • 驾驭复杂和困难的沟通对话，做到开放和有礼有节	• 果断做出有很大风险的战略决策 • 秉持公正，直接辞退他人或撤他人的职 • 敢于承担有巨大挑战的任务和工作，无所畏惧

结合公司的战略、文化和领导力发展水平，从战略和文化层面考虑，构建领导力模型时，以下几条建议可供参考。

- 强调执行力和提升绩效的公司，建议增加"绩效导向"。

- 强调产品和服务创新的公司，建议增加"开放创新和用户体验导向"。

- 强调客户服务和客户关系拓展的公司，建议增加"客户服务或客户影响力"。

- 强调公司内部协同和整合的公司，建议增加"说服影响力和视野格局"。

如果企业的管理水平还比较低，正在攻克产品质量、工作效率、流程标准化等问题，建议在领导力模型里增加一些管理技能，常见管理技能如下。

- 绩效管理：管理者和员工为了达到组织目标，共同参与绩效计划制订、绩效辅导沟通、绩效考核评价、绩效结果应用与绩效目标提升的持续过程。

- 责任管理：明确岗位职责，设定岗位绩效目标，并对履职过程进行评估，根据评估结果进行激励。

- 时间管理：科学制订工作计划，并认真落实，确保交付成果，合理管理时间，专注于关键任务和目标。

- 对标学习：向国内外一流标杆学习，积极吸收、借鉴经验，时时对标、事事对标、处处对标、人人对标，使标杆学习成为常态化。

- 品牌管理：把公司品牌作为公司的核心竞争力，以获取差别利润与价值，包括品牌化决策、品牌模式选择、品牌识别界定、品牌延伸规划、品牌管理规划与品牌远景设立等。

- 成本管理：运用科学方法，最大限度减少浪费和降低成本，特别重视在战略调整、资源能力、产能利用率、产品成功率、制造过程、产品成本、费用和人力成本等领域的管控。

- 标准化管理：通过认真梳理和仔细分析研究，以及竞争情报的收集，全面建立制度、流程和作业规范，并进行充分验证、反复审核。

- 数据化管理：利用信息技术，通过对大量、不完全、模糊、随机的数据进行处理，提取潜在有用的数据信息，并应用于业务管理中。

第 4 章

测评技术在人才盘点中的应用

> 人们之间的接触才是最重要的。音乐演奏的奇妙之处在于
> 需要演奏者间建立起真正的友谊。
>
> ——卡洛·马里奥·朱利尼
> *洛杉矶爱乐乐团的前指挥*

某大型机械制造企业应用 360 度评估工具对所有中高层管理者进行了盘点，根据测评结果，从中层中选拔了一位年轻的高潜力人才，派到南美洲开拓新市场。两年下来，损失了十多个亿不说，而且南美洲的市场开拓毫无起色。为此，CEO 直接问责人力资源部部长，认为这次人才盘点失误的罪魁祸首是 360 度评估工具，以后再也不要使用 360 度评估工具了。

某期货公司为了实现业务的快速增长，需要提拔一批年轻有为的人才，希望借助人才盘点甄选和培养高潜力人才，因此委托测评公司花费了 30 多万元，对所有的中基层管理者实施了一系列的在线测评，如性格测验、管理情景能力测验等，将测评结果直接导入九宫格进行盘点。拿到盘点结果后，CFO 一脸茫然，他的两位得力干将在这次盘点中全军覆没，而且他们的测评结果是"缺乏严谨性，对细节、风险不敏感，优势是勇于创新"，这一点与 CFO 的日常感知

完全相反：优点是严谨细致，缺点是创新应变不足。为此，CFO 在公司内部强烈抵制本次测评和人才盘点的结果，人力资源部则一脸茫然，不知所措。

以上两种情况我们在进行人才甄选时经常遇到，经常面对各种各样的人才测评工具，但不知道如何选择。本章主要解决以下问题：如何正确认识人才测评工具？如何在人才盘点中正确应用人才测评工具？

测评技术的应用情况

结合中外知名企业对测评工具的应用情况，我们根据国际上对 20 家著名企业的分析和我们在国内咨询实践中获得的一手数据（见表 4-1），对测评工具在人才盘点中的应用进行了元分析，可以得出以下结论。

表 4-1 测评工具在人才盘点中的应用调研

100%	测评指标：领导力素质模型 测评方式： • 360 度评估与反馈 • 行为事件法；情景模拟法（角色扮演、案例分析）
100%	绩效考核指标： • 60% 回顾过去的绩效考核记录 • 50% 会细化到一些关键指标的表现 • 当前的绩效表现更为重要
90%	职业发展动机；看图投射测验
80%	可否调动（机动性，是否愿意到新的领域发展？是否愿意尝试新的职业机会）： • 直线经理评价
75%	适应性 / 灵活性
70%	经历 / 任职履历： • 直线经理评价
65%	学习能力
60%	对组织的忠诚度：直线经理评价
55%	个性指标（人际指标、与组织 / 文化 / 团队的匹配性、信任、正直、自我意识等）

调研企业：AOL、Maersk、Sara Lee、Bristol-Myers Squibb、Marriott、Sempra Energy、D&B（DUN & Bradstreet）、Merrill Lynch、Siemens、The Home Depot、Microsoft、T Rowe Price、Ingersoll Rand、PepsiCo、Tyco、JP Morgan Chase、PPG、W.R. Grace & Co.、Levi Strauss；长安汽车、中国国航、联想集团、越秀地产、宇通客车等。

● 测评工具在人才盘点中被广泛应用，高质量的心理测验及各种调研报告是对人才决策有效的信息输入。

- 不管何种心理测验或调研结果，只能作为人才盘点的参考，都不能直接预测一个人的发展潜力。

- 行为评价是最为常用的测评方式，其中 360 度评估和行为面试法是人才盘点中最为常用的人才测评方法。

- 根据相关研究，100% 的企业都把绩效考核指标作为预测潜力的指标之一，并在实施中给予绩效考核结果约 30% 的权重。

- 越是深层次的特质，对潜力的预测越重要。其中测量职业发展动机、思维敏锐性、人际敏锐性等特质的心理测验在人才盘点中得到广泛使用。

- 对于员工的离职风险、敬业度、是否可跨区域调动等指标，一般由上级评价。

- 一些负面特质（也叫脱轨因素），如自恋型人格障碍、边缘性人格障碍等，很多企业在甄选高管后备人才时使用这些人格障碍测评。

行为面试技术

行为面试是人才盘点中最为常用的技术，是人力资源工作者和业务管理者必须具备的技能之一。行为面试有两种基本理论，第一种理论是，针对过去发生过的事情探究被评价者实际发生的行为，其基本假设是用过去表现出来的行为来预测其未来的行为表现，基于这种理论的面试法被称为行为事件面试技术（简称 BEI）。第二种理论是，在一种假设的情景下，观察被评价者如何反应，从而对其未来的行为进行预测，基于这种理论假设的面试法被称为案例面试法或情景面试。

情景面试比较简单，而且容易掌握，缺点是容易泄露题目。一旦题目被泄露，或者被评价者提前做好了准备，结果就失真了。情景面试常用于考察人的思维能力，比如"使用外行能够听得懂的语言讲述一个你熟悉的专业术语"；也可以考察人的同理心，比如"你非常要好的朋友的宠物狗得了严重的疾病，需要花一大笔钱医治，但医治好的可能性不到 50%，你的朋友该不该去医治"；

还可以考察人的影响力，比如"你的一位非常能干的员工突然提出辞职，原因是不能适应你的领导风格，你将如何沟通来留下他"。

行为事件面试技术的特点是，面试官不容易掌握，需要经过反复训练和练习，但一旦掌握就可以灵活应用，且不需要提前准备结构化面试题。行为事件面试技术主要包括两种类型：一种是基于行为学派的STAR技术，一种是基于认知学派的FACT技术。表4-2列出了两种行为事件面试技术的对比。实际上，相比STAR技术，FACT技术会探询行为背后的原因和感受，探询的难度更大一些，但获得的信息更多一些。

表 4-2　两种行为事件面试技术的对比

STAR 技术	FACT 技术
situation：情景、角色	feeling：感受
task：任务 / 问题	action：行动（做什么、说什么）
action：行动（做什么、说什么）	context：背景（情景、任务、角色、结果）
result：结果	thinking：行为背后的想法

行为事件面试技术的要点是：首先，让被访谈者讲述事件发生的具体时间、地点和角色，明确面对的难题或任务。把被访谈者拉到具体场景下，才能探寻他的具体行为；其次，询问被访谈者解决难题的具体行为：做了什么、说了什么。如果是对话，要把具体对话的过程讲述出来；如果是解决具体难题，要把解决难题过程中的具体思维过程讲述出来。再次，询问为什么这么做、这么说，探寻具体行为背后的思考过程。最后，询问解决难题后的感受，或对话后的感受。

人才盘点的第一责任人是业务负责人，行为面试过程应该由业务领导参与并主导，为了实现这一目的，禾思咨询设计了一种小组面试法，又称述能会。该方法最早由联想集团使用，后来经过应用结构化行为面试技术，我们对评分标准、述能模板以及提问技术进行了标准化。

> **案例：长安汽车处级管理者述能会**
>
> 　　为了从处级管理者中甄选出高潜力人才进行重点培养，淘汰一批不称职的人员，需要设计一种技术和方法，对几百名处级管理者进行

全面盘点，并由业务部门负责人主导，确保结果的公平性。

长安汽车综合评价后决定采用述能会的评价方法，在每个部门成立人才发展委员会（personnel development committee，PDC），部门一把手作为总负责人，副部级管理者作为委员会成员，HR 和外部顾问作为技术支持。

具体操作流程是，处级管理者按照人力资源部提供的述能模板提前准备述能报告，在述能会当天，每位处级管理者用 15 分钟的时间讲述，评委提问 30 分钟，评委在提问的过程中进行评价（给出优劣势的评语）和打分，然后紧接着进行下一位管理者的述能。以半天为单位，对已经完成述能的人员进行讨论，被评价者的直接上级先发言，结合被评价者平时的行为表现给出优劣势的评价，然后是其他评委发言，最后是部门一把手进行评价。待所有人员述能结束后，进行综合排序，然后应用九宫格，讨论每个人的发展潜力及发展举措。

为了便于管理者进行评价，对评分标准进行了简化，基于长安汽车的领导力模型（1721 模型）简化为三条标准：管理自我（占比 30%）、管理业务（占比 40%）和管理团队（占比 30%）。

提问的技术主要应用行为事件面试技术和情景面试两种方法。在每个部门开始述能会之前，完成了对所有评委进行面试技术的培训。

为了便于应用行为面试技术，对述能报告模板进行了针对性的设计。述能报告主要包括以下内容。

- 自我介绍部分，主要针对工作经历进行分析，评价其专业经验。
- 个人优劣势分析，评价其自我认知和自我反思的深度。
- 成功事件和遗憾事件剖析，这部分是能力评价的关键，剖析其在最成功和最遗憾事件中的行为表现。
- 对所负责业务的发展规划，评价其业务规划能力、视野和前瞻性。
- 对所负责团队的发展规划，评价其团队管理能力。
- 个人职业发展计划，评价其职业发展动力。

长安汽车通过述能会，不仅甄选了高潜力人才，识别了部分不称职的管理者，同时提升了部级管理者的识人用人能力。

　　实施述能会的关键技术要点是：制定简单可衡量的标准，以及指导业务管理者掌握提问题的技术。

　　在述能时能力评价标准尽量简单可量化，禾思咨询基于人才盘点的经验，制定了一个相对比较通用的标准，读者可以根据自己的领导力模型进行调整。建议从思维、人际和动力三个方面进行，即从管理业务、管理团队和管理自我三个方面设置评价标准（见表4-3）。采用百分制，分3个层级，以5分为一个单位进行打分。

表 4-3　述能标准

维度	素质	权重	评价标准	评分
管理自我	自我认知 追求卓越	30%	层级一：很少进行自我反思与批判，在要求下有所提升与改进 （自我认知模糊、被动、上进心弱）	0～10分（含10分）
			层级二：进行自我反思，倾听他人的建议和反馈，展现较强的工作动力和韧劲（如主动设定挑战性目标），在个人能力和工作绩效上有显著提升 （积极进取、显著提升）	10～20分（含20分）
			层级三：进行深入自我反思，善于学习；具有远大抱负和事业心，充满激情。个人成长和工作成就在最近两年内取得了显著突破 （远大抱负、创新突破）	20～30分
管理业务	战略思维 专业能力 自信果敢	40%	层级一：针对具体问题进行有效的分析和解决，按部就班地完成工作任务，绩效目标合格。没有主动思考，很少有自己的观点 （按部就班、解决问题）	0～15分（含15分）
			层级二：清晰理解组织的战略和目标，并结合自己的业务进行分解，果断决策，系统制定清晰具体的业务目标和计划，统筹资源，持续提升绩效和组织的竞争力 （系统思考、突出重点）	15～25分（含25分）
			层级三：外部视野，平衡短期和长远目标，具有远见卓识，洞察趋势，并善于决断和把握机会 （远见卓识、前瞻思考）	25～40分
管理团队	知人之智 自信果敢	30%	层级一：人际不敏锐，团队管理意识弱，主要以任务为导向管理团队。对他人的评价主要是工作态度和经验 （任务管理、团队松散）	0～10分（含10分）

（续）

维度	素质	权重	评价标准	评分
管理团队	知人之智 自信果敢	30%	层级二：较强的人际能力和团队发展意识，知人善任，采取有效措施（授权、激励等）显著提升团队士气 （有效管理、凝聚团队）	10～20 分（含 20 分）
			层级三：善于处理复杂的人际困境，赢得团队的信任和尊重，展现很强的影响力、魄力和感召力，善于发展和辅导他人，显著提升组织能力 （赢得信任、感召团队）	20～30 分

述能会中的提问综合应用行为事件面试技术和情景面试，主要围绕两个方面：一是过去亲自做的事情，通过挖掘具体的行为、思考和情感来提问；二是对业务和团队的思考与规划，通过观察其对现状的分析、了解、洞察，以及解决问题的思路进行提问。

在应用 FACT 技术探寻具体的行为时，注意区分事实和掩饰，所有讲述的观点必须在具体的情景下，空谈理论或"背诵"观点都不能作为评价的依据（见图 4-1）。

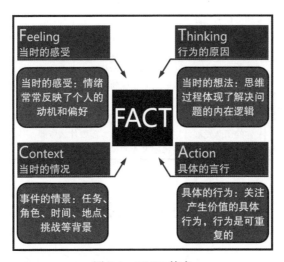

图 4-1　FACT 技术

应用 FACT 技术进行提问时，可以参考表 4-4 中的问题。

表 4-4 行为事件面试技术问题参考

模块	参考提问
背景（context）	• 这件事情发生在什么时间、什么地点，当时的情况是什么样的 • 整个过程中最具挑战的是哪个环节 • 在做计划时，当时面临什么样的情况 • 你个人的角色是什么，其他人呢
行动（action）	• 你当时做了什么，后来呢 • 你当时说了什么，对方说了什么，把当时对话的过程再现一下
思考（thinking）	• 你是怎么思考的 • 你当时有什么样的想法 • 当时你是怎么设想的
情感（feeling）	• 你当时有什么感受 • 当时你有什么情绪反应 • 你说这句话的时候是什么语气

针对管理业务和团队的情景面试，可以围绕现状分析、目标设定、差距分析以及行动策略进行提问。参考问题见表 4-5。

表 4-5 情景面试问题参考

模块	参考提问
业务发展规划	• 所在城市的市场和竞争情况如何，我们的核心优势在哪里 • 你今年的工作目标是什么，如何进行分解（化学分解而不是物理分解） • 实现你今年的目标，你的核心举措是什么 • 你今年要放弃哪些东西，必须坚守哪些东西 • 如果只抓三件事，你要抓哪三件 • 如果你的计划无法达到效果，你怎么办 • 你需要什么资源投入，可能会有什么样的风险
团队发展规划	• 你当前团队的总体情况如何，谁是最有潜力的员工 • 如果按照目前的发展，明年你的团队配置应该是什么样的 • 你认为未来团队建设最大的挑战是什么，如何解决 • 对于其中的 ××，你是出于什么考虑放到这个位置的 • 你的团队发展计划中提到了扩员，需要什么资源，什么时候做 • 你的团队管理存在哪些方面的风险，如何避免

心理测验技术

最近十几年来，心理测验在中国大陆迎来了春天，学校、企业、军队等逐步接受了心理测验，不仅应用于人才选拔，在职业发展、培训、心理咨询等领域也广泛应用。从心理测验的种类上看，主要包括认知能力测验和个性测验。

常见的认知能力包括图形推理（如瑞文测验）、语言认知、数字推理和情景测试题等，认知能力测验是对思维品质的直接测量。对于中基层人员的盘点，认知能力测验的应用十分必要。

个性测验包括两大类，一类是类型学测验，如 MBTI、PDP、DISC、九型人格以及学习风格等测验，把人按行为风格特点分成不同类型，这种划分主要基于人的经验判断。类型学测验方便提高人的自我认知和彼此之间的相互了解，但是不能用于人才选拔，尤其不可以用于甄选。但这类工具目前在选拔领域也被津津乐道，包括有些学过心理学的 HR 人员也不懂。在欧美的一些国家，公平就业的法规和心理测验行业组织的章程就禁止将类型学的人格测验应用于人才选拔。

另一类是特质类测验，这些特质不是基于人的经验判断，而是通过统计方法计算得来的。通俗来讲，就是把足够多的描述人的形容词，选择足够大的人群（样本）进行评价，再把评价结果进行统计分析，把相关性高的进行归类，就得到一些特质和特质簇，如大五人格理论。常见的特质类测验如 OPQ、16pf、Hogan、动机测验和 CPI 等。

并不能简单下结论认为，所有的特质类测验都适用于人才甄选，其中最大的问题是社会称许性问题，如果一个特质类测验能够很好地屏蔽掉社会称许性，就可以应用于人才甄选，反之则不能。在一些特质类测验中通过加入测谎题来屏蔽社会称许性，实际上很难做到屏蔽，很容易被参与测试者识破。根据我们的经验，在人才盘点的应用情景下，16pf、Hogan、大五人格测验等通过"是、否"进行选择答题的测验，信效度都受到一定的影响。通过迫选等方式进行的测试题，受到的影响会小很多，如 OPQ、CPI 测验等。动机是人的最深层次特质，属于潜意识层面，事实上，对于动机的测量只能通过投射测验，即看图讲故事。投射测验可以很好地回避社会称许性。投射测验所衡量的内在驱动力的大小是预测潜力的必要指标之一。

动机测验介绍

动机测验是基于哈佛大学心理学家麦克利兰的成就动机理论，通过心理投射的方法开发而成，用于测量个人的成就动机、权力动机和亲和动机。动机经常在"白日梦"中出现，往往在人的潜意识中表现。只有通过投射技术，才能真正测量到人的动机。测评的方法通常以看图讲故事的方式进行，受测人会被要求看一组图片，每幅图片的主题不同，但是每幅图片都可以投射三种动机的主题。如图 4-2 所示，用 10 ～ 15 秒钟看看这张图片，然后写出关于它的故事。故事的内容包括：图片中发生了什么事情？图片中的这些人是谁？是什么导致了现在这种局面？图片中的人想到了些什么？将会发生什么？将会有什么结果？

图 4-2　投射测验图片样例

根据受测人所讲的故事，由受过心理学专业训练的顾问进行解码。例如图 4-2，如果所讲述的故事是"董事长正在对其儿子讲述公司面临的挑战和未来的发展目标与规划，以及如何做到行业数一数二的位置"，则解码为"成就动机"；如果所讲述的故事是"董事长正准备把公司董事长的位子交给其儿子，把自己的经验和对公司未来发展的想法教给儿子"，则解码为"权力动机"；如果所讲述的故事是"董事长和自己的儿子感情不和，产生了严重的冲突，父子之间已经很久没有说话了，父亲主动找到儿子，正在化解彼此之间的误解"，则解码为"亲和动机"。此外，根据所讲故事设置的障碍难度、目的性是否清晰、个人面对困难的态度以及个人是否采取明确的行动等，统计得分的高低。把三种动机的得分相加，可以计算个人的精力或活力水平。

　　一般而言，完成一组图片的故事写作大概需要 40 分钟，对参与者的体验感可能不如选项类测评，但是成就动机和权力动机影响着领导力的方方面面，测评成就动机和权力动机对于个人领导力发展的重要性不言而喻。对于中层及以上管理者，越早认知自己的动机水平，就越能管理好自己的动机，也能更好地洞悉下属人员的动机。此外，成就动机理论是领导力理论的基础和核心，测量并解读个人的动机曲线有助于深入理解领导力。

CPI 测验介绍

　　基于大五人格特质理论，联合国内外的心理学家，禾思咨询的顾问历时十年开发出了全面个性指标评估问卷（comprehensive personality inventory，CPI），采用迫选的方式来评估人的全面个性。相较于传统的李克特式的 5 点评分，迫选方式更能避免社会称许性对测验效度的影响（你不知道答题会给自己带来什么影响）。读者如果有兴趣，可以扫描书后的二维码体验 CPI 测评。

　　CPI 中包括 39 项个性特质，按照其影响对象的不同分成思维、人际和意志三大类。这三类个性维度划分，与心理学研究中的"知情意"相对应。虽然有些个性根据不同的理解可以放入不同的维度，但这种划分有助于我们快速记忆和理解。这三类个性的内涵如下。

- 思维：处理与世界的关系，关注与处理事情相关的个性特征。包括乐观性、轻松性、稳定性、忧虑性、灵活性、分析性、理论性、严谨性、果断性、批判性、创新性、前瞻性、好奇心这 13 项个性。
- 人际：处理与他人的关系，关注与人际问题相关的个性特征。包括关怀性、活跃性、敏感性、坦率性、信任性、影响性、支配性、自在性、独立性、乐群性、民主性、归属性、公正性这 13 项个性。
- 意志：处理与自己的关系，关注与内在驱动力相关的个性特征。包括勇气性、抱负性、规则性、好胜性、精力性、责任性、谦虚性、成长性、效能性、自律性、主动性、自知性、坚韧性这 13 项个性。

CPI测验的基本原理是，测量每个人对39项特质的使用熟练程度，按照"用进废退"原则，使用频繁的特质则为个人的相对优势。但在39项特质中，在不同岗位上，有些特质的使用对工作绩效影响不大，而有些特质则至关重要。

首先，CPI可以对潜力进行直接测量，是人才盘点的必备测评工具之一。常用的潜力指标有：思维潜力、人际潜力和成就动力。如果在以上三项指标上得高分，表明其发展潜力大。

思维潜力的特征是擅长对数据和事实进行分析，洞察问题的本质，不人云亦云，通过总结和归纳现象，得到普遍性的理论，倾向于采用新的方法来解决问题。主要包含四项特质：分析性、理论性、创新性和批判性。

- 分析性是对数据和事实敏锐，善于处理与数字相关的任务，根据对数据的分析做出推断。
- 理论性体现为喜欢分析问题的规律和趋势，并通过模型和概念化的方式考虑目标或策略。
- 创新性是指喜欢打破传统，思考更有新意的、具有创造性的解决方法。
- 批判性是以质疑的态度来看待任何论证或结论，喜欢辨别事情的本质和真相。

人际潜力的特征是善于分析和理解他人的立场与想法，具有社交的自信，不回避社交需求，愿意在团队中采取积极主动的领导行为，且善于说服和改变他人的想法。主要包含四项特质：敏感性、影响性、支配性、自在性。

- 敏感性：喜欢分析他人的立场和意图，探索他人的真实想法或诉求。
- 影响性：主动推销自己的观点以改变他人的想法，喜欢谈判和说服他人。
- 支配性：强势的行为作风，喜欢指示或指导他人，期望成为团队核心。
- 自在性：在社交中感到轻松自在，不会过度关心自己是否行为得当，言行比较自然。

成就动力的特征是对自己的职业和工作有高的要求标准，直面竞争赢取最后的胜利，喜欢充实的工作和生活，对自己的能力有信心。主要包含四项特质：精力性、抱负性、好胜性、效能性。

- 精力性：喜欢充实的生活，愿意做很多事情，显示出充沛的精力。
- 抱负性：对自己有非常高的期望，事业心强，乐于为自己设置高目标。
- 好胜性：把与别人竞争看成有乐趣的事情，期望获得比他人更好的结果。
- 效能性：相信自己能把事情做好，对自己有"我能行"的信念。

CPI 潜力测评报告样例如图 4-3 所示。

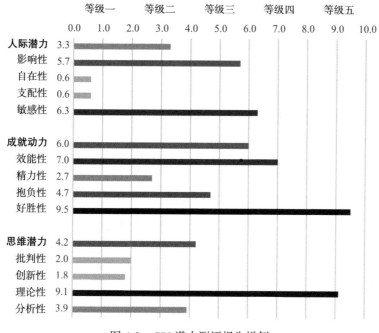

图 4-3　CPI 潜力测评报告样例

其次，CPI 除了在人才盘点中对潜力的测评之外，还可以应用在领导力发展，以及销售人员、产品经理、营销经理、技术专家等不同典型岗位的招聘与选拔。

WPD 测验介绍

WPD 是针对工作场景下的负面特质测验，主要应用于高层职位人员盘点。

根据心理学的研究，个人的品格底层原因与人格障碍有关。比如多疑敏感性人格障碍是一种极端的信任缺陷，边缘性人格障碍是一种极端的情绪不稳定，行为冲动，自我控制能力薄弱。我们往往看到魅力型领导者极具感染力和充满风度的一面，而往往忽略了他们也有自大、自恋的一面。这些人格障碍在实际工作中往往被忽略，但在某个关键时刻会给工作带来巨大伤害。

人的职业发展轨道中有太多这样的脱轨风险：一次冲突、一次疏忽、一次怀疑、一次任性……导致风险产生的外在原因有很多，但最终影响决定的都是人的内在因素。正如电池有正极和负极之分，人的个性也存在正负之分。20世纪70年代开始的大量的负面个性研究发现，负面的个性（darkside personality）虽然无法用于预测个人的职业成功，但是对预测职业发展脱轨非常有效。

很多心理学家（Bentz、Burke、Hogan、Raskin、Fazzini）经过研究提出了大量的负面人格特质模型，如迟钝、傲慢、背叛信任、野心、虚伪、急躁、苛刻、放纵、麻木不仁、堕落、狭隘……这些负面个性或多或少地存在于每个人的身上，是否能够有效地识别这些负面个性，并帮助个人清晰认识和有效管理这些负面个性，是人才盘点中也要关注的另一个问题：因为如果只有对成功的追求，而没有对失败因素的防范，其结果往往会对个人产生非常大的负面影响。

基于众多心理学者的研究，禾思咨询总结了13项导致职业发展脱轨的负面人格特质。通过对这些指标进行评估，可以衡量个人在压力、疲惫，或注意力分散等情境下会展现出来的负面行为。这些行为可能局限了个人的事业发展，但很少有人意识到它们的存在。基于这些负面个性开发出的WPD（workplace personality development）问卷可以帮助量化个人在这13项脱轨因素上的倾向，以便人们管理这些行为，或根据个人的行为倾向做出正确的人事判断。

这13项特质按照其关联可以分为三个类别（见表4-6）。

● 大写的我：表现为膨胀的、向外扩张的、攻击性的，自我效能感强的负面个性。

- 小写的我：表现为退缩的、向内缩小的、防守性的，自我效能感弱的负面个性。

- 疏远的我：表现为远离的、不相信人的、逃避积极交流和互动的负面个性。

表 4-6　WPD 的 13 项特质

大写的我	小写的我	疏远的我
傲慢自大	悲观脆弱	多疑敏感
操纵摆布	恭顺迎合	幻想迷信
冒险放纵	谨慎苛刻	内敛冷漠
戏剧浮夸	不思进取	消极抵抗
情绪多变		

某项特质的得分越高说明风险越大，需要在工作中加以预防（报告样例见图 4-4）。在应用 WPD 报告时，需要注意并不是得高分就一定存在问题，需要加以区分，有些障碍因素是可以容忍的，甚至会对工作有促进作用。戏剧浮夸得高分表现为肤浅的魅力、不诚恳、自我中心以及利用他人；傲慢自大得高分的行为表现是过分关注自我而缺乏同理心，无视他人利益；谨慎苛刻得高分表现为完美主义、对工作过度投入、固执、专制。

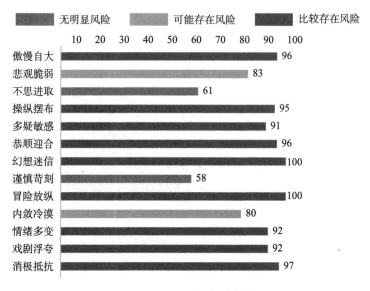

图 4-4　WPD 测评报告样例

　　以上三种特质在高层管理者中得高分的比例很高，虽然有不利于管理的一面，但也有可取的一面，比如谨慎苛刻者，勤奋、工作狂，不仅对他人要求高，对自己要求也很高，没有生活，只有工作，工作就是一切，这些都让公司或组织感到欣慰。还有一些负面特质如果得高分就没有可取之处了，恭顺迎合得高分的行为表现是遇到困难不敢担当，没有决断力；多疑敏感者不信任他人，总是怀疑下属的动机，把人往坏处想，处处设防，城府极深；情绪多变者的情绪不成熟，行为冲动，经常做事不计后果，自我控制能力薄弱。如果在这些特质上得高分，在进行人才盘点时要非常谨慎。

　　这些负面特质是在个人的成长经历中逐渐形成的，绝非一朝一夕可以改变的。具有某种人格障碍的人一旦进入企业高层团队，往往会给公司带来巨大的潜在风险，就像埋了一个定时炸弹。在进行高层人才盘点和继任计划时，必须过滤掉百害而无一利的负面人格特质。

问卷调研技术

　　问卷调研的优点是题目设计要求不高，可以根据公司的要求进行灵活设计，同时表面效度高，与工作本身相关度高。缺点是参与者容易掩饰，搜集的相关意见偏差性大。在人才盘点中，问卷调研技术主要应用于360度评估、员工敬业度调研以及领导风格调研等。

360度评估

　　基于组织的领导力素质模型进行360度评估反馈，是绝大多数企业进行人才盘点时所采取的做法。实施360度评估反馈的关键是确保评估结果的有效性和客观性，其中的关键技术是：①题目设计与调研实施；②常模参照技术；③评估报告的解读与应用。

　　第一，如何进行题目设计，以及如何科学地组织实施调研。如果设计的评估题目不够行为化，而且难以观察和衡量，那么测评结果的有效性根本无法保证。好的题目设计标准是：来自素质模型的典型行为，是具体行为，且可以衡量、可以观察。

360 度评估题目样例见表 4-7，题目设计原则如下。

- 具体性：题目的表述应当描述可观察和可衡量的具体行为。如果描述的内容太过抽象无法观察，那么就容易受到评价者的主观偏见的影响，并且评价结果失真。
- 表现性：描述的题目在工作中应当有机会展现，如果所描述的行为缺乏在工作中表现的机会，那么没有表现不等于不具有相应的素质。
- 代表性：所评价的某项素质下的行为描述，应当能够涵盖该项素质的核心内涵，且互补不冲突，符合 MECE（mutually exclusive collectively exhaustive，即"相互独立，完全穷尽"）原则。
- 适用性：因为 360 度评估是对不同关系的他人进行评价，因此题目描述需要适用于对 360 度不同关系的对象进行评估。
- 清晰性：评估题目的表述清晰明确，理解上无歧义；使用内涵较为简单明确的词句；一个句子里不包含两个以上不相关的动词；题目表述中不包含程度副词。

表 4-7　360 度评估题目样例

素质	题目举例
判断力	考虑问题全面，能见人所不见
	思维清晰，清楚地区分主要因素和次要因素
	洞察问题本质
战略规划	想得长远，有所为有所不为
	以目标作为做与不做的依据
	选择正确的时间，适时出击
自信心	主动接受挑战，愿意承担更多的责任
	镇定自若地面对压力和挑战
	乐观地判断问题

在组织实施 360 度评估时，务必做到匿名答题。如果交给第三方组织实施，匿名性更有保障；如果由公司的人力资源部负责实施，则务必确保任何一

个评价者的答题数据不被泄露。如果是普查，可由人力资源部根据汇报关系和工作关系确定评价者名单，每位管理者的直接下属参与评价。如果是抽样调研，也可以让被评价者自己邀请评价者。

第二，常模参照技术对360度评估结果的准确性影响巨大。通常采用50百分位或平均值作为常模参照，但是我们在应用5点评分时，按照中国人的习惯，一般打1、2分意味着在该行为上的表现非常差，3分表示较差，4分表示良好，5分属于卓越。因此，得分处于50百分位属于待发展的素质，75百分位属于优秀水平，90百分位才算卓越水平。

如果以50百分位为参照标准，管理者拿到自己的报告，一看到自己某项能力的得分超过了50百分位，就认为是自己的优势，这会与实际情况相去甚远。

计算常模的数据来源也非常重要，如果以本公司管理者的360度评估数据为基础计算平均数和标准差（常模），得出的领导力水平高低也仅限于公司内。如果借助第三方公司，以国内管理者的数据常模或者国际管理者的数据常模为参照，得出的领导力水平高低则更具有广泛性。

第三，360度评估报告的解读与应用。由于360度评估属于问卷调研，虽然表面效度比较高，但是由于各方面的误差存在，可以参照360度评估推断领导力水平的高低，但不可把360度评估结果直接应用于公式得出领导力水平高低。

根据禾思咨询的研究，考虑到360度评估中评价者之间的误差，也就是说即使存在很多偏差，但如果有一项素质的得分超过90百分位，其领导力水平已达到优秀水平，成为卓越领导者的可能性有50%以上；如果没有一项素质的得分超过90百分位，即使有很多项素质的得分超过了75百分位，其领导力水平也为一般水平，其成为卓越领导者的可能性不足30%。

员工敬业度调研

领导力的作用是通过团队实现的，所带团队的氛围状况、团队成员的敬业度状况直接反映管理者的领导力水平。卓越管理者与一般管理者的显著区别之一是，卓越管理者非常善于打造具有战斗力的团队。在进行人才盘点时，所管辖团队的员工敬业度状况不仅反映管理者的领导能力，还是进行组织盘点时，反映组织状况的重要指标。

1935 年勒温首次提出组织气氛的概念，1996 年哈特提出组织氛围的六个维度，盖洛普公司在 20 世纪末基于对卓越班组的研究，提出了卓越班组的 12 个问题（Q12）。

对于团队氛围的调研，常见的调研工具有盖洛普的 Q12，光辉合益的组织氛围调研（OCS），以及禾思咨询的团队氛围调研（Team Climate Survey，TCS）。

盖洛普 Q12 员工敬业度调研介绍

美国盖洛普根据民意调查研究，提出了"优势理论曲线"，认为一个企业最终制胜的关键不在于它的硬件投资，而在于它的软件管理，即服务和人才管理。服务又可分为两个方面：一方面是为客户服务，指用户的忠诚度和用户的满意度管理；另一方面是企业内部服务，团队或班组管理和员工敬业度。

班组或团队管理的本质在于测量，盖洛普认为"没有测量就没有管理"，如果不知道员工怎么敬业，就不知道怎么管好团队；尤其强调了一线经理的责任，认为员工敬不敬业的责任全在于团队经理。为此，盖洛普建立了员工自我评测的敬业指标体系：Q12。这套指标体系的核心理念是人本理论和优势理论，认为要想把人管好，首先要选对人，把人用对，然后给他创造环境，发挥他的优势，这是管人的根本。Q12 就是 12 个问题，使用 5 点评分进行评测，统计团队成员在每道题上选"5"分的平均比例，作为敬业度指标。

- Q01：我知道公司对我的工作要求。
- Q02：我有做好我的工作所需要的材料和设备。
- Q03：在工作中我每天都有机会做我最擅长做的事。
- Q04：在过去的七天里，我因工作出色受到表扬。

- Q05：我觉得我的主管或同事关心我的个人情况。

- Q06：工作单位有人鼓励我的发展。

- Q07：在工作中，我觉得我的意见受到重视。

- Q08：公司的使命目标使我觉得我的工作很重要。

- Q09：我的同事致力于高质量的工作。

- Q10：我在工作单位有一个最要好的朋友。

- Q11：在过去的六个月内工作单位有人和我谈及我的进步。

- Q12：过去一年里我在工作中有机会学习和成长。

盖洛普 Q12 员工敬业度调研指标是面向基层团队、全员参与的调研，不仅与组织绩效挂钩，还与管理者的团队管理能力挂钩。联想集团进行组织与人才盘点时，连续使用盖洛普 Q12 调研达十年之久，对提升基层管理者的水平起到巨大推动作用。这套敬业度指标体系最大的特点是简明扼要、重点突出，且易于落地，把复杂的团队管理行为化。

团队氛围调研介绍

禾思咨询根据自己的企业咨询实践经验，历时十多年的时间，积累了数万名管理者的团队数据，开发了团队氛围调研介绍（TCS）。它包括两大部分：员工敬业度调研和团队氛围调研，与 Q12 不同的是，员工敬业度是直接测量的。敬业是员工对组织的一种心理承诺，有情感上的承诺，是员工对组织重视、满意和信任的程度；也有理性上的承诺，是员工认为留在组织中是他们自己的兴趣；还有对组织责任的承诺，是员工愿意付出超越职责的努力。

基于统计分析，员工敬业度与满意、信心、留任、推荐和投入五个方面的相关度最高，从这五个方面可以直接测量员工的敬业状态。

- 我对在这家公司里工作感到满意。

- 我愿意为这家公司付出额外的努力。

- 我从未有过离开公司的想法。

- 我会引荐或介绍其他人到公司来工作。

- 我对公司实现其战略目标充满信心。

团队氛围（team climate）是指在管理环境中，员工对一些事件、活动以及那些可能会受到奖励、支持和期望的行为的认识。任何公司若想在本行业保持竞争的锐气，首先必须创立健康的团队氛围，使每一名员工能尽其所能做好工作或为客户服务。在完成工作目标的过程中，员工的实际表现往往与内在潜力之间存在着一定差距。这一差距产生的原因在于团队氛围对员工主动性和积极性的影响。积极的团队氛围会鼓励和促进员工努力工作，而消极的团队氛围会打击员工的主动性。禾思咨询综合以往的研究，认为具有战斗力、士气高昂的团队具有以下特点。

- 明确性：工作是明确的，员工知道自己工作的使命和价值，了解自己应该达成的目标，工作开展得到上级有效的资源支持，部门内部的流程顺畅，没有人为的阻碍。

- 绩效导向：团队整体是绩效导向的，大家都愿意挑战高目标，且不断追求将工作做好，做得好能够获得更多收入和发展机会，而做得不好则会体验到压力和紧迫感。

- 责任性：在工作分工和任务开展上，每个人都能做自己擅长的事情，并且有充足的权限去开展相关工作，犯错不怕被批评，能够得到关于工作情况的及时反馈。

- 激励性：团队成员被充分激励，包括得到上级的真诚尊重，表现好会得到正向反馈，并且团队领导不把成员当作工具，而是真心关注成员的情况，建立情感链接。

- 发展性：员工不仅仅是被要求完成任务，更能看到自己成长的前景，能得到上级的鼓励和辅导，并且有机会在工作中锻炼和提升自己。

- 团队承诺：团队成员之间相互信任和支持，而不是相互拆台，大家愿意为了团队共同的目标而投身工作，奉献自己的力量。

团队氛围本质上是员工心理上的一种落差，TCS 直接测量员工对团队氛围理想状态的需求，以及员工对当前团队氛围的感受，然后求其中的差距，根据差距的大小，得出五种天气状况：晴天、多云、阴天、雨天、雷雨天。雷雨天表示最差的团队氛围，晴天表示积极、士气高昂的团队氛围（见表 4-8、图 4-5）。

表 4-8　团队氛围调研试题样例

	当前状况						
2. 在我所在的单位里，同事不清楚对他们的绩效期望	○	○	○	○	○	○	在我所在的单位里，同事都很清楚对他们的绩效期望
	○	○	○	○	○	○	
	期望的理想状况						

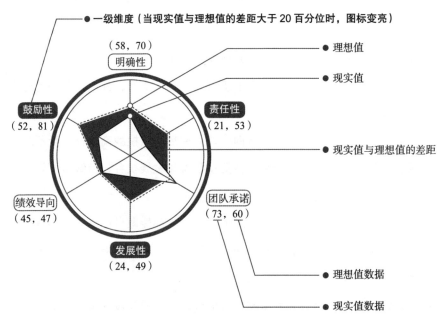

图 4-5　团队氛围报告样例

报告的雷达图中，最内圈的白色区域为团队员工对现状感受的评价（括号中的第一个数）；图中虚线是对未来理想状况的期望（括号中的第二个数），色块区域即现状与理想状况之间的差距。

领导风格调研

国内某知名 IT 企业的一位主管服务的副总裁成就动机强，且具有很强的战略洞察力和影响力，为人正直，具有成为一名优秀领导者所具有的绝大部分特质。但是在刚上任的两年里，下属核心班子成员纷纷离职，就连支持服务业务的人力资源总监也因为忍受不了该副总裁而辞职了。随之而来的是业务的下滑和员工服务品质的下降。经过领导力测评发现，主要问题出在该副总裁的领导方式上，不管下属是谁，不管面对什么样的任务，他都使用指令式的领导方式，要求下属无条件服从自己的指令，且对下属的工作过程进行详细的监控。导致的结果就是，下属觉得自己得不到尊重，也感受不到认可。

对领导力的研究中，领导风格理论一直是重要组成部分。对领导方式的关注起源于 20 世纪 30 年代，库尔特·勒温对领导力特质的研究转向对"领导所处不同环境的研究"。在 20 世纪 50 年代逐渐形成了占据统治地位的领导情景理论，同时开启了对领导过程的研究。对于研究领导风格的价值，菲德勒（Fiedler，1958）有一个重要的观点：领导者的有效性取决于团队或组织的结构特性和形势的发展，其中包括领导者和追随者之间的相互认识。

随着研究的深入，出现了民主型、愿景型、领跑型等领导风格，创新型组织需要民主型和愿景型领导风格，处在变革时期的组织需要愿景型和领跑型领导风格。灵活使用多种领导风格容易建立个人的领导魅力。研究发现，卓越领导者虽然都有其固有的领导特点，但他们都非常善于在不同情景下采取恰当的领导方式。每种领导风格都受不同的领导特质驱使。如果分开来看，每一种领导风格都会对组织、部门或者团队的氛围产生直接且独特的影响，并最终影响其财务业绩。高效的领导者并不是仅依靠一种领导风格，他们会因时制宜，灵活采用多种领导风格。

在人才盘点中，领导风格调研是对领导力水平高低的有效测量，尤其是创新型组织或处于变革时期的组织的人才盘点。

领导风格调研介绍

以心理学家戈尔曼的研究为理论基础，参考了其他多种领导风格理论，在过往大量的咨询经验和测评数据分析的基础上，禾思咨询设计了领导风格调研问卷，按照三个维度——对生产的关心、对人的关心以及管理理念的不同（基于目标还是基于价值），把领导风格分为六种类型：指令型、领跑型、亲和型、民主型、愿景型和教练型。六种领导风格并不是完全独立存在，任何领导者都有自己独特的、整体的领导风格，而不是一种或几种风格的简单组合，这种划分只是为了更好地帮助领导者认识自己在领导过程中的行为倾向。

- 指令型：采用指令的方式要求员工无条件服从，表述直接强势，并且会对员工的工作进展进行严密的监控，通过指出不服从命令的不良后果来警告员工，以确保任务的达成，有时带有一定的强迫性。

- 领跑型：对工作成果高标准、严要求，往往具有很强的专业能力，在团队中经常身先士卒、以身示范，如果时间紧急，或者下属不能按照要求完成任务，则会采取亲自动手的方式来达成目标。

- 愿景型：以实际行动展现对组织目标和价值观的认同，为员工指出组织目标对个人的意义和要求，建立组织与员工的共同愿景，并积极引进新的观念，引导员工思考组织未来可能的挑战。

- 民主型：尊重员工的意见，以开放的心态邀请员工参与决策，营造畅所欲言的沟通环境和分享与合作的团队氛围，相信下属具有把事情办好的能力，授权下属自由处理问题。

- 教练型：注重人才的培养和发展，鼓励下属的学习和成长，根据员工的优势和不足进行反馈与辅导，通过询问引导下属自主思考，为下属创造学习和发展的机会，帮助每一个员工达到其最佳水平。

- 亲和型：关心下属的情绪感受和需求，通过及时的表扬或奖励表达对下

属的认可，建立相互的亲密感，通过团队活动等形式营造友好、和谐的
团队氛围，增强员工对团队的归属感。

　　评价时会邀请管理者的多名下属与管理者本人，以 6 点评分量表进行评价
（见图 4-6）。将评价结果与常模数据进行比较，就可以得到领导风格的类型，
以及认知上的差异。

我的上级经常先行一步，引进新观念、新方法						
非常不符合	○	●	○	○	○	○	非常符合
我的上级小心维护下属的自尊						
非常不符合	○	○	●	○	○	○	非常符合

图 4-6　领导风格调研问卷样例

　　领导风格调研结果包含管理者自己眼中的自己，以及下属眼中的自己。在
人才盘点中，主要使用下属的评价结果，因为只有下属观察和感受到的行为，
才是真正有效的行为。每种风格根据其百分位得分，分为三个级别：0 ～ 50
百分位属于不显著的风格；50 ～ 65 百分位属于辅助型风格；65 百分位以上
属于主导风格（见图 4-7）。

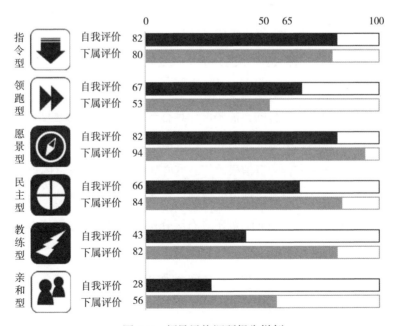

图 4-7　领导风格调研报告样例

情景模拟技术

　　情景模拟指创设一系列逼真的模拟管理系统或工作场景，投射出相应岗位所需要的特质，然后将参与者纳入该环境系统中，使其完成该环境系统对应的各种任务，如主持会议、处理困难的人际难题、进行决策等。在这个过程中，评价者观察和分析参与者在模拟的各种情景压力下的心理和行为表现。常见的情景模拟技术有：无领导小组讨论、案例分析、角色扮演和邮件模拟等。

　　情景模拟技术的特点是效度和准确性高，但是开发难度大，且对评价者的要求高。这项测评技术主要应用于中基层岗位的人才盘点，一般由人力资源部的测评专家或外部专业测评顾问主导实施。情景模拟试题的设计，即测评内容要与工作相关，遵循公正客观的原则，把公司和目标岗位要求的能力、思维方式融入试题中。

无领导小组讨论

　　无领导小组讨论是指若干人员组成一个临时工作小组，讨论给定的问题，并做出决策的活动。考官根据小组成员在讨论过程中的行为表现进行打分与评价。由于活动的总体时间是固定的，给予每个人真正表现自己的时间比较短，很难择优，但是可以进行劣汰。

　　为了达到快速劣汰的目的，需要设计具有一定思维难度的题目，像一些简单的排列组合决策题、两难决策题等，则价值不大。应用无领导小组讨论评价人的追求卓越、与人为善、自信果敢等态度方面的素质，则非常困难。现在很多人都参加过无领导小组讨论评价的培训，一些团队合作方面的行为、组织管理方面的行为（比如管理时间），则不具有区分意义。建议以思维能力、影响他人的能力为目标，进行聚焦评价。

　　在设计题目时，要以解决具体业务问题为主题，比如制订某个地域市场的营销计划、某个业务部门的年度规划以及新市场的拓展计划等。具体问题的设计包括以下信息：模拟的公司背景介绍、产品服务、行业及竞争对手、目标区域市场情况、相关经营或运营方面的政策等。

组织方面也需要精心设计，务必让每位参与者都有发表自己观点的时间。此外，建议有一个汇报的环节，汇报代表由小组讨论推荐。表 4-9 是无领导小组讨论流程样例。

表 4-9　无领导小组讨论流程样例

	参与者	考官
准备阶段（约 30 分钟）	• 阅读材料（测评室外，25 分钟）	• 主考官对评价要点进行说明 • 考官熟悉测评题目
	• 进入测评室，使用白纸书写自己的桌牌，并置于桌面；继续阅读任务材料和个人准备（测评室内，5 分钟）	• 主考官宣读无领导小组讨论规则
实施阶段（约 55 分钟）	• 陈述个人观点（每人 2 分钟，共 16 分钟） • 团队自由讨论（30 分钟） • 每个小组选派一名代表，进行口头汇报（4 分钟）	• 观察参与者的现场表现（汇报前 5 分钟进行提醒）
	• 小组成员回答考官提问（5 分钟）	• 考官对汇报内容及现场表现进行提问
总结阶段（约 10 分钟）	• 离场	• 内部讨论，对参与者进行打分与评价（10 分钟）

角色扮演

角色扮演就是设计一系列尖锐的人际矛盾与人际冲突，要求参与者扮演某一角色并进入角色情境去处理各种问题和矛盾。角色扮演通常模拟工作中与上下级、客户等互动交流的典型情景，可测量多项素质。

在人才盘点中，角色扮演主要应用于一些关键岗位（中高层）的人员测评，其特点是模拟真实的场景，仿真度高，而且实际测试的时间比较短，可以灵活使用，比如结合述能会现场进行角色扮演。

角色扮演的试题设计不一定非常复杂，可以简单设置一个对话场景，但需要具有一定的难度。下面是一个角色扮演测评任务书（与下级谈话）。

你作为 ABC 公司的销售总监工作表现很好，昨天公司确定提升你为销售副总裁（首席营销官）。你手下的一名大区销售高级经理老李为你立下汗马功劳。你能升职，他功不可没。你表达过老李是你的接班人，但是你决定提升老贾为销售总监，且公司已经通过决议。老李的团队销售业绩突出，是销售明星，但是他与其他大区高级经理的关系很僵，主要原因是他的合作精神差。老贾的团队销售业绩不如老李，但老贾的领导能力强。你今天要赶飞机出国开会，你有20分钟的时间跟老李谈话。你下次见到老李是一个月后。

进行角色扮演时，为了确保公平公正，测评师需要依据脚本去演，要把问题以及问题的回答标准化，评分时关注关键行为，按照提前设定好的行为打分表打分，避免受个人喜好和光环效应的影响。

案例分析

案例分析就是让参与者阅读一些关于组织中的问题的材料，然后让参与者提供一系列的分析建议，向上级汇报自己的分析报告并回答上级的一系列问题。案例分析主要考查参与者的思维能力，特点是操作比较灵活，在人才盘点中可以与述能会搭配使用，评价方式也比较简单，由参与者提供一份书面报告或进行一对一口头汇报。

在案例分析中需要特别注意的是，关注参与者的思考过程和思维模式，而非具体的结果（规划报告）。

第 5 章

人才盘点的运营体系

当一家公司不顾一切地模仿最佳实践，强调流程、形式的正确性时，往往为其失败敲响了警钟——忽视、遗漏甚至误解了决定成败的更微妙、更有挑战性，也更重要的因素。

——诺埃尔·蒂奇

每年 4 ～ 5 月，"人才"这一概念在 GE 显得格外引人关注。人才盘点会议（Session C）作为一项年度公司级会议，在每年 4 ～ 5 月如期开展，紧随 Session Ⅰ（设定三年业务规划）和 Session Ⅱ（设定第二年业务目标）之后，既体现出公司对人才的重视，也让与会人感到无形的压力。Session C 的运营流程经过严密的设计：在会议开始前，采取书面化的、非常正式的方式对每位员工进行评估；并安排每位被盘点对象与自己的直接经理讨论个人发展计划，并拟定下一年度需要参加的培训。在 Session C 的讨论会议上，CEO 和高级人力资源副总裁会见每个业务单位的主管和人事主管。在长达 12 ～ 14 小时的紧张会议中，与会者充分展现自己的战略及人才洞察力，对业务单位有潜质的人才以及组织的优先目标做出评估，系统审视人力资源对业务目标与计划的支撑情况。

中国的某知名汽车零部件制造企业 B 也进行着一次人才盘点。虽然这是该公司的第一次人才盘点会议，对人才进行审查盘点也是 CEO 临时起意，但这对处于业务转型期的公司管理层确实是市场竞争环境下"不得不"的选择。对于新的管理工具，管理层展现出极高的开放度和学习意愿：素质模型打通了战略发展和人才要求之间的关系；专业的测评工具更是延展了管理者对下属认知的深度，帮管理者跳出日常工作的深井，从本质看人才。管理层的耿直在盘点会议上展现无遗，摒除了"本位主义"的管理者就事论事，直言不讳，对人才的评价虽偶有"跑偏"，但在外部顾问的引导下，讨论很快又回归到正确的方向。本着不放过一个人才，也决不允许"浑水摸鱼"的原则，会议结束后，管理层识别出一批支撑未来战略发展的高潜力人才，同时也意识到过往"唯业绩论"人才使用方式的问题。

对以上两家公司而言，虽然方式不同，但都通过人才盘点解决了企业发展遇到的问题。那么，对企业来讲，到底什么是适合自己的人才盘点模式呢？

影响盘点运营的几个因素

诺埃尔·蒂奇在《高管继任》一书中提出了"TPC 模型"，将影响企业人才决策的因素归结为技术因素（technology）、政治因素（polity）和文化因素（culture）。

作为一项新的管理工具，实施人才盘点需要新知识和技术的学习与积累。值得注意的是，对人才盘点的学习是一项组织行为，不仅 HR 本人，业务领导也需要有意识地训练提升自己的识人用人能力。在前面的案例中，GE 的管理层就展现出经过系统培养的人才洞察力，这一能力的组织内化将大大提升盘点的准确性和效率。

文化是一家企业与生俱来的基因，组织内部的行为风格是文化的体现。在前面的案例中，企业 B 的文化基因是简单直接，管理者在盘点会上可以直言不讳，充分发表对某个人才优劣势的意见。反过来想，如果一家企业的文化较为保守，那么如何确保盘点会现场的充分讨论？是强制与会者发言，还是由第三方主导盘点会?

不可否认,人才盘点是组织内所有流程中最有政治色彩的一项,人才决策意味着内部权力的分解和重新分配。人才盘点体系的设计者需要正视且小心拨动这根敏感的弦。

除此之外,企业的发展阶段、业务特性等因素都会对人才盘点体系起到不同程度的影响。

人才盘点的四种操作模式

在设计人才盘点模式的伊始,通常会以如下问题作为切入点。

- 我的公司为什么要进行人才盘点? 是为了在短期快速摸清情况,还是建立长期的用人机制?
- 本次盘点的利益相关者是谁? 是否需要业务管理者参加?
- 如果业务管理者参加盘点会,他们的人才评价能力能否满足盘点的需要? 是否需要外界手段进行支持?

基于多年人才盘点的实操经验,禾思咨询总结出四种人才盘点模式(见图 5-1)。企业要综合考虑盘点技术、组织文化、内部政治关系等因素,选择与组织发展阶段匹配的人才盘点模式。

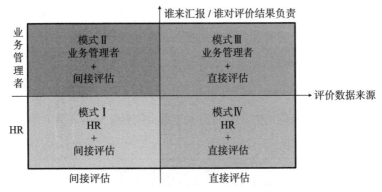

图 5-1 人才盘点的四种模式(基于禾思咨询的研究与实践)

模式 I 以 HR 为主导,对组织人才情况进行分析并形成盘点结果。这种盘点模式常使用在线测评工具获取数据，直接将盘点结果进行数据化分析。盘点运营涉及的人际关系相对简单，组织投入的工作量较小。但盘点结果对测评工具的准确度的依赖程度极高；同时由于业务部门没有参与到盘点过程中来，盘点过程的公平性和结果的可靠性存在被质疑的风险。因此，模式Ⅰ适用于被盘点人数较多，希望在宏观上对人员能力水平有所了解的组织。

模式Ⅱ以业务部门为主导，由直线上级结合工具的测评结果和被盘点对象的平时表现进行汇报，盘点出的人才与业务的契合度高。同时，在准备盘点的过程中，能够提升业务部门的识人用人和组织管理能力，统一组织内部的用人观，对组织具有战略级意义。这种模式的准备工作量较大，需要在盘点会前对直线上级进行多次培训和辅导。因此，模式Ⅱ适用于希望打通人才与业务的联系，通过人才梯队建设支撑业务发展的组织，且对公司高层的参与度有很高要求。

模式Ⅲ也是由业务部门主导，但组织已经将评价组织和人才的能力进行了内化，因此在盘点过程中不需要或者很少使用评估工具。这种模式通常作为一项常规的业务流程，在承接公司战略解码会的基础上，系统盘点组织和人才情况，是一项战略落地工具。需要注意的是，模式Ⅲ的固化不是一蹴而就的，通常从模式Ⅱ积累演化而来。

模式Ⅳ要求HR对业务和人有很深的理解，这种情况不常见，通常存在于规模较小的组织。

以上四种模式既有区别又有联系，需要注意的是，企业的人才盘点模式不是一成不变的，而是一直处于动态演进的过程中。对于一家盘点技术积累不足、内部文化保守、派系复杂的企业，一开始便采用模式Ⅲ显然不是一个好的选择。有些明智的企业会选择模式Ⅱ作为切入点，借助测评工具和外部机构的力量打造业务管理者识人用人的能力，同时为人才盘点流程化破冰并奠定基础。

盘点运营成功的关键

一个人才盘点项目的成功，不在于形式。富有讽刺意味的是，当一家公司不顾一切地模仿最佳实践，强调流程、形式的正确性时，往往为其失败敲响了警钟——忽视、遗漏甚至误解了决定成败的更微妙、更有挑战性，也更重要的因素。对于在人才盘点方面刚起步的中国企业，盲目照搬西方公司的经验通常很难取得成功。由于忽视了中国企业的文化特性和业务管理者的人才管理能力而造成的失败比比皆是。

在过往的经验中，我们发现，人才盘点项目成功的实质在于将人才盘点融入业务的运营体系中，关键还在于使人才盘点成为每一位管理者日常管理工作的一部分，培养管理者识人用人以及知人善任的管理意识，把对员工的选拔、评价和发展作为管理者必须具备的一项核心管理能力。

大道至简，在设计人才盘点体系或项目的伊始，我们建议参考以下原则，回归管理的本质。

第一，推进整个人才盘点流程的第一责任人是业务负责人，不是 HR。HR 只是方法和工具的提供者与促导者（facilitator）。

第二，不管是对组织结构的盘点决策，还是对关键岗位人才的盘点决策，始终把公司的利益放在第一位，而不是部门的利益。

第三，人才盘点是一项选择，需要做减法。人才评价的结果，例如高潜力人才的数量，要跟随后的发展资源投入相平衡。如果高潜力人才过多，而培养资源有限，将导致整个人才盘点活动的意义不大。

各成员的角色及分工

一项人才盘点工作涉及多类型成员，角色和分工不同，如表 5-1 所示。

表 5-1　人才盘点各成员角色及分工

职位	事业部级人才盘点	公司级人才盘点
CEO	• 监督者	**"公司级人才盘点的第一责任人"** • 完成对下属的评价 • 听取事业部负责人的人才盘点汇报 • 监督各部门落实盘点后的行动

（续）

职位	事业部级人才盘点	公司级人才盘点
公司总部 HR	• 事业部级盘点的支持者 • 制度、方法的解释者	**"公司级人才盘点的核心推动者"** • 制定人才盘点制度，提供人才盘点的方法与工具 • 解答人才盘点准备过程中的疑问 • 主持、促动人才盘点会 • 监督盘点后行动计划的执行情况
各事业部负责人	**"事业部级人才盘点的第一责任人"** • 完成对下属的评价 • 听取各部门负责人的人才盘点汇报 • 监督各部门落实盘点后的行动	**"公司级人才盘点的关键参与者"** • 完成对下属的评价 • 准备盘点会的汇报材料并汇报 • 跟踪、推动盘点后的行动计划实施
各事业部的 HR	**"事业部级人才盘点的核心推动者"** • 解答人才盘点准备过程中的疑问 • 主持、促动人才盘点会 • 监督盘点后行动计划的执行情况	• 协助事业部负责人完成事业部级人才盘点汇报材料的准备 • 跟踪、推动盘点后的行动计划实施
事业部下属部门负责人	**"事业部级人才盘点的关键参与者"** • 完成对下属的评价 • 准备盘点会的汇报材料并汇报 • 跟踪、推动盘点后的行动计划实施	• 作为被评价对象完成测评
基层经理	• 作为被评价对象完成测评 • 完成相关表格的填写	—

HR 作为人才盘点工作的主要推动者、监督者和理念宣贯者，工作中必须把握三个核心问题。

（1）**塑造客观公正的氛围**。客观公正的氛围是人才盘点工作发挥作用和意义的前提，盘点工作会涉及很多较为敏感的人事信息。HR 需要通过多种策略营造公正的氛围，让员工，特别是各层级管理人员正确看待人才盘点，做出客观的评价。

（2）**统一人才观和用人文化建设**。通过统一的人才标准，使组织上下都重视人才，而且能更全面地看待人才。在看待人才时，不是光看业绩，还要看到其他软性的能力。在组织内形成统一的"人才语言"，打破"论资排辈"和"地方保护主义"。

（3）**赋能管理者**。盘点的一个目的是通过人才盘点会汇报的形式，帮助管理者理清管理思路，逐步建立起组织管理和人才管理能力。在整个盘点工作中，关注的重点应放在传导"战略－组织－人才"的管理理念上，明确地向各级管理者传达人才盘点不是一项任务，而是支撑组织战略的重要手段和方法。

人才盘点操作流程

人才盘点的一个完整流程共分为三个阶段进行：①准备阶段，包括对人才盘点的整体规划和时间安排，人才盘点资料的设计和准备；②召开人才盘点会；③后期的结果跟进。

不同的组织在实施人才盘点时受不同的因素影响，造成人才盘点的运营形式千变万化，各不相同（见表5-2）。

表 5-2　各人才盘点模式的操作要点

操作要点	模式 I	模式 II	模式 III	模式IV
确认评价标准	√	√	√	√
设计盘点流程及工具表格	√	√	√	√
召开沟通说明会		√	√	
收集评价结果	√	√		
指导各个部门或分子公司填写表格和准备资料		√	√	
召开人才盘点会	√	√	√	√
后续跟进	√	√	√	√

在以上几种模式中，模式 II 的操作最为复杂，也是目前国内企业采用最多的模式。鉴于此，下面将以模式 II 为例，给出一套中国企业的人才盘点模式，供各位读者参考。

准备人才盘点

实施人才盘点前需要做好四个方面的准备工作。

首先是确认评价标准并收集评价结果。每个组织都有对于领导者的评价标准，这个标准可能就是领导力素质模型，也有可能在此基础上增加其他维度的评价指标。比如，长安汽车以本公司的领导力模型（CL1824）为标准，对干部梯队进行逐层评价。越秀地产则使用能力和绩效两个维度评价管理者。在联想集团，组织通过绩效和岗位经验评价共同形成对管理者潜力的评价。不同的公司选择的评价维度有所不同。统一能力评价的标准更容易识别和发展企业中的人才。

其次是设计一套简单有效的盘点流程和工具表格用于盘点会。这套表格应该足够简洁，直观且便于讨论。对中国企业而言，使用的表格通常包括：

- 组织现状分析。
- 目前的组织结构与岗位分工。
- 关键岗位的人岗匹配度分析。
- 每个被盘点对象的个人发展档案。
- 人才九宫格。
- 部门被盘点对象的强制排序。
- 继任计划树图。
- 未来 6 ～ 12 个月的行动计划。

再次，在准备阶段至少还必须完成一项工作，即沟通说明会。资料的准备工作并不是一件容易的事情，尤其对于各个业务部门来说，很多时候收集的信息或资料有效性可能会不高，需要反复检查和修改。因此，在正式人才盘点会开始之前，有必要向各业务负责人传递和说明人才盘点工作的意义与要求，争取他们对人才盘点工作的支持。在沟通说明会上，说明得越充分，就越能减少后续推广的压力。这项工作一般由 HR 主导完成，他们在各自所支持的事业单元与管理者就框架和细节进行沟通与说明。优秀的 HR 会根据每个部门的现状提供操作建议，这是体现 HR 的价值之处。

最后是 HR 指导各个部门或分子公司填写表格和准备资料。对于 HR 来说，设计表格并不难，困难的是填写内容，因为大多数内容需要由各级管理者提供，并且需要和他们的上级确认。

以上四个方面涉及很多具体的工作，我们选择了较为重要的六项内容介绍给读者。

准备工作一：召开沟通说明会

为了使人才盘点能够更加顺利，寻求其他部门的支持和配合是必不可少的。召开人才盘点项目沟通说明会（启动会）意味着盘点工作的正式开始，另外更为重要的是传达人才盘点工作的重要性和战略性。通过人才盘点第一责任人 CEO 的宣贯来建立整个盘点工作的基调，显示其重要性和严肃性，加强各级人员对人才盘点工作的重视。

在沟通说明会上，我们要和人力资源部或其他相关部门沟通以下问题。

- 人才盘点的工作目标是什么？这一目标是如何与我们组织或集团的战略目标保持一致的？
- 从短期和长期两个角度来看，人才盘点项目是如何影响他们的业务单元或区域的？
- 他们将在整个项目中扮演什么样的角色？我们期望从他们那里得到怎样的支持和帮助？
- 他们会在整个项目中花费多少时间？这个项目会安排在什么时间段，给他们增加多少工作量？
- 他们期望从这个项目中得到一个什么样的结果？
- 整个项目的进度和时间安排是什么样的？

在做好沟通的基础上，还要有一些书面材料和工具的准备。比如，对于人力资源部门来说，尤其是一些分子公司的人力资源经理，他们是真正操作和实施人才盘点的关键推动力量，为保证一线人力资源经理能够完全贯彻执行人才盘点的一些要求，还需要一些制度文件去落实。实践中，针对一线的人力资源经理和一线的管理者，需要准备好指导手册，并指定专人及时地去跟踪和协助一线管理者，避免因为信息沟通的不及时，导致项目延期或没有达到预期的目的。

准备工作二：填写员工发展档案

人才盘点需要设计一张汇集员工基本信息、绩效、能力评价和发展规划等信息的综合表格，统称为员工发展档案。一般而言，员工发展档案主要包括个人基本信息、上级对下级的评价、个人发展计划三个部分（见表 5-3）。

表 5-3 员工发展档案示例

个人发展档案（基本信息表）				

个人基本信息				
照片	姓名		部门	
	岗位名称		职级	
	直接上级		隔级上级	
人才盘点评定等级				

工作经验		
时间	部门	职位

业绩 / 能力 / 潜力评价结果				
近三年业绩	2014 年	2015 年	2016 年	总体评价
KPI 完成情况	100	85	90	中
团队氛围	雷雨天			
360 领导力素质评估	战略思维	团队领导	勇于担当	总体评价
	优秀	待提升	合格	合格
	与人为善	追求卓越		
	优秀	合格		
潜质	高潜质		低潜质	
	开放性、创新性、洞察力、好奇心		自知性、影响性	
性格风险	幻想、戏剧化、自大			
离职风险	中			
对部门业务的影响	高			
可否在公司内异地调动	是			

个人发展档案（个人发展计划）	

对优势项的行为描述（填写最重要的 3 项）	
素质名称	行为描述
战略思维	喜欢新奇的东西，经常给出一些新主意。工作思路比较灵活。善于改进检讨自己，调整很快，可塑性很强
与人为善	处理事情比较透明、公正。讲话比较直接，给下属提出的要求和制定的规则，能够做到以身作则

对待发展项的行为描述（填写最重要的 3 项）	
素质名称	行为描述
团队领导	对团队的管理，还是以抓任务为主，很少花时间思考团队士气问题。在人员的安置上也欠妥，团队里有 2 ～ 3 人的优势发挥不出来，跟他提过几次，至今也没有解决。在管理方式上，喜欢指派，批评多于鼓励

（续）

个人发展计划				
发展目标	行动	完成时间	责任人	备注
强化创新能力	安排与国外企业交流的机会	年底	张鹏	
提升团队意识	每月定期与 2 ～ 3 位下属谈心，建立部门正向激励机制 分管领导定期与其谈心，提升其团队意识和团队管理能力，每月 1 次	每月	朱文 张鹏	

（1）个人基本信息。个人基本信息通常包括任职部门、岗位、工作经历、职业规划等，相关内容可由盘点汇报人和下属员工沟通后完成填写。有 ERP 系统的公司，其中部分信息可以跟系统对接，减少填表的工作量。

（2）上级对下级的评价。上级对下级的评价通常包括业绩、能力或潜力的评价，离职风险评价，对部门业务的影响评价，可否在公司内部调动等，相关内容由上级领导（盘点汇报人）对直接下属进行评价后填写。

在完成评价之前，我们建议上级经理与每一位被评价员工进行当面沟通，在了解每位员工的实际情况和真实想法后完成上级评价表的填写工作。上级可以通过询问员工以下问题了解员工的真实想法和未来职业发展意愿等，有助于上级对员工做出更加准确的判断和评价。

- 目前所从事的工作中，你最喜欢哪个部分？
- 目前所从事的工作中，你最不喜欢哪个部分？
- 回想一下你做得最好的或你认为贡献最大的一份工作，是什么让你做得最好？
- 如何描述你对现在职位的满意度和愉快度？
- 在本部门和其他职能部门的岗位中，你最感兴趣的职业发展机会是什么？
- 是否有特别不适合你的能力、天赋和兴趣的职业发展形势？
- 你对怎样的潜在职业通道感兴趣？

- 在这些潜在的职位中你可以贡献怎样的能力和价值？

- 你认为自己需要具备怎样的工作经历、教育经历和（或）特质才能胜任这些潜在职位？

- 什么项目或新工作职责能够激发你的兴趣？

- 你对怎样的发展或培训机会感兴趣？这些如何促进你现在及将来的表现？

- 你对领导职位或管理员工感兴趣吗？

- 你认为自己现在及将来的重新定位的能力是什么？你会（或不会）转入哪些领域，还是你将面向所有领域？

- 如果有机会的话，你是否对全球作业感兴趣？

- 关于你的职业发展兴趣还有其他补充吗？

对下属进行评价的过程是人才盘点会前的核心内容，这一过程的有效性取决于管理者在日常工作中投入了多少时间关注下属的成长，如果仅仅期望通过一两天的思考来完成评价，显然是不准确的，我们相信此时的评价语也是苍白的。在这个阶段，管理者需要对以下维度做出判断。

1）能力评价。能力评价的目的是上级识别下属员工个人能力的优势和待发展的维度，然后把个人放到组织当中，分析个人能力与组织需求的匹配度。能力评价一方面可以帮助员工和管理者从更加客观的角度全面地诊断该员工的优势和能力发展空间，提升管理者识人用人的水平，另一方面也可以为下一步召开的人才盘点会收集用于讨论和论证的客观证据。能力评价的范围一般是指员工对现任岗位的胜任力情况，包含领导力、专业知识和技能、工作态度和行为等。

对管理人员来说，一般倾向于对其领导力进行评价，而对专业人员来说，倾向于对专业知识和技能的评价。

能力评价的方法有多种，例如述能会、案例分析、角色扮演、无领导小组讨论、认知能力测验、性格测验、领导风格测验、组织氛围测验、360度访谈以及360度问卷测评等。

虽然测评工具可以提供能力评价的参考，但需要明确的是，能力评价的最终结果还是由员工的直接上级提供的，人力资源部门在整个过程中更多的是提供统一的能力评价标准和等级，尽量保证每一位管理者评价员工的标准和等级是一致的。

2）业绩评价。业绩指标一般来说都是较为客观的，以被评价员工近三年的 KPI 和 PI 指标为依据，由上级领导对其业绩指标进行评价。业绩标准通常分为以下三级。

- 不合格：未达到预期的要求。
- 合格：持续地满足业绩要求，有时候超越预期目标。
- 优秀：持续的高业绩创造者，超越要求并远胜目标。

该数据通常由人力资源部门提供。

3）判断潜力。潜力也称为成长因素，是指在人的职业发展早期就能够被识别的，且在各种情景下都表现出来的特质。这些特质随着职位层级的提升越来越发挥着根本性的作用，这些因素往往很难被培养，因此是识别高潜力人才中的关键因子。人力资源部门的角色是提供评价成长因素高低的标准以及等级。

为了更好地判断下属的潜力水平，管理者可以通过询问以下问题思考员工的可成长性。

- 是否总是寻求挑战性工作？（成就动机）
- 是否能快速胜任新岗位或者任务要求？（学习能力）
- 是否总是有新点子，并主动分享？是否积极推动想法实现？（学习能力）
- 是否能够一针见血地看透问题本质？（跨界思维）
- 是否经常跳出画面看画、前瞻思考规划？（跨界思维）
- 是否能够很好地控制自己的情绪？（人际影响）
- 是否总能在工作中找到双赢的解决方法？（人际影响）
- 是否比别人更善于获得他人支持？（人际影响）
- 对他的进一步发展，你最担心的方面是什么？

4）确认九宫格（业绩、能力、潜力）中的位置。上级对下属的业绩和能力做出评价后，结果将体现在九宫格对应的格子中（此部分内容的具体阐述详见第 3 章相关部分）。

5）判断下属的优势项和待发展项。为了便于在人才盘点会阶段对候选人有更加深入的认识和讨论，作为其上级，还要判断出下属的优势项和待发展项有哪些，并进行具体的行为描述。值得注意的一点是，判断下属的优势项和待发展项需要结合能力评价的标准（常用的标准一般为企业领导力模型），优先从现职位或目标职位的核心素质项中，选择 1～2 个最重要的优势项和待发展项，并进行行为描述。

行为描述的方法要求按照 STAR 原则描述行为。

S = 所处的情景（situation），"在……情况下"。

T = 完成的任务（task），"处理的任务……"。

A = 行动（action），"采取了……行动"。

R = 结果（result），"导致 / 取得的结果……"。

比如"他不善于辅导下属"就是一种错误的描述方式。正确的描述方式应为：当下属无法完成一项工作时，他常常会把工作拿过来自己做，结果下属得不到成长。

6）其他需要上级判断的信息。

离职风险：由上级评估该员工离职的可能性有多大。

对部门业务的影响：由上级评估该员工如果离职，会对部门业务运行造成多大的影响。

可否在公司内部调动：由上级确认该员工可否在公司内部进行调动。

（3）个人发展计划。在对下属的能力特点有深入认识的基础上，上级可以跟下属讨论共同制订针对未来的能力提升计划。能力提升计划通常为期 6～12 个月，考虑到时间、精力、资源等因素的限制，同时发展的能力不超过 3 项。下属需要跟上级沟通，选择在当时时点下最迫切需要提升的能力，比如，对于一位刚上任 1 个月的部门管理者，通常应该将更多的精力投入到团队管理能力的提升上，而非变革创新能力的提升上。同时，计划制订需要符合 SMART 原则，即行动计划应该是目标明确的、可衡量的、可实现的、有关联的、有时间要求的。

准备工作三：提前思考岗位继任计划

继任计划（succession planning）是通过识别、有计划地培养人才以及内部提升的方式系统有效地获取组织人力资源的方法，它对公司的持续发展有至关重要的意义。继任计划的继任对象一般包括两个层级：对于高层和中层的管理岗位，均需要建立相应岗位的继任计划；对于基层管理岗位，可选择其中的关键岗位建立继任计划。

制订继任计划首先要以对下级的评价结果为依据，把高潜力的人才作为首选的继任者候选人。

其次，在制订继任计划时，还要考虑继任周期。继任周期实际上也是对候选人继任水平的判断标准，继任周期划分为三个标准：已经准备好的、1 年内准备好的、1 ～ 3 年准备好的。这一标准也是指该员工继任某一岗位的成熟度以及目前其具备的经验地图情况。

再次，在确定候选人时，除了能力要求之外，还要考虑未来组织战略发展的需要。

最后，根据上述标准构建整个组织的继任计划图（见图 5-2）。在制订继任计划时，也可以跨越组织边界思考候选人。

管理者可以通过思考以下问题，对关键岗位的继任人选有更加全面的了解，从而做出更有效的判断。

- 思考公司未来 3 ～ 5 年的组织战略要求是什么，列出对该岗位将有哪些新的要求？
- 从符合岗位特点的角度思考，列出该岗位的能力素质要求中最关键的有哪几项？
- 列出有哪几个高潜力人才能够达到该岗位的能力素质要求？

- 高潜力人才的职业经历、工作经验是否与该岗位相匹配？

- 高潜力人才的行为风格是否符合公司文化的要求？

- 这些高潜力人才中的哪些人是已经准备好的，哪些是几年后才能接替该岗位的工作？

- 评估目前继任计划中的候选人，还有哪些方面与岗位要求存在差距？

- 目前继任计划中的候选人，其职业发展的意愿是什么？

- 如果该岗位目前没有合适的继任者，是从内部培养还是从外部招聘？

- 对于存在差距或没有准备好的候选人，应该如何制订有针对性的发展计划？

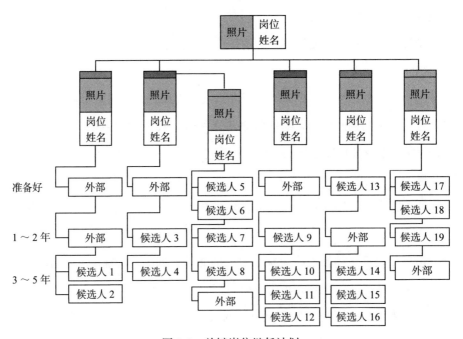

图 5-2　关键岗位继任计划

岗位经验是另外一个非常重要的因素，如果说潜力评价的结果决定了一个人是否拥有成为 CEO 的特质的话，那么岗位经验则决定了这个人什么时候才能成为 CEO。联想集团在 2009 年遍访了公司全球的高级副总裁，把这些人的岗位经验归纳为 9 类，如新市场的开拓，对某个产品或业务承担最终损益的责任，国际外派和多职能轮岗等。这些经验已经成为一个联想人从基层成长为高层必须有的历练，并纳入到每个人的个人发展计划中。我们把员工在过去的某一段工作经历中所累积的工作经验类型，或者是曾经参与过的各种管理情境统称为经验地图。创新领导力中心（creative leadership center，CCL）通过调研发现，驱动中国企业家领导力发展的主要有七项关键经历（见表 5-4）。

表 5-4　驱动中国企业家领导力发展的七项关键经历

事件	重要度	事件描述
扭转局面	33%	这类事件一般是指管理者临危受命，扭转困难的局势，并最终取得成功。典型的困境主要包括：市场份额直线下降，销售业绩低迷，需要优化操作流程，遇到技术挑战，受挫的客户关系和团队士气低落
错误和失败	27%	这类事件主要是指管理者从自己或其他同事在工作上所犯的错误中学习、进步。在有些情况下，这些错误会直接导致设定的目标无法达成，这类事件的例子包括：技术上的错误，处理员工时所犯的错误，由于缺乏经验而犯的错误等
职位扩展和升职	22%	这类事件主要是指管理者在技术或管理方面承担的责任明显增大，例如管理额外的项目，因为升职而管理更多的员工，提拔到管理岗位以及在其他职能方面被授予更多的责任
新任务	20%	这类事件主要是指管理者发起或参与创新，或者开展新业务，例如开发新产品、体制或服务，将业务扩展到新市场，引进吸引并留住客户的新方法
早期经历	18%	这类事件主要是指管理者早期的职业或生活经历，例如早期的学徒经历，早期从事的较低层次的工作，做技术人员的经历及早期的家庭教育
组织变革	18%	这类事件主要是指管理者积极参与或被动接受组织的变革。这些变革主要发生在中国进行经济改革、走市场化路线的背景下，组织从国有性质转变为私有的过渡时期。管理者也从并购、公司上市、部门或分公司体制改革等事件中学到了很多
典范人物	18%	这类事件主要是指管理者以他人为典范，受他人行为的影响。典型的典范人物是管理者的直接上司，也可以是管理者的朋友、父母和公司的 CEO

　　缺乏必要的工作经验类型更容易阻碍高潜力的员工获得相应职位的晋升。对于任何一家企业来说，都不愿意把某一重要任务交给一名没有相关经验的员工去冒险，相同条件下，有该岗位相关工作经验类型的候选人会优先考虑。因此，如果上级不提供给员工经验类型历练的机会，将不利于员工的晋升和进一步发展，上级可以结合经验地图更有针对性地制定员工的职业规划和个人发展计划。需要注意的是，每家企业都有自己的战略目标和企业特点，因此完全按照经验类型去盘点员工的能力是不切实际的，其更大的作用应该体现在对员工的培养上。

准备工作四：对组织的整体情况进行盘点

所谓组织盘点是指根据业务战略核查现有组织结构、组织效率，发现组织中的关键问题，为未来所期望的组织结构制订行动计划。组织盘点可分为指标盘点和组织结构盘点，这部分的详细内容见第 3 章相关部分。

对组织现状的盘点可以覆盖很多指标，以下为一些常见的指标。

- **部门的战略定位**：所分管部门在公司价值链中的定位。
- **业绩表现**：部门业绩完成情况。
- **专业竞争力**：公司价值链各环节（投资、设计、招采、生产制造、物流、工程、营销、客服、职能等）的专业能力，在行业内处于什么位置？
- **运营效率**：部门的分工是否清晰，流程是否高效，能否快速完成任务？
- **部门氛围**：部门的氛围是否团结、民主、开放，员工的敬业度如何？
- **人才梯队**：部门是否形成自己的人才梯队？是否存在人才断层？

对组织结构的盘点本质上是实现从"战略"到"组织能力"的分解。组织结构盘点就是对照战略计划，对当前的组织结构提前做出分析，梳理当前组织结构中的信息，主要包括职责分工、人效数据、关键岗位能力要求及现状等内容。在对以上的组织结构信息进行梳理后，再思考根据业务战略的调整是否需要对组织结构进行调整。

如果未来组织结构有调整，在此阶段还需要提前考虑未来组织结构的概要性设计框架，思考驱动组织结构变化的原因，以及新的结构会对哪些方面产生影响。

管理者在完成组织审查的过程中，可以提出以下问题帮助思考。

- 该组织是如何架构的？从职位设计、职责划分方面进行概括描述。
- 从支持组织战略、组织效率最大化方面看，该组织结构的优势和不足有哪些？
- 有哪些关键领导能力、组织能力是该组织必须具备的？
- 该组织结构有没有遗漏关键的业务 / 职责？

- 该组织的有效性指标如何？该组织的组织氛围如何？
- 关键岗位的管理幅度（管理岗位与职员岗的数量比）是否合理？

准备工作五：制订改善的行动计划

另外一项重要的准备工作是形成组织未来 6 ～ 12 个月的行动计划。管理者在准备以上工作的时候，必然会对组织发展有更加系统和深入的思考。例如，现有人员与组织发展的匹配问题，后备梯队匮乏的问题，关键岗位空缺的问题，关键人才如何保留的问题，用工效率偏低的问题等。针对这些问题，管理者需要提前思考如何解决，形成一个可操作的行动计划。

这项计划必须有详细且可衡量的目标，同时有关键的责任人落实。在进行下一年度的人才盘点时，首先的工作就是回顾每个组织上一个周期的行动计划是否已经落实，执行的情况如何。这些工作可能会包含晋升、轮岗、外派、培训、淘汰等内容，它们是否能够落实也反映了公司是否重视承诺。更重要的是，前面所有的人才盘点工作都是"纸上谈兵"，只有行动计划才会真正触及组织和个人的变化，究竟是"真盘点"还是"假盘点"，由此而生。当管理者发现这些盘点只不过是满足 CEO 的权力欲望而没有任何真正行动时，盘点将没有任何价值。

计划制订需要符合 SMART 原则，即行动计划应该是目标明确的、可衡量的、可实现的、有关联的、有时间要求的（见表 5-5）。

表 5-5　行动计划表示例

行动计划	完成时间	负责人
实施新的组织结构调整	2015 年 6 月	×××
提升关键岗位人才梯队准备度 （每个关键岗位只要有 1 名合格继任者）	2015 年 12 月	×××

准备工作六：管理者完成所有汇报材料的撰写

当完成以上准备工作后，还要对材料进行汇总、审核，以便准备好所在层级的组织与人才盘点会所需要的所有材料。HR 要协助对应的一把手准备材料，同时对其他参与汇报者的材料进行审核。

在准备材料的过程中可引导经理思考如下问题。

- 组织结构是什么？各个部门的职责是什么？

- 要不要调整组织结构？调整或不调整的原因是什么？

- 整个组织的优势方面有哪些？还有哪些地方需要提升？

- 直接下属的能力如何？哪些是高潜力人才？哪些是需要淘汰的人？

- 继任计划：哪些是关键岗位，这些关键岗位现有人员的能力如何？

- 哪些关键岗位有空缺的风险？原因是什么？对组织的影响是什么？

- 关键岗位的未来继任者是谁，为什么？

- 针对高潜力人才的个人发展计划是什么？

- 针对目前状况，结合组织战略，整个组织未来 6 ～ 12 个月的行动计划
  是什么？

开好人才盘点会

人才盘点会可分为预盘点和最终盘点，前者往往指某个事业部内部的盘
点，后者指由 CEO 参加的年度最终盘点。人才盘点会通常每年举行一次，预
盘点首先按事业部进行，每个事业部内的部门 / 分子公司一把手向事业部的总
经理汇报组织与人才发展情况，即每个部门 / 分子公司的一把手需要向事业部
总经理面对面地陈述前面提到的人才盘点表格。事业部总经理会关注部门 / 分
子公司一把手下属团队的组织结构的合理性，人才队伍的建设情况，关键岗位
的人员准备度，以及与全年战略目标实现相关的人才问题等，并提出很多尖
锐、敏感的话题。

在此之后，所有部门 / 分子公司的一把手都离开会议现场，只剩下该事业
部的总经理和 HR 负责人，讨论这些部门 / 分子公司一把手的发展潜力和工作
安排。这是一场高层间真知灼见的较量，比拼的是谁对这个组织更有洞察力和
远见。如此形式每年一次的人才盘点对于所有高管来说都是极其重要的，其正

式程度足以让每个参与者把人才发展的观念烙印在思想中。每个事业部在盘点后都会形成一套行动计划，作为当年人才培养的实施重点。最终盘点与预盘点的形式和内容大体类似，只不过是由事业部的总经理向 CEO 汇报，CEO 会有针对性地提出很多问题。

1. 会议日程

人才盘点工作的核心是召开人才盘点会。人才盘点会是一个人才评价信息校正的过程。它有效避免了用人决策失误，营造一种公平的用人环境和制度。人力资源经理为整个会议提供支持，其任务是制定会议时间表以及组织会议，并促进会议的召开。

人才盘点会的常见议题如下。

- 上一次（年）人才盘点制订的行动计划的完成情况。
- 目前的组织结构以及调整的规划，包括重点关键岗位的职责、人员编制与空缺情况、组织效率和管理跨度是否合理等。
- 重点关键岗位的人员盘点，包括业绩、能力、潜力和综合排序，以及个人发展计划。
- 重点关键岗位的继任者计划。
- 高潜力员工盘点，包括个人发展计划。
- 预计未来新增的关键岗位需求。
- 未来的组织调整和人员调整计划。

2. 会议原则

- 客观：以事实和数据为依据进行评价，而不是主观臆断。
- 开放：直接、真实地表达自己的意见和看法。
- 倾听：认真倾听他人的观点，尤其是那些你不熟悉的人。
- 保密：会议的内容和结果是严格保密的。
- 高效：把控时间，详略得当。

在人才盘点的整个流程中，重点应放在能力、业绩和行为方面，而不是放在个性和态度方面；评价要以事实和具体的例子为基础；确保在最关键的个案上花费充分的时间，也就是对不同的个人花费不同的时间。

3. 会议促动

人才盘点会上，人力资源部需要作为会议主持人来推动盘点的顺利进行。为了更好地推动会议高效有序地进行，请参考以下有效经验。

- 在主持过程中展现自信，赢得领导团队的信任。
- 澄清会议议程和原则，清楚关键信息和评价结果。
- 提出具有挑战性的问题，促进汇报人、负责人深入思考他们的报告。
- 控制好会议进度，保持会议聚焦于最关键的议题，按照议程安排推进会议按时进行。
- 保证会议参与者对关键人才的评价达成一致。
- 在评价员工的时候，要求上级举一些具体的例子，激发大家讨论，避免泛泛而谈。
- 记录并跟进会议结果。

依据经验，我们提供一份人力资源部使用的会议问题指引（见表 5-6）。该问题指引主要用于人才盘点会的整个过程中，人力资源从更加客观的角度，通过提出各种问题澄清争议，并使焦点集中在对组织和人才的盘点上，促动人才盘点会按既定议程进行。

表 5-6　人才盘点会议问题指引示例

提问关注点	问题举例
1. 获得额外关键信息	如果稀缺岗位人员离职会有什么影响
2. 准确描述特定行为	"较强的技术能力"是指什么（你需要判断他们所指的是计算机能力、工业技能、数据分析能力，还是其他能力）
3. 澄清问题，获得准确记录	当你提到某个人属于"高成本"，是否意味着他需要发展压力管理技能、合作能力以应对变化
4. 判断领导行为的影响	如果领导缺乏指导能力，是否影响团队的业绩、发展以及处理问题的能力

（续）

提问关注点	问题举例
5. 帮助参与者开拓思路发现新观点	当你判断一个执行者具备较高的"管理者"潜力时，除了他已有 2 年的管理经验，你是否考虑过他有没有做好"管理者"的角色准备
6. 如何使领导能力最大化	当你评价一个领导者在发现人才和面试方面特别出色时，你如何使这种能力在团队中得到最大限度发挥
7. 找出评价背后的原因	你为什么觉得这个人的离职风险较低
8. 发现员工为提升个人能力已采取的措施，以及更多的个人职业兴趣和发展目标	当你指导他人沟通技巧时，他们是如何接受并反映在工作中的
9. 促进对部门目标的深入思考	部门面临哪些挑战？要应对这些风险，部门应该重点做什么
10. 提升外部视野	有没有和竞争对手对过标？别人是怎么做的

案例：某公司人才盘点会讨论样例

　　下文节选自一次常见的人才盘点会的讨论阶段，尽管整个对话是虚拟的，但它是基于一个真实的案例，向我们展示了人才盘点怎样从不同的视角使原本模糊的问题逐步明朗化。

　　麦肯是财务部总监的高潜力人才候选人，参与讨论的人员包括麦肯的直接上级：公司财务部总经理毕晨；财务部副总经理：秦勇；财务部副总经理：陆明。本次讨论的主持人是职能 HR 的高级经理林达，她的职责是为公司的所有职能部门提供人力资源方面的支持，向公司的人力资源副总裁汇报。

　　林达：刚才我们已经讨论了财务部的组织结构和关键的组织发展指标。下面我们进入对高潜力人才的讨论环节。我们第一个要盘点的候选人是麦肯。（用投影仪播放麦肯的员工发展档案）我们从麦肯的员工发展档案中看到，他已经在公司工作了 6 年，并且他在当前财务经理的职位上已经工作了 2 年时间。此前他在龙华集团担任会计工作 5 年。他拥有会计专业学士学位，并且考取了 CPA 证书。他最近一年的绩效考核结果是 E+。有没有人对麦肯的基本信息有其他方面的补充？

毕晨：麦肯刚刚获得了 MBA 学位，但是这条信息还没有加入到他的基本信息表中。

林达：好，我们可以把这条信息加入进来。那么我们首先可以讨论一下麦肯的离职风险。在未来的一年内，麦肯离职的可能性有多大？高、中还是低？

毕晨：我认为未来一年内，麦肯离职的可能性为中。

林达：好，能不能跟我们讲一下原因？

毕晨：去年我认为麦肯离职的可能性较低，是因为他在这个地方工作很愉快，并且很享受这种工作方式。但是他最近跟我谈过，想承担更大范围的工作和更有挑战性的工作目标，为自己将来的职业发展获取更多的机会，尤其是他刚刚获得了 MBA 学位。我觉得如果我们不及时地对他进行岗位调动，他有可能在未来一年内离职。

林达：那么如果麦肯离开的话，会对公司有哪些影响？

毕晨：如果麦肯离开的话，他的工作会由其他人兼任。但是我认为麦肯有将来做财务总监的潜力，而且如果培养得当的话，在未来若干年有担任公司高级管理者的可能性。

林达：这么看来，必须马上采取措施留住麦肯，对麦肯来说，获得更多的发展机会可能更重要，这样理解对吗？

毕晨：没错，而且我认为给他加薪也能够更好地挽留他。

林达：好。那么我们来看一下麦肯有哪些优势项和待发展项。我们首先可以看一下麦肯的测评报告中提到的一些优势项和待发展项，看看大家有什么评价。

毕晨：他的财务知识和能力是相当出色的。他清楚地理解我们公司的财务战略和要求。并且他非常聪明、很可靠，是一个可以倚重的人，而且不会犯很多错误。

林达：你说他非常聪明是什么意思？他与最优秀的人的差距在哪里？

毕晨：我这么说，是因为他的分析能力相当强，能一下子看到问题的症结所在。

林达：秦勇，你有什么看法？

秦勇：麦肯确实是一个解决问题的高手，但是有时我感觉他有些
　　　松懈或犹豫不决，尤其是在没有完全了解事情之前更是
　　　如此。

林达：有没有这方面的具体例子？

秦勇：只是感觉吧，具体例子我还得再想想。

林达：好，看来麦肯具有分析能力和解决问题能力方面的优势，
　　　而且财务专业知识也非常出色。那么关于麦肯的优势项，
　　　陆明，你是怎么想的？

陆明：……

林达：好，接下来我们看看麦肯的待发展项。秦勇刚才提到了麦
　　　肯有些松懈或犹豫不决，其他人有没有什么补充？

陆明：刚才听秦勇说的话，我倒是想起来了，麦肯不是那种特别
　　　主动的人。

林达：他什么时候有这种表现？能否举个例子？

陆明：当事情比较复杂或者还不是很明朗的时候，他常倾向于被
　　　动地做出反应。我记得有一次我们要采购一种新产品，该
　　　项目的要求几乎每天都在发生变化。麦肯确实能很好地应
　　　对这种变化，但是他要是能提前把事情做好的话，或许情
　　　况会更好一些。

……

人才盘点的后续跟进

　　人才盘点会仅仅是企业走好人才管理漫漫长征的第一步，后续 HR 和业务领导还需要围绕会议达成的共识开展大量工作，保证盘点结果的顺利落实。

1. 协助部门负责人修订行动计划

　　在人才盘点会结束后，各汇报人就盘点会中得到的反馈，对下一步的行动计划进行二次修订，由 HR 来负责牵头督促和收集。

2. 盘点结果的反馈

在人才盘点会结束后两周内，上级需要向被盘点的个人进行当面一对一的反馈（见表5-7）。以交流个人在工作中的困惑和个人未来职业发展为主题，一针见血地点出被反馈者的问题所在，并且给予个人极有价值的发展建议，这是一种提升管理者满意度，明确职业发展方向的有力工具。

表 5-7   各层级反馈内容

反馈层级	反馈内容
CEO/体系负责人向部长反馈	共同制订个人发展计划 • 说明组织对个人的期望 • 澄清优势和不足 • 找出需要改善的具体行为 • 制定发展目标 • 制订发展计划
HR向CEO/体系负责人反馈	盘点会上被确认的决策 • 组织结构的调整 • 关键人才库 • 本组织的行动计划
部长向经理、主管反馈	共同制订个人发展计划 • 说明组织对个人的期望 • 澄清优势和不足 • 找出需要改善的具体行为 • 制定发展目标 • 制订发展计划

在人才盘点过程中，HR要明确何时可以开始反馈、反馈对象、反馈内容以及反馈的技巧。

组织是否要告诉个人"你们是已经被挑选出来的高潜力人才或继任者"对一个组织来说是非常重要也是非常有争议的问题。

一般来说，这个问题应该在人才盘点的规划阶段就明确下来，人才盘点的组织者通过与其他部门不断地沟通与协调，最终确定是否要告知其本人，或是告知其直接上级等相关问题。如果这个问题不能够及早明确的话，很有可能会影响后期整个人才盘点结果的运用。

事实上，关于这个问题并不存在所谓的最佳实践或标准答案。一般来说，企业中通常存在四种做法：第一种做法是不告知被挑选出来的高潜力人才，而是告诉他们的直接上级，由他们的直接上级针对高潜力人才提供有针对性的领导力培养。第二种做法是明确告知被挑选出来的高潜力人才他们已经被挑选出来进行重点培养，并让他们参加专门针对高潜力人才的发展项目或任务项目。第三种做法较为灵活，企业并不对这个问题做出明确的规定，而是把结果留给其直接上级，由他们去决定是否告诉当事人已经被选为高潜力人才。第四种做法是不告诉任何一个参与人才盘点的员工实际结果，人才盘点只是作为挑选和识别高潜力人才的方法，并不进行有针对性的培养。决定采用以上几种做法的关键因素在于：目前企业的文化是包容性的还是封闭的。另外企业的成熟度、文化和环境，以及企业为员工提供绩效反馈和职业发展的能力也是要考虑的因素。如果中层管理者缺乏绩效反馈的能力，或者企业没有完善的职业发展规划体系，那么就不适合告知高潜力人才本人。

还有一种做法是人才盘点发起的第一年不告知高潜力人才实际的结果，而是把第一年作为培养其直接上级人才意识的一次练习，第二年或者稍后的某个时间点再告知高潜力人才本人。

一般来说，企业不会告知继任者本人他已被作为某一具体职位的继任人选。继任者与高潜力人才不同，继任者一般是为某一个或几个具体的职位所准备的，而高潜力人才是为了承担未来众多的领导角色。

此外，继任者的未来发展更多的是考虑到未来某一具体岗位的某一项或几项具体的技能需求，其个人发展计划要与岗位特征和要求相结合。而高潜力人才的发展则需要更加多元化，在领导技能、人际能力和商业敏感度等方面要进行提升，为将来担当领导者的角色做好准备。

3. 协助部门负责人制订高潜力人才的个人发展计划

在明确了高潜力人才的待发展项之后，要根据其特点，制订有针对性的个人发展计划。个人发展计划表由本年度个人发展计划以及职业期望和长远发展目标两部分组成。

（1）**制定发展目标**。除了要制定个人本年度发展目标之外，还要结合高潜力人才的中长期职业兴趣或发展方向制定长远发展目标。

（2）**明确行动的类型，确定发展行动。**针对高潜力人才的培养，可采取70-20-10人才培养模式（见图5-3）。

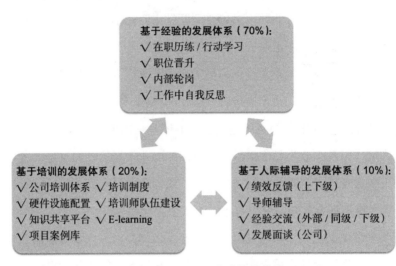

图 5-3 70-20-10 人才培养模式

4. 盘点结果的进一步应用

在最终的人才盘点会后将会产生一系列的重要决策，包括很多关键人员的调整、晋升、轮岗、外派，以及组织结构的调整等。该结果的应用涉及整个人力资源的方方面面。

- **选拔配置**：盘点会获得了管理者的适岗状况，可以为管理人才配置的合理性提供客观且权威的依据，组织可以据此形成人员配置建议；出现岗位空缺或需要为新设立岗位选择任职者时，组织可以参考人才库和各继任者的准备度，做出人员选拔决策。

- **绩效管理**：通过将能力管理与绩效管理进行有机结合，更加科学地管理和改进人员的绩效水平。

- **薪酬激励**：参考管理者的适岗状况、能力状况和发展潜力等，为奖金额度和涨薪水平提供参考，实现最佳激励效果。

- **人才规划**：盘点结果为整个组织的人才规划提供了重要输入，是后续从数量和结构几方面进行人力资源规划的基础。

- **培训发展**：人力资源部门可以参照盘点结果，有针对性地为管理者设计或选择合适的培训发展措施；进入分层分类人才库的管理人才，均有对应的职业发展目标，组织可以据此为这些核心人才量身定做发展项目。
- **职业规划**：在建立和审核人才库的同时，每位高潜力管理者的职业发展目标已经被考虑在内，这些信息为后续的个人职业规划提供了参考。

5. 盘点效果的跟踪与评估

人才盘点结束后，要对人才盘点的效果进行跟踪与评估。有些方面可在人才盘点结束后就能够看到效果，有些方面可能需要几年的时间才能感受到人才盘点的实际成效。

在评估效果之前要思考以下问题。

- 企业中哪些现有的数据能够用于评估人才盘点和继任计划的效果？
- 对人才盘点和继任计划进行评估时，应该采用哪些评估指标？
- 对每一个评估指标来说，需要多长时间收集和回顾一次数据？
- 评估的指标源于哪些部门或机构？我们该怎样建立机制从而方便地获取数据？
- 我们该如何提高部门领导对人才盘点工作的信任度，从而更好地促动他们实施既定的发展计划？
- 我们该如何证明人才盘点和继任计划结果与未来业务结果之间的关系？如何衡量人才盘点工作的成功与否？的确需要制定一些相应的指标和工具，并收集相应的数据进行衡量。一般来讲，可以从表 5-8 所示的几个大的方面构建一些指标体系作为人才盘点的衡量指标。

表 5-8　人才盘点衡量指标

指标	说明
组织整体领导力指标体系	比如组织中的管理者与员工的比例是多少？管理者的管理幅度是多大？管理者在整个组织全部员工中的比例是多少？管理经验少于半年或 1 年的管理者所占的比例等

（续）

指标	说明
领导力发展指标体系	有个人发展计划的管理者人数与所有管理者人数的比例是多少？完成E-learning 学习或其他领导力发展课程的管理者人数比例是多少？新任管理者的过渡时间有多长等
高潜力人才指标体系	高潜力人才在全部员工中的比例是多少？对于各个事业部来说，高潜力人才的人数以及所占比例是多少？每年有多少高潜力人才参与到高潜力培养计划中，又有多少人从高潜力培养计划中被淘汰等
人才盘点的投入 – 产出比	对比一下高潜力人才和一般管理者在管理岗位上的业绩指标、财务指标、员工发展指标以及员工敬业度等

需要注意的一点是，并非把所有可能的指标全部收集起来进行对比，最重要的是以公司人才盘点项目所要达到的目的去设计指标。比如，当你选择以"识别出能够完全胜任现管理职位空缺的继任者"为目标的话，那么可以设计以下一些指标：例如，完全符合继任者要求的人数与所有管理者人数的比例是多少？1～3年内能够胜任该岗位的人数与所有管理者人数的比例是多少等。

第 6 章

培养杰出继任者

CEO 上任后应该思考的第一件事就是"谁能够成为我的接班人"。实际上，不仅是 CEO，这是任何一位经理人在位期间都应该认真思考的问题——不仅要完成业绩目标，更要培养出一批接班人。然而，业绩的压力让很多中国经理人无暇顾及人才的培养，一些人只关注短期业绩目标的达成，忽略了员工长期发展和组织氛围的营造，导致不必要的人才流失和形成负面氛围，更谈不上"可持续发展"。企业的人才培养不仅仅有数量指标，更应该有"绿色发展指标"。比如说人才流失率、人才的投资回报率、人才储备的充足率以及员工工作与生活的平衡等。

要想让这些指标在合理范围内，企业领导者需要费一番脑筋，在存量上，思考如何在帮助员工提升能力的同时保证业务的快速发展；在增量上，如何用最小的成本吸引到最优质的人才。在这里，我们将着力于回答前一个问题，阐述在人才盘点之后，用怎样的方式有效地培养出一批批合格的接班人。

有效识别需求

为什么要培养领导者

当行走于科罗拉多大峡谷谷底时，你可以"听到"奔腾千年的河流轰鸣，看到水流打磨岩石形成的纹路。尽管人才培养的过程无需千年，但要使培养有效，对人的塑造仍如水流冲击岩石般需要时间。对那些"绿色"企业而言，必然会考虑清楚在长时间的投入中，究竟如何培养才能获得最大产出。

要想清楚这个问题，必须首先回答另一个问题：企业为什么要培养领导者？

"这个问题还需要回答吗？"这是大多数人看到这个问题的第一反应。没错，这是一个必须回答的问题。对于这个问题没有标准答案，大多数人会把培养领导者与实现组织战略目标联系到一起，但我们认为，培养领导者的首要目的是帮助领导者更有效地胜任领导角色和领导过程，以实现既定的领导结果！

如同希腊神庙上镌刻着的"认识你自己"是标志着先哲们的自我反思一样，今天的领导者只有清晰地认知了自己将要扮演的领导角色，以及这一角色对自身的行为要求，才有机会成为真正的领导者。对于"角色"的关注度每个人不尽相同，一些自我意识较强的人更容易从环境中、他人的反馈中感受到身处何种"角色"，以及他人对"角色"的期望；有些人则不一样，例如，有的年轻人很早就有了孩子，却始终没有找到当"父亲"的感觉。无论管理者对自身的关注度如何，他们都会扮演不同的角色。这些管理角色随着岗位、人际关系、业务发展的不同会产生巨大的差异，我们一起来看几个对比。

基层、中层、高层

在光辉合益对三个层次管理者的角色研究中，认为基层管理者的角色主要是任务管理或战术执行，他们要完成某一明确、既定领域内的具体的、可衡量的目标；在既定的政策范畴内，考虑明确界定的职能目标的实现，但要求持续地改进。

中层管理者主要扮演战略执行的角色，他们的工作重点在于各项政策在本地的应用——把职能部门的政策转变为行动。这类岗位需要解析性、评估性、建设性地思考新的业务问题。

高层管理者主要扮演战略整合与战略制定的角色，他们要在公司战略的范畴内，考虑业务或职能部门的战略；在未来五年的时限内，综合考虑环境的变

化，预测环境变化对业务的影响；设定业务的总体发展战略，从长远的角度考
虑不同产品、市场、技术的整合。

正职与副职

我们在过去几年提供的咨询实践中，有相当一部分客户为国有企业，由于
治理结构的缘故，国有企业在组织上往往存在"班子"的概念，而班子中的正
副职如何配合是一门艺术。我们总结过去对上百名班子成员的访谈，把班子正
副职所扮演的角色归纳在表 6-1 中。

表 6-1　正副职角色定位与关键能力

角色	定位	关键能力
正职	引领者 / 决策者 / 领头羊	• 战略眼光，全局思考 • 敢于拍板，勇于担当 • 善于聆听，愿意吸纳 • 处事公正，以身作则
副职	执行者 / 拥护者 / 建议者 / 润滑剂	• 分管线条，专业性强 • 自我角色定位清晰 • 善于妥协，大局意识 • 务实肯干，推动执行 • 有见解而不趋同，有服从而不盲从

前端与后端

企业中所谓的前后端一般来说依距离客户的远近而定。销售、市场拓展、区
域运营是通常的前端，而职能部门则偏后端。前端岗位往往对经营结果直接负
责，因此在工作中更加需要结果导向，关注成本和收益的平衡，鼓励适度的冒
险，强调对外界的灵活性；而后端的岗位往往要体现服务意识，要求管理者能够
换位思考，在与其他部门协作时主要以支持性、建议性的"军师"角色为主。

管理角色不仅随着岗位的变化会有不同，即使在同一个管理岗位上也需要
管理者扮演不同的领导角色。奎因在他对于团队效能的研究之作 *Becoming A
Master Manager* 中，把一个团队中的管理者划分为八类角色，每个人根据自己
所处的环境，会扮演其中的一种或多种角色。

对这些角色的认知，是以自我认知为基础，以与外界的互动为强化和修
正。我们在使用结构化面谈的方式对企业新任经理人进行发展型测评中，常常

听到那些上岗不到 1 年的经理说出这样的话语："当看到员工完成不了一件任务时，我会替他来做，我很享受由我亲自把一件工作完成的乐趣""不是我不想让他们做，可是教他们的时间都足够我自己做一遍了"……这些话背后反映的是价值观与角色之间的不匹配，作为管理者，依靠他人工作是放大自身效率的关键，但很多专家型的新经理不能认知到自己原有的价值观（出色地完成任务）与新的价值观（依靠他人完成任务）之间的差异。因此他们在管理的过程中采取的方法也会非常不同，"专家管理者"往往会比较强硬地指派工作任务，看到任务难以完成以领跑的方式亲自动手工作；而合格的管理者则会采取授权或比较民主的方式鼓励大家主动承担任务，当看到下属完成任务遇到困难时提供辅导，帮助员工成长，这样的领导结果当然会不同。前者总是在叫"缺人"——甚至埋怨人力资源部的招聘水平太低！更糟糕的是团队的能力不能支持业务的持续发展。后者则会快速建立有能力的团队，推动业务增长。

当管理者看到结果的差异时，或许才会思考自身对角色的理解问题。正是在这种与外界互动的过程中，不断优化领导的过程，实现企业所需要的领导结果。从这个过程来讲，对领导角色的准确认知是成为优秀领导者必须完成的修炼。领导过程与领导结果之间的互动，则能够强化对角色的正确认知。帮助管理者加速建立这个循环（见图 6-1），是培养管理者的基本出发点，也是领导者培养的根本需求。

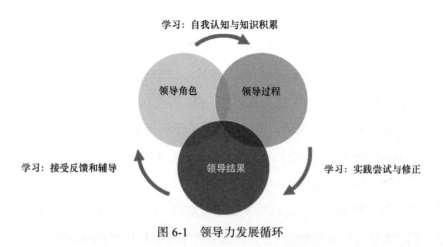

图 6-1　领导力发展循环

领导者成长阶段

领导者的培养除了从胜任角色的角度出发外，还要考虑领导者自身的成长规律。拉姆·查兰在《领导梯队》中把企业中的领导者划分为六个层次，包括管理他人、管理经理人员、管理职能部门、事业部总经理、集团高管、CEO。他强调，要更加有效地培养领导者，就是要帮助管理者更成功地从一个阶段向更高的阶段跃迁，并且列出了每个阶段在关键转型期的挑战，包括时间、价值观和管理技巧三个方面。这六个层面的分析对我们更好地理解每个阶段遇到的挑战有非常好的借鉴。但是，对于管理者而言，"跃迁"成功仅仅意味着他有资格站在新的平台上开展工作，这并不意味着他能够在新的管理岗位上持续成功。

通过总结大量的咨询实践，我们把管理者在一个岗位上的发展划分为三个阶段：新任期、在岗期和提升期。在每个时期，管理者所遇到的挑战差异很大，这也是为什么不少"跃迁"成功的人无法再次"跃迁"的原因。

在每个阶段，管理者面临的挑战非常不同，培养的重点也有所不同。在新任期，管理者需要快速"转身"，由于新的岗位往往要求他用新的价值观对待原有的工作，所以挑战最大，此时他们需要快速掌握新岗位的必备技能，建立新的人际关系，并得到初步认可；在在岗期，管理者已经基本适应了新岗位的要求，这个阶段他们已经掌握了必备技能，此时要培养他们更加熟练地应用复杂的管理技能，以便快速取得业绩，此阶段的工作重心是取得成绩；只有足够好的成绩才能证明他们有资格进入第三个阶段——提升期，这个时期的管理者已经对目前岗位的要求驾轻就熟，岗位本身的工作已经没有了挑战，此时需要设计具有挑战性的项目来考察、培养他们对未来更高岗位的适应能力。表 6-2 对三个阶段的特点和管理者需要重点培养的内容做出了详细的阐释。

表 6-2　管理者在岗发展的三个阶段

阶段	特点	发展重点
新任期（12 个月）"适应新角色"	• 快速"转身"时期，以新的视角看待和认知自己的角色 • 重新衡量工作对自己和他人的价值 • 重新认知人们之间的关系，并以此为基础建立关系 • 了解什么是重要的、什么是可以放弃的 • 掌握角色所必备的技能	• 价值观的转变 • 快速建立人际网络 • 新环境的适应能力 • 必备的专业能力 • 快速学习

（续）

阶段	特点	发展重点
在岗期（2～5年）"干出成绩来"	• 工作的重心是运用管理技能和专长，尽快取得工作上的成绩，这是在实践中学习领导技巧的重要时期	• 岗位强调的领导力素质 • 更为复杂的专业能力
提升期（1～3年）"为将来做准备"	• 在"尴尬"的身份中工作，证明自己对未来岗位的适应能力；这个时期需要提升的能力和需要改变的理念往往是下一个岗位在新任期所必备的，为下一个岗位做好过渡	• 未来岗位所需要的能力 • 未来岗位的角色认知 • 当前人际冲突的处理

那么，这三个发展阶段与前文提到的培养管理者的目标之间又是什么关系呢？首先，领导角色的认知是一个持续的过程，但相对而言，解决领导角色认知问题的最有效时期是新任期。这个时期通过测评、知识学习的方式让管理者更快地了解角色对他的要求以及对自身有一个更加准确的认知。其次，在岗期内，管理者不断在实践中应用新学习的领导技巧，并且因此逐步形成个人的领导风格，团队绩效的结果是对管理过程有效性最好的反馈，管理者在获得有效的反馈后反思管理技巧，并做出调整。在岗期的管理者在管理过程和管理结果之间的关联性上不断尝试，并由此引发对管理角色全新的认知。当对本岗位的角色有了足够深刻的认知，并且能够展现出必要的行为证明对岗位的胜任，他们就可以开始准备开启下一个角色的旅途——进入提升期（见图6-2）。

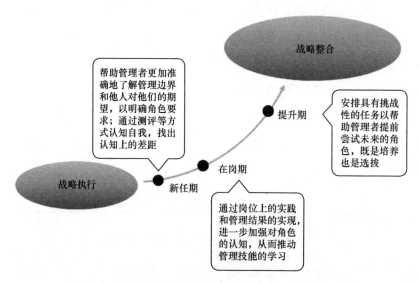

图 6-2　中层管理者向高层管理者转变的三个阶段示例

组织的一致性

培养领导者除了考虑个人成长规律和岗位上的角色要求，还要考虑组织一致性方面的内容，比如对于组织战略、文化、价值观的认同，或者对领导行为的统一要求。这些一致性元素的培养是让各级管理者具备共性的必要手段，以此形成组织的领导力品牌。

案例：GE 公司以 LIG 项目推动战略落地

每年 GE 的管理层都会在 GE 大学所在地克劳顿村举行战略会议和组织人才发展会，在会议上确定新战略以及需要的能力，两个会议完成后紧接着就启动 LIG（leadership, innovation and growth）项目（见图 6-3），边学习边研讨如何用创新的方式帮助组织实现新的战略目标，并着手制订计划，在会议最后，各业务单元要向 CEO 提交承诺书，将学习转变为行动。与以往的群策群力（work-out）不同的是，LIG 项目的参与者以一个事业部的"班子"为单位，而不是以往来自不同事业部同一层级的人员的"混搭"。这是因为同一个事业部的高管团队共同参加三天的讨论，能够有效地统一大家对发展策略的认知，充分保证在战略实施的过程中能够始终与目标保持一致。这一活动传递了统一的思想理念，有力地推动了 GE 内生增长战略转型。

事前评估	集中学习	行动实施
·战略会议上更新"增长攻略"	第一步，主题课程和案例分享	每年两次定期回顾
·人才发展会议上评估"增长价值" 人才发展会议上对所有成员的增长价值做360度评估	第二步，通过行动学习研讨未来规划	
·评估创新环境 对团队是否成功营造了创新环境进行评价	第三步，向CEO汇报，更新"增长攻略"，并递交承诺书	

图 6-3　LIG 的培训框架

> 　　该项目并没有关注领导角色和每个领导者所处的岗位阶段，而是以组织需求为切入点。

推动领导行为转变

··

　　除非行为发生变化，否则什么也改变不了。

——拉里·博西迪，霍尼韦尔公司前董事长

··

　　塑造领导者的关键是推动其持续不断地转变领导行为。2010 年，我们赴美国西点军校进行领导力培养方面的交流，对如何改变一个人的行为颇有感触。西点军校每年大约有 1200 名新士官生加入，这些来自全美顶尖高中的优秀毕业生，在加入的第一天就被剃去头发，穿上制服，在教官的带领下开始训练。在那一天里，他们的名字被代号代替，对于上级的问话只能有四种回答："是，长官""不是，长官""没有任何借口，长官""我不明白，长官"，也不允许随意走动。这些新士官生失去了对语言、行动和时间的支配权。但一天结束时，士官生的汇报表演却能整齐划一，这不由让来访的家长感慨万千。这一天，新生深刻体会到了责任的含义：在一个战斗力很强的组织中没有人能够为所欲为；成为一个领导者之前，要学会做好下属。第一天的冲击是巨大的，西点军校的目的就是从头塑造价值观，并通过四年的持续培养，最终把"责任、荣誉、国家"的西点军校价值观牢牢刻在西点军校毕业生的心中。这可能是西点军校能培养出超过 5000 名总经理、董事级别的高级管理人才的秘诀。

　　对于企业而言，很难复制西点军校的培养环境，那么，我们又该如何做呢？

时间：领导者行为改变是一个长期的过程

根据组织所需要的领导角色改变领导者行为是塑造领导力的目标。那么，如何达到这个目标呢？

首先，让我们认清要改变的对象是什么。人们的行为通常由两方面的因素决定：个人特性和他所处的环境。其中，个人特性又分为多个层面：知识、技能、社会角色、自我形象、个性特质和动机。这些特性存在于人们的不同意识层次之中，最容易意识到的是知识和技能，最难意识到的是动机。动机产生需求，需求引发愿望，且持续不断地驱动、指导并选择个人的外在行为。越是居于意识深层的内容越是重要，并且需要经过长时间的培养才能发生真正的转变。但这些深层次的因素往往在关键时刻发挥着重要作用。例如，当组织面临巨大变革或危机的时候，一个亲和动机过高的领导者往往不能处理好变革中发生的裁员、争议等过于具有挑战性的问题。因此，修炼领导力不仅仅要增加对知识、技能的掌握，更要重视对底层因素的塑造，这就决定了领导者培养是个长期的过程。

其次，我们再来了解大脑的工作方式，它能帮助我们更好地理解这一过程。人类大脑通常有 1000 亿个神经元，神经元之间充满了连接网络。连接网络是由神经元之间的相互接触而产生的，一个 8 个月大的婴儿大脑中约有1000 万亿个接触点，而在 12 岁以前，将会减少到 500 亿个，大多数接触点因为缺少刺激而消失了。其中一些神经网络非常深刻，就成了习惯。成年后，人的大脑仍然会因为受到外部的刺激而产生新的接触点，从而形成新的神经网络，但不如幼儿期那么深刻，很难形成习惯，需要不断地重复才能够慢慢固化下来。一旦不经常使用，便逐渐退化。这样看来，对于领导者，仅仅进行一两次简单的面授培训几乎不可能实现行为转变。

最近在回访我们设计的一个为期六个月的领导力培养项目时，参与者多少有些抱怨地告诉我们：“没想到这个过程耗费了这么长的时间，我不确信是否值得。”事实上，这个项目仅仅实施了两个月。人们不能期望经历 30 年培养而形成的习惯在一周之内消失，即使改变也很难在短期内看到改变后的收益，这比减肥要难很多，不是吗？领导者行为的塑造是终其一生的目标。

模式：让领导者行为转变的组织视角

基于成年人的学习特点，领导者行为的转变模式通常可以被划分为三个阶段：触发意识、提升技能和持续推动。

1. 触发意识

我们通常把这个阶段称为"照镜子"，镜子内是组织理想的领导者，镜子外是现实的领导者。这个阶段的作用是让领导者认识到个人能力与领导者角色之间或与组织对领导力的要求之间的差距，帮助领导者从"不知"过渡到"知之"。

既然是"照镜子"，如果现实的领导者始终包裹着厚厚的外衣，又何从"照"起？对自我主动的洞察可能是区分杰出与平庸领导者的根本之一。管理大师戴维·尤里奇在 *The Why of Work* 中，把人类的社会动机划分为四类（见图6-4），这可以被认为是对麦克利兰动机理论的更结构化的表述。但与麦克利兰不同的是，他还强调了人们对自我认知（insight）的动机——这类动机更加关注探索内心世界，而这是认识外部世界的基础。有着明显的自我认知动机意识的管理者倾向于主动反思自己行为背后内在的本源，思考个人存在的意义和价值，以及如何把自己与组织联系在一起。

图6-4 人类的社会动机分类

准确地认知自我是改变自己领导行为的基础。但要真正做到洞察自我并不容易。试问，你能客观地从别人的角度评价自己吗？你清晰地知道自己的人生目标和价值观念吗？你了解自己的内心世界吗？为了回答这些问题，哈佛商学院管理学教授比尔·乔治在他的专著《真北》中向我们展示了认识自我的方法——剥洋葱。

我们每个人的内心都被重重外壳包围着，要认清自己就必须剥去这些外壳。"越是接近自己的内核，你就会发现里面越是柔软脆弱，因为这些内核往往并没有受到外部世界的攻击。"从出生开始，当感觉不够安全的时候，人们就会保护自己的内核免受外部世界的伤害，于是不断地在内核之外添加各种外衣，随着人们不断成长，在保护自己的内核完整的同时，我们在无意中逐渐形成一种与外部世界互动的模式，而外壳也就会变得越来越厚，越来越复杂，我们也越来越难以看透自我，对自己的错误意识就此产生。当你剥开外衣，接近包围内核最深的一层时，你就会看到自己的盲点和脆弱之处了。

对于组织来说，要为领导者进行自我洞察提供文化土壤，不仅仅是提供360 度反馈的工具，更重要的是推动领导者寻求自我评价和他人评价之间的差异，并进行深刻反思，寻找真实原因并制订改进方案。联想倡导直接的反馈方式，更有效地促进了这一过程。例如，对于具备高潜质的中层管理者，在晋升为高级管理岗位之前，需要与三个与其工作没有直接上下级关系的更高级别的管理者（通常在副总裁以上）直接进行面对面的正式交流。会议上这些副总裁会提出诸多与其个人职业发展相关的问题，可能颇具挑战性，难以回答，但这些问题往往是基于高管多年职业经验的判断，犹如当头棒喝，点醒被评价者，由于让人印象深刻，也是一种很好的触发意识的方式。

2. 提升技能

一旦人们对自我有了清醒的认知，意识到自己需要提升的能力后，便能更加主动地参与学习。在这个阶段，领导者要完成从知道目标是什么过渡到知道如何实现目标。

通常来说，组织可以提供多样化的学习方式和资源帮助领导者快速掌握知识和技能，包括面授课程、在线学习、自修和研讨会等。例如，诺华制药公司的全球领导力模型包含 25 项素质，针对每一项素质，它都详细列出了 9 项资源，包括书籍、视频材料、培训课程、Workshop、标杆学习、辅导、反馈、在岗发展和岗位轮换。它的领导者一旦意识到需要提升某一方面的技能，便能够很快地找到提升技能的方法和资源。但这些东西只是支持性的，是否能够成长还要靠领导者自己。

卓越的领导者一生都在学习，无论在什么情况下。鲁迪·朱利安尼是纽约前市长，在"9·11"发生之前，他面临着人生的最大逆境：他的妻子向媒体公布他的婚外恋，离婚案的赔偿几乎让他倾家荡产，他的政敌恨不得他早点下台，他同时被诊断出癌症，生活得这样糟糕的市长在公众中的形象大打折扣，正是这样的磨炼让他学习到更多。就在他离卸任还剩两三个月时，纽约遭受了史无前例的劫难。当总统因为受到保护而无法出现在电视中的时候，朱利安尼立即站出来面对媒体，在人们无比悲愤之时，他却强调了人们激动时容易忽视的问题："请记住，恐怖分子与其国家的人民是两回事，纽约市本身聚集了来自全世界各个民族的大众，请大家和平相处，共渡难关。"他的讲演中没有口号，没有仇恨，而是提醒市民冷静，感谢市民的合作。朱利安尼用他的实际行动一点点重建纽约市民对生活的信念，成为美国民众心目中的英雄，被誉为"戴棒球帽的丘吉尔"，取代新上任的小布什，成为当年时代周刊的年度人物。这是一个化逆境为顺境的实践，并在逆境中把领导力向前推进。熔炉本身没有任何意义，只有你从熔炉中持续不断地学习才能够成长。

因此，组织挖空心思为那些高潜力的领导者提供培养项目时，可能还要多留意领导者的学习能力。学习能力由学习动机和学习风格两方面共同决定，但组织通常对学习动机关注较少。我们可以把学习者分为主动学习者和被动学习者，Maurer 认为，主动学习者往往能够"在学习经验的过程中感受到愉悦，并且为获得自身发展而不间断地进行学习"。究其背后的驱动力，通常可以划分为五类（见表 6-3）：人际驱动、变化驱动、兴趣驱动、结果驱动和思维驱动。学习动机决定了领导者的学习意愿到底有多么强烈，是否总是能够从实践中学习，以及究竟在什么样的环境下能够学习得更快。例如，拥有变化驱动学习动机的领导者往往为适应新的环境或推动变革而产生学习动力。如果把这样的领导者放在一成不变的环境中，他的成长速度会很慢。

表 6-3　不同动机下主动学习者的特点

动机	个人特点	与他人互动时的表现
人际驱动	自我认知、组织意识	同理心
变化驱动	灵活性、适应性、心态开放	包容多样性
兴趣驱动	好奇心、想象力	工作的乐趣
结果驱动	影响力	激励团队
思维驱动	创造力、系统思维、反思	激发愿景、团队协作

3. 持续推动

当领导者通过适合的学习方式，短时期对某种行为模式进行频繁刺激时，大脑中就会开始形成新的神经连接，如果此时不再持续刺激，很快这些新的连接将逐渐消失。这也是很多组织培养领导者失败的原因。组织需要搭建一种学习机制，使领导者学习到的新知识和技能不断地得到运用，从而固化行为模式。因此，这个阶段的目的是帮助领导者从懂得如何做转变为不断实践，并在实践中持续改进。这里介绍一个很有特点的案例。

案例：思科全球领导力项目

21 世纪初的网络泡沫破灭让思科重新思考了增长模式，认为要保持持续增长，必须转换领导者的角色，把以取得技术和业务结果为目标转换为以领导团队和培养人才为目标，并以此为出发点，设计了领导力系列项目。全球领导力项目是其中之一。该项目针对那些承担全球业务职责的高级经理或总监进行轮训，每次约 40 人，全年 6 次左右。该项目的目标是让这些全球管理者掌握该角色下应有的思维模式和管理技能，并且帮助他们成功地塑造相应的领导行为。这个项目的成功很大程度上得益于高层管理者的投入和支持以及有效的方案设计。项目共分为三个阶段。

阶段一：在项目初期，所有学员都会被要求阅读有关的书籍材料，完成一个 360 度的测评，并由学员的上级与其就测评的结果进行沟通和辅导，让学员对个人能力的优劣势更加清晰，从而明确了参与这个项目的目标。

阶段二：这个阶段是一个为期四天半的集中研讨和培训（见表 6-4），主要目标是帮助学员理解思科全球战略与他们各自组织的关系，驱动全球创新实践，激发大家承担全球领导者的角色，以及学习如何打造高绩效团队。在最后一天，学员会制订完成最初参与项目时制定的目标的行动计划。

表 6-4　思科全球领导力项目阶段二的培训日程

	周日	周一	周二	周三	周四
上午		8:30 主题：全球领导者的心态 • 思科高管领导力项目发起人演讲	8:30 主题：思科全球战略 • 如何在全球范围内利用我们的竞争优势	8:30 主题：全球文化培养	8:30 主题：激发行动 • 与思科高管对话
下午		主题：全球领导者的心态 • 领导者的勇气 • 全球意识 • 责任意识	主题：思科全球战略 • 理解市场结构的驱动因素 • 以组织优化提升全球效率	主题：全球团队建设 • 建立全球化团队 • 在复杂环境下领导团队	• 行动承诺 • 为阶段三做准备 • 评估和闭幕
晚上	18:30 欢迎晚宴	晚餐	集体晚餐	与你的学习小组共进晚餐	

资料来源：Leadership Advantage, Robert M. Fulmer, 2008.

阶段三：这个环节为期 12 周，包括一个辅导环节、三次学习小组活动，以及一次与思科高层的交流。学习小组在阶段二时已经形成，此时会加入一位较高层级的管理者提供小组辅导。在小组活动中，他们会就在工作中遇到的挑战进行交流和讨论，分析如何提高自己的劣势。在与思科高层的交流中，主要讨论的议题是如何把这个项目做得更有效。

该模式典型地采用了"触发意识 – 提升技能 – 持续推动"的思路。

思科其余的领导力项目也按照该三阶段模式设计，效果明显。该三阶段模式已经成为思科领导力培养的基本模式，为思科输送了大量的领导人才。

在转变领导行为的过程中，组织和个人扮演着不同的角色。组织更像是兜售减肥药的"蛊惑"者，用各种制度、体系的手段逼领导"就范"，但是，究竟能不能成功"瘦身"，除了个人先天体质外，很大程度上还要看领导者自己的动力。因为在不少时候，你要和自己的本性去抗争。能赢过自己的人不多。

在岗位实践中发展

如果说"触发意识－提升技能－持续推动"是推动管理者行为转变的有效规律的话，那么，如何有效地完成这个过程或者做到加速行为转变则在实践中更加关键。成人学习也有规律可循，他们更喜欢通过自己发展规律、总结经验来获得信息，而不是老师课堂上的灌输。因此，成年人最有效的学习方式就是实践，包括岗位轮换、教导别人等发展型任务。在实践中，管理者可以"操练"所学的领导技巧，并通过领导结果检验技巧是否有效。但是，仅仅进行岗位实践并不足以高效地完成领导者的培养：如果没有对新的领导理念和管理技巧的讲述与模拟训练，管理者的"行为"就得不到足够的"养分"去理解行为背后的思想和逻辑；如果没有上级、同事、下级的互动反馈，管理者也难以仅仅依靠自知去矫正行为。

因此，我们在理解人才培养的 70-20-10 定律（成人的学习 70% 依靠经验获得，20% 依靠与人互动获得，10% 依靠培训获得，见图 6-5）时，需要意识到这三种方式虽然在推动管理者行为转变的有效性上有所差别，但任何一种单独使用都不能取得最大化效果，需要有机整合在一起方可产生最大收益。

在本节，我们将以岗位实践为主进行阐述。其他方法分别在另外两节详细描述。

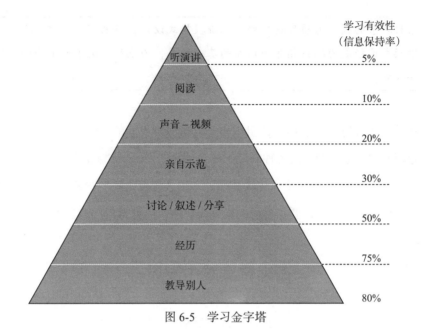

图 6-5　学习金字塔

在岗发展机会

在过去几年的咨询工作中，为了帮助不同企业建立各自的领导力标准，我们先后对上千名不同企业的管理者进行了深度的行为事件访谈，当浏览分析这些记录文档后，我们发现绝大多数管理者讲述的故事集中在他们刚上任的前 2 年，或者是一段非常特殊的经历，比如海外营业点的 6 个月轮岗、完成一项看似不可能的兼并收购项目。这些故事的频频出现反映了人们在工作中的"喜新厌旧"——我们总是更容易在新的环境、新的关系、新的任务下快速学习、激发潜能。基于这样的经验分析，一个人在岗位上的发展阶段存在着一条兴奋曲线（见图 6-6）。管理者在新上任的 12 个月内，面对全新的业务领域（即使业务与以前相似，但由于业务宽度的变化也会引起对业务的重新理解）和人际关系，往往面临的挑战和压力最大，这个时期也最能够激发管理者的学习热情，令他们兴奋度高涨，成长的速度也最快。随着对新业务的熟悉和人际网络的建立，人们的兴奋度逐步降低，如果企业长期不能让管理者在同一个岗位上感受到"变化"，他们的热度将持续降低——尽管有些人仍然能够完成绩效目标，但并不是出于人性，而是出于责任感。所以企业要保留关键人才，必须创造新的变化或挑战，激发出职业的兴奋点，这或许是更加人性的思考。

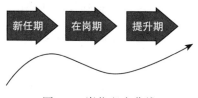

图 6-6　岗位兴奋曲线

让员工在岗位上参与发展型任务是保持员工持续成长的有效手段，大多数企业会把这些资源投入到高潜力员工身上（能够进入到提升期的那些人）。联想集团在 2005 年并购 IBM 的 PC 业务后，岗位轮换的范围从原来的大中华地区变为全球范围，这为其加速培养人才创造了新的机会。联想集团通过对其高层管理者进行访谈，把一个普通员工成长为一个高层管理者所必须经历的岗位经验归纳为 9 种（见表 6-5），在每次人才盘点会上，会依据这一经验地图规划继任者在准备好之前需要弥补的岗位经验和培养方式。

表 6-5　联想集团的人才经验地图

经验类型	典型岗位	解释
前端	销售、营销、一线服务	有直接的客户界面类的岗位，了解客户对公司业务的直接感受，体验业务增长的压力，了解公司战略对一线究竟意味着什么
后端	职能类、产品研发类	非客户界面类的岗位，作为公司内部运营的一部分，了解业务协作，提升服务意识等
P&L	区域总经理、地区经理	负责价值链端到端的所有环节，完成价值创造的全过程，既掌握资源，也要对业务损益负责
扭亏为盈	亏损企业总经理	面对业绩下滑，在时间压力下完成对组织、团队、个人方面的困难决策，考验个人毅力
新市场开拓	区域总经理、新产品市场负责人	根据对市场机会的判断，策略性地通过多种途径，与当地政府、企业打交道，获取或储备关键的资源，以多样的市场策略发展更多客户
国际外派	海外岗位	长期或短期国际外派
带团队	高级经理、副/总经理	管理一个团队，有多个下属；或者管理多个团队，平衡团队间的需求
全球项目	商务谈判、兼并收购	完成跨区域、跨职能的项目，持续时间超过一年，如主持或作为主要成员参与重大项目的商务谈判、招投标
总部战略岗位	战略规划、人才培养	在总部担任负责全局性工作的岗位，具有战略价值，要求全球视野

　　由于每个企业的业务不同，所以同类岗位对于管理者的挑战也会有很大差异。例如，在制造类企业，首席信息官（CIO）算是后台职能部门，保障生产、物流、财务流程的正常运转，对业务起到保障性作用，在 IT 系统中断时还有库存可以满足客户；在银行，CIO 的职责就不仅仅是一个职能岗位，它所提供的服务是一线员工"打仗的弹药"，IT 系统的中断或交易记录的丢失会立刻反馈到终端客户，对于企业的诚信是极大的伤害。因此在选择哪些岗位可以为管理者提供发展型经历时需要综合分析。

　　通常来说，一个企业中大约有 25% 的岗位应该被定义为挑战性岗位，每年根据公司业务的变化，可以对挑战性岗位进行适当调整。当考虑是否为挑战性岗位时，可以从该岗位对业务的影响程度和工作的复杂度进行考虑。

　　在评价岗位对业务的影响时可以思考如下问题。

- 这个岗位是否要对一线结果或者业务总体结果负责？
- 是否要对较大的业务增长机会负责？
- 是否需要将业务扭亏为盈？
- 是否负责最有价值的客户或品牌？
- 是否负责最重要的内部客户？

　　关键问题：如果这个人在此岗位上不胜任，是否会对业务造成威胁？

　　在评价岗位的工作复杂度时可以思考如下问题。

- 工作范围是否跨越多个组织？
- 工作中是否需要拍板决策？
- 是否需要开发战略或新产品？
- 是否需要非常广泛的技能？
- 是否需要根据业务环境的变化不断调整工作计划？

　　关键问题：这个岗位是否需要掌握非常广博的技巧来取得成功？

　　对于大型的、快速成长的企业比较适合采用岗位轮换的方式培养管理者。首先，有一定规模的企业由于有着多元化复杂的职位，能够让管理者获得锻炼，便于轮岗项目稳定实施；其次，管理者在轮岗后通常都希望获得提升，增长型企业可以提供相当多的机会。最后，外部劳动力市场也是需要考虑的因素。公司如果不能通过外部招聘满足管理岗位需求，岗位轮换就显得比较重要。

案例：加拿大皇家银行如何定义关键岗位

在加拿大皇家银行（RBC），人力资源部通过对组织中的成功领导者进行访谈，确定了他们取得成功的关键岗位经验，并进行分类，例如，"与市场团队在智利挖掘市场机会并开拓市场"被定义为"创业"经验，"分管一个资深员工"被定义为"增加工作范围"，而"领导一个跨团队项目"被放到了"领导跨职能团队"和"增加工作范围"当中，这些经验进行归纳后共包括 10 个方面（见表 6-6）。针对每一类经验，RBC 明确了所针对的能力提升期望。例如，对于"创业"经验，主要是培养管理者更好地处理外部压力、管理风险，以及向下描绘并传递发展方向。对于"领导跨职能团队"经验，主要培养管理者多元包容、团队领导和非权力影响力方面的素质。

表 6-6 加拿大皇家银行对岗位经验的分类

发展型岗位 / 任务	定义
创业	创造一项新的业务
领导跨职能团队	与不同的跨职能人员一起工作
变化工作职责范围	承担更大的岗位职责、业绩目标或者增加下属人数
兼并收购	参与兼并收购
与关键领导者工作	与成功的领导者一起工作或接受辅导
解决问题	解决棘手的业务问题或者项目
从失败或错误中学习	学习在决策或行动中产生的错误经验
负责业务结果	对影响业务的决策结果负责
管理不熟悉的领域	在不熟悉的业务领域担任管理者
推动变革	为组织培养与引入新的观念、事物

设计轮岗方案

1. 目标

为什么要轮岗？轮岗到底能解决什么问题？轮岗结束后的产出到底是什

么……这些疑问都需要在设计轮岗方案之前思考清楚。人才盘点识别出一批关键的继任者，除了一小部分是已经准备好的继任者外，大多数还需要几年的时间成长，而这段时间成长的通常手段就是以发展某一领域的经验为主的轮岗。所以，基于人才盘点的结果，轮岗就是培养未来的接班人。

2. 轮换原则

在横向上，光辉合益把岗位划分为三类：顾问型角色，主要通过提升专业能力和制定、推行专业政策，为实现经营结果提供建议和指导；协调型角色，管理和协调内部资源，发展与外部伙伴的关系，以促进可衡量经营结果的实现；运营型角色，管理、控制重要资源，直接对业务经营结果负责。

在岗位轮换的时候，要注意尽量避免让一个身处运营型岗位的管理者，直接承担顾问型角色的管理岗位。例如，总部的销售总监成为区域公司的人力资源总经理。这样的转换存在风险。

成就目标的变化："运营型岗位"的任职者往往通过直接达成业绩目标来满足自己的成就欲；而"顾问型岗位"的任职者是通过提出切实可行的专业建议并辅助、支持他人来满足自己的成就欲。实践证明，这种成就目标的变化对相关人员的挑战非常大。

工作重心转移：岗位角色调整过程中，任职者不再直接掌控资源，工作重心由产生业务结果转变为对业务提供服务和支持，任职者需要更多地通过沟通、协调、建议和服务来体现对业务目标的支持。

专业领域的权威地位："顾问型岗位"发挥作用需要任职者具有较权威的专业知识和经验，以便能够提出被大家认可和接受的专业建树。

坚持原则与冲突管理："顾问型岗位"以专业的角度提出解决问题的建议，即便遇到不同的观点和想法，也要坚持专业性和原则性，通过有效的冲突管理来推动专业建议和观点的实现。

全局意识："运营型岗位"更多地关注所管理领域的具体事务，而"顾问型岗位"需要广泛关注全局业务领域，以便形成能够给相关领域带来价值的专业建议。

反过来，将一个处于后台职能的管理者直接调整到一线"带兵打仗"，也会存在风险，在为其设计这样跨越式轮岗时要考虑如下三个方面的因素：

第一，这个人是否具备从支持、影响产出的角色转变为直接对团队结果负责的角色；是否敢于做出重大决策，并勇于承担决策带来的结果？

第二，这个人是否能够持续不断地激励和鼓舞团队取得业务结果？

第三，这个人是否已经准备好面对新角色要承担的巨大压力和挑战？

3. 轮岗模式

在本章的开始部分，我们谈到了培养领导者的根本目的是帮助领导者胜任领导角色和领导过程。在轮岗设计当中，如何能帮助管理者完成领导角色 – 领导过程 – 领导结果的有效循环呢？创新领导力中心在大量的研究后发现，评估、挑战、支持三个因素组合起来能使发展领导力的各种经历更有效（见图 6-7）。也就是说，在轮岗设计当中，如果我们有意识地把这三个因素包含到实践中，这种经历就会更加有影响力。

图 6-7　轮岗设计中的关键要素

（1）挑战。从发展的角度看，最有效的经历都是那些最具挑战性的经历。沃伦·本尼斯和罗伯特·托马斯在 10 年前研究不同领导者的成功秘诀时提出了"熔炉"（crucibles）的概念，而后托马斯在连续几年对成功的领导者进行持续跟踪和访谈后再次验证了这一概念的有效性。托马斯把熔炉划分为三类：新领域、逆境和停滞。这三类熔炉对应于职业发展的三个阶段（见图 6-8 ）。

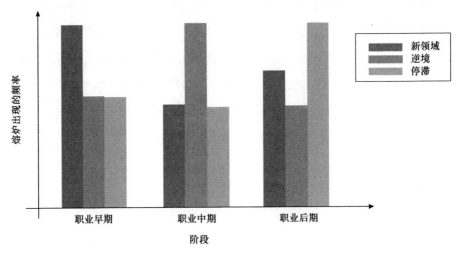

图 6-8　对领导熔炉的分类

我们可以把熔炉理解为职业的历练，事实上就是具有挑战性的发展经历。有些人之所以能够成长为领导者，并不是简单地因为经历过各种熔炉。由于职业失败而一蹶不振的大有人在。那些能够成长的，一定是能够在熔炉中学习到经验并以此指导未来的人，也就是对经验的学习能力。

熔炉本身没有任何意义，只有你从熔炉中持续不断地学习才能够成长。对于大多数人，我们的生活不会像"9·11"那样惊心动魄，但有的管理者仍然能让自己在日复一日的工作中不断获得成长，最终成为领导者。因此，我们在设计轮岗方案的时候，要有熔炉，让管理者有机会去学习，但不能仅仅只提供这些挑战性的任务，还需要"煽风点火"，加速成长。因此评估和支持就是必需的。

（2）评估。评估数据越多，轮岗中管理者的收获也就越大。这些数据可以来自很多方面，包括上级、下级、同级、客户、家人、外部教练以及自己等。管理者在新的挑战性环境中开展工作，常常是"摸着石头过河"，如果我们能够在轮岗中有意识地设计出足够多的评估和反馈环节，将帮助管理者更好地适应挑战、修正管理行为、领悟管理角色。

案例：Sprint 轮岗项目 SAP 中的评估环节

Sprint 是一家全球性的通信公司，在超过 100 个国家及地区为 2600 多万个商业与住宅客户提供服务。该公司在全世界拥有约 70 000 名员工，年营业额达到 270 亿美元。为了培养未来高级管理人才，Sprint 设计了以轮岗为核心的项目 SAP（staff associate program）。项目中，随着岗位的宽度和复杂程度的增加，参与者需要不断展现自己的高绩效和高潜力来争取下一个更加有挑战性的岗位，同时实现自己的职业发展。

SAP 是一个持续三年的轮岗项目，每 12 个月为一个阶段，共三个阶段（见表 6-7）。在每个阶段结束后，由 5 人小组（当前岗位经理、当前岗位隔级上级、上一个岗位的经理、项目总监、人才发展经理）对这些高潜力员工的学习能力和绩效表现进行评估，并且调整对他们的潜力评价结果。在三次评估中，评估的关注点从一开始的学习能力转移到综合考虑学习和绩效，再到最终的完全只考虑绩效。当参与者没有展现出足够大的进步时，则被淘汰出项目，在人力资源部的协助下，他们将在组织中寻找到固定的岗位。

表 6-7　三个阶段的小组评估说明

阶段	第一阶段评估 （第 15 个月）	第二阶段评估 （第 27 个月）	第三阶段评估 （第 36 个月）
主题	学习与潜力评估	进步与潜力评估	绩效与领导潜力评估
评价目标	关注学习能力，以及评估员工的潜力水平	关注学习、绩效和潜力，评估这三方面的水平	关注三次轮岗中的绩效表现
学习	该员工是否获得了必要的经验以帮助提升能力	还需要学习什么样的学习技能	该员工是否已经获得了所有必需的经验以达成职业目标
绩效	员工的绩效水平是否在期望内	与其他学员或同事相比，该员工的绩效水平如何	三个阶段下来，绩效表现是否持续增长
失败风险	什么因素会阻止该员工在未来取得更大的成功	什么因素会阻止该员工在三年内成为高层管理者	什么因素会阻碍该员工在 Sprint 取得职业成功
下一步	该员工在下一次轮岗中需要获得哪一类轮岗	在接下来的项目中，该员工适合在什么样的岗位上继续发展	该员工需要多长时间才能够成为公司高层管理者
总体评价	该员工是否具备以前预测的潜力水平	员工能否证明自己有足够的潜力完成整个项目	员工能否被预期在未来的职业发展中加速成长

> 在每次小组评估后，高潜力员工的直接上级、人才发展经理要向员工反馈评估结果。对于那些没有达到岗位期望的员工，他的当前直接上级、人才发展经理和高管教练共同为其制订轮岗方案，以帮助他加速提升。
>
> 整个项目除了识别出非常优秀的高潜力员工外，同时还有效地降低了优秀员工的流失率。那些参加过 SAP 的员工流失率远远低于通信行业 30% 左右的水平。

（3）支持。去过海洋乐园的人或许会惊讶于海豚对训练员每一个手势的精确领会。聪明的你可能会注意到，每个表演动作结束后，海豚都会得到训练员的奖励——不仅是鱼，还有轻抚和身体接触。海豚的表演行为就是在这种不断鼓励下逐步形成。人类虽然居于食物链的顶端，看似高动物一等，但在行为养成上与动物有很多相似的地方。我们也需要鼓励，需要排解烦闷，需要获得信任，需要情感上的呵护。这些支持是维持领导者学习发展动机的关键因素。它帮助领导者增强学习方面的自我效能感，提升自信心。"如果大家都在支持我，这件事情一定有其价值。"

在企业中，这种支持包括在轮岗中的导师，他可以解答个人发展中的困惑，给予鼓励；管理培训，为管理者完成挑战任务提升信心；轮岗中的管理者结成的互助团队，大家处于同样的境遇中，更能够理解对方，更容易让大家找到平衡感，"原来你也有这样的感受"。

━━ 案例：国内某大型国有企业 A 公司的管理培训生项目 ━━

> A 公司的管理培训生项目旨在为公司快速培养出一批符合未来战略发展要求的青年后备力量。整个培养项目为期三年，共分为四个阶段（见图 6-9）。
>
> 阶段一，基层轮岗，为期六个月。在两类基层岗位分别进行为期

三个月的轮岗。此阶段的目标为帮助他们尽快了解公司的主要业务模式和组织文化；通过系统学习，掌握基本商业知识、本行业的商业模式，强化基础管理素质，完成职业化的转变。该阶段的导师为公司人力资源高级经理。

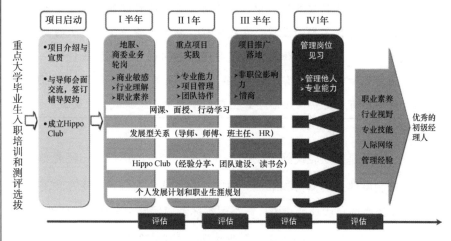

图 6-9　管理培训生项目框架

阶段二，重点项目实践，为期 12 个月。在这个阶段，管理培训生参与到 A 公司当年的某个重点战略项目当中，通过一年的在岗实践和学习，塑造他们在某一领域的专业能力；更加深入、系统地理解公司业务；提升团队协作、项目管理的能力。该阶段的导师是负责该项目管理的高级经理。

阶段三，项目推广落地，为期六个月。管理培训生在过去 12 个月协助项目高级经理完成了重点项目的设计。在接下来的六个月，他们要根据高级经理的安排，有针对性地完成项目局部或者整体的推广落地工作，工作上可能会深入到分公司、业务部门等具体单位。通过项目落地推广，培养员工独立开展工作的能力，考察抗压性、人际影响力、情商等素质。该阶段的导师原则上与上一阶段的导师保持一致。该阶段要进行前两年培训的综合考核，通过考核的员工可以进入到阶段四，没有通过考核的，则退出本培养项目，根据公司的聘用程序安排工作。

阶段四，管理岗位见习，为期 12 个月。基于前两年的工作成绩，员工、导师、人力资源三方沟通后，确定未来的目标岗位，并开始为期一年的见习。这个时期要重点挖掘员工管理他人的潜力，以及学习目标岗位的专业技能。在阶段四结束时将安排考核，考核通过后可结束见习期。该阶段的导师由目标岗位的上级——高级经理担任。

在整个三年的发展过程中，该公司为整个项目配备了非常完善的支持系统，包括定期的面授、在线课程，分享经验、发展团队的高潜力员工俱乐部，为每一位员工指定导师，共同制订个人发展计划。同时，为协调所有活动的有序进行，A公司还设立了一位专职的班主任，细致的安排有效地帮助应届毕业生在三年当中克服挑战，快速成长。

轮岗，尤其是高层轮岗绝不仅仅是一项单一制度的运行，它还需要人力资源各项相关制度体系的支持和维护。因此，除了从个人行为改变方面需要提供支持外，从轮岗项目成功的角度，整个组织还需要做好一系列的支持性工作。

首先，组织要培养轮岗文化，企业文化是影响组织执行一个成功轮岗计划的关键因素之一。如果组织是强调个人英雄主义的文化，或是组织缺乏一个纪律严明的文化，或者组织对员工犯错并不宽容的话，岗位轮换可能就不是一个好的选择。岗位轮换最适合的文化是鼓励冒险与创新，并允许员工犯错。

在IBM，没有人会因为上司的频繁更换无所适从，因为定期或不定期的轮岗已经形成了一种企业文化，不管是中层经理还是普通员工都已经习惯了在任何上司的领导下都有条不紊地工作。

其次，建立轮岗的制度保证。很多企业之所以不愿意采用轮岗的模式，是因为员工担心轮岗之后无法回到原有的岗位或者得到更好的岗位。这需要企业把人才盘点与轮岗紧密结合，并以制度作为保障。例如，在联想，凡是被评价为"准备好"的继任者，需要在12个月内晋升，而对于那些需要2～3年才准备好的继任者，在提供轮岗机会的同时，每年还是不断地进行盘点，一旦合格，就会准备晋升。员工能够知道无论他怎么轮岗，都有人在关注他，他的个人表现会得到评价，优秀的一定会得到晋升。一旦员工对系统建立了这样的信心，是否回到原岗位就不再重要了。

最后，建立一套完备的知识管理系统和信息系统，为管理者轮岗的人才选择和跟踪、反馈评估提供有利的参照和支持。

在与他人互动中发展

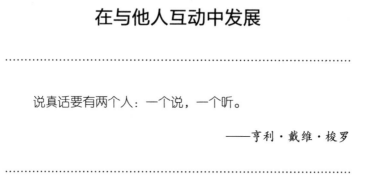

说真话要有两个人：一个说，一个听。

——亨利·戴维·梭罗

对于大多数人而言，我们都很在乎别人对我们的评价，或许是因为我们都害怕看到自己真实的一面——有好有坏。有不少人是因为惧怕负面评价而不愿意去了解别人眼中的自己，的确，听得进去"逆耳忠言"的人，往往内心要足够强大。这也说明与他人互动是发展的有效手段之一。

反馈和辅导技术在最近几年开始引起中国企业的关注，但不少人心存疑虑，不知企业如何操作才能够有效应用。本节将就这两个工具的概念和应用方法进行系统的介绍，希望有所帮助。

基于发展的反馈

在商业领域，反馈就是向别人讲出自己对工作绩效或工作相关行为的观察意见。不过对许多人来说，"反馈"一词似乎隐含"评判"之意，以至于让反馈者与反馈接受者都不愿面对。但是，反馈不应是对他人的评判。相反，它表述的应该是对某种行为及其后果的客观信息，目的在于认可良好的工作表现，或是给出如何改善绩效的建议。如能善加运用，反馈便能鼓励反馈接受者取得进步，使其以积极的方式学习、成长并完善自己。

　　对领导者而言，不痛不痒的决定并不能解决问题，忽视问题并希望它自行消失只会让情况更糟糕。直接、坦率的反馈意见十分重要，这是对人应有的诚实，并有助于他们取得成功。摩根士丹利国际公司副董事长阿米莉亚·福西特认为，高管最应该学习的，也是最难学会的是如何提供真实的反馈。

　　关于这一点，她讲述了关于自己的一个真实故事。

　　我还记得年轻时担任主管，我们从其他公司录用了一名年轻的副总裁，他们公司绝对比我们更看重业务明星。我们公司更注重通过团队合作推动客户的权利和利益。这位副总裁刚刚上任时，总是喜欢把自己放在团队甚至公司之前，尤其是在面对媒体的时候。但是很显然，媒体感兴趣的并不是他。让他一个人显得那么"出类拔萃"，也不符合公司的利益。他在摩根士丹利的时候，把力气使在排挤他人上。在许许多多像我们这样的公司，以团队为导向，通过合作共同努力推动客户利益才是至关重要的。所以，每当媒体打电话来说："我们想跟做成某某交易的银行家谈谈。"我们就会说："那不是一位银行家，那是一个团队。""我们能要张那位银行家的照片吗？""那不是一位银行家，那是一个团队。如果你想要照片，我们可以给你整个团队的照片。"但这位副总裁的行事方式与我们格格不入，对团队来说，这是一种破坏，给经营增加了难度，还向为他工作的人发出了不良的信号。如果不能尽早解决这样的问题，就会造成团队的分裂。

　　对我来说，很明显，我有几个选择：我可以放手不管，到年底进行年度评估时跟他谈谈；我可以忽略这个问题，希望他能自然而然把毛病改掉，或者在团队的潜移默化中改进；我还可以召开一次会议，直接解决这个问题，但这样的会议不会让人愉快，我真的不想这样做。我跟新上任的首席执行官深入讨论了这个问题，他说："不，这是个很严重的问题，这个问题关乎公司文化以及你如何与人合作。考虑到他所处的位置，他的行为会造成团队分裂。我们必须现在就解决这个问题。"所以我们找到这名副总裁，用一种非常直接、坦率、诚实，有些激进但很有建设性的方式告诉他，为什么他的行事方式背离了公司的文化和利益。在六周内，他必须做出很大的改进，坦率地说，如果他不能做出重大改进，我们会要求他离职。对我们三个人来说，这次会议都不是令人愉快的，但我很高兴，因为他接受了我们的批评，立刻采取了行动，成了一名合格的团队工作者。然后，他在公司内大展拳脚，顺利得到提升，成为公司中不可多得的团队工作者。对于我们所有人来说，问题的关键往往是如何最好地管理我们的人：委婉地传递信息不是更容易吗？我得到的教训是，最轻松的选择从来就不是正确的选择。如果我们选择容易的方式，对这个问题的相关人不公平，对公司和客户也不公平。如果管理者能够直接、坦率地指出问题，他其实是做了件大好事，而且对同事也完全坦诚。

福西特的故事给我们启发，一方面，给予正面反馈的目的是对希望的行为方法或解决问题模式加以强化；另一方面，纠正性反馈旨在改善令人不甚满意的行为或引入更有成效的工作模式。

在向对方提供建设性反馈时，你实际上是在：

- 强化或鼓励更为有效的工作方式。
- 改变某种行为，或指出效率更高的行动方式。
- 确保针对个人和团队绩效设立了合适的标准。
- 帮助反馈接受者提高绩效。
- 确保用积极的言辞提供反馈，这点很重要，因为消极的言辞会降低反馈的效果。

从他人那里获得建设性反馈时，请抓住机会：

- 更好地理解你的行为和选择对他人的影响。
- 对工作流程产生新的认识。
- 表示你看重他们的观点且相信他们的判断。
- 为自己设立可测量的目标。

提供有效反馈这种技能不仅能在完成日常分内工作的过程中发挥作用，还可用于辅导会谈和绩效评估。

提供反馈和接受反馈的障碍有许多，而最大的障碍之一恐怕就是能否保持坦然接受反馈意见的态度。反馈提供者和接受者都应该保持这种开明态度：坦然接受反馈，也坦然提供反馈，更坦然面对反馈基于错误设想的可能性。当双方都相信反馈具有积极意图时，就能专注于信息本身。不过在此之前，他们通常要先克服种种消极的态度或合作关系。

你可能会发觉提供反馈并非易事，因为你：

- 认为反馈往往是消极且毫无帮助的。
- 担心对方会讨厌你。
- 认为对方无法有效应对反馈。
- 曾有过反馈接受者对你的反馈无动于衷甚至产生排斥的经历。
- 觉得反馈不值得冒此风险。

接受纠正性反馈会显得困难重重，因为你：

- 急于为自己辩解，因为批评会令你感到不自在。
- 认为改进建议贬低了你的自我价值。
- 曾有过接受的反馈毫无帮助或没有根据的经历。

你可能觉得接受正面反馈也让自己于心不安，因为你：

- 不想鹤立鸡群。
- 觉得别人可能会嫉妒你。

案例

　　联想集团在实施人才盘点后，会对那些被认为是高潜力、有晋升可能性的人员的职业发展进行一次系统的反馈。反馈者通常由比候选人高出两个级别的三位高层管理者担任，并且他们都与候选人不在同一个部门或事业部。三位反馈者与候选人，以及候选人所在团队的HR以会议的方式进行沟通，整个反馈会议的时间持续两小时以上。

　　发展型反馈的目的包括以下方面。

- 发展：深入评价候选人的优势和发展机会。
- 选拔：深入、全方位衡量候选人的领导能力，降低或避免因提拔不合适人选而造成的昂贵代价。
- 加强核心领导层对人才发展的责任感。

发展型反馈要求反馈者要创设一种轻松、自然的非正式环境，包括硬环境和软环境。因为多反馈者本身会对候选人产生较大压力，在非正式环境下，容易使候选人与反馈者之间建立良好的关系。同时，该项目要求反馈者避免替候选人回答问题。它不是一种考试，应把焦点放在深入获取候选人的行为、看法或观点上，不是获取所谓的"正确答案"。

参加反馈的管理者要以接纳、共情和尊重的态度认真倾听候选人的回答和陈述。研究表明，候选人与反馈者之间越早建立良好的关系，越容易达到评价的效果。参加反馈的管理者还需要采取回馈、重述、追问或提出有挑战性的问题等方式，弄清楚/澄清候选人的真正行为或观点。管理者要保持客观和中立的态度，尽可能保证反馈结果的真实性。

整个反馈过程共有三个阶段。

开场环节由 HR 担任的主持人介绍发展反馈的目的和主要流程与方法，并鼓励大家开放式发言；候选人主动进行自我介绍。

提问环节主要针对候选人个人职业发展中的困惑、挑战和未来发展等方面进行，以下是一些典型问题。

- 你如何看待自己的职业生涯？你觉得成功吗？（请举事例）
- 到目前为止，你感觉自己的最大成就是什么？
- 到目前为止，你遇到过的最大挑战是什么？你是怎么处理的？
- 请给我们分享一个故事来说明你是如何在业务上解决问题的？
- 对自己未来的领导力发展有哪些需求和期望？

结尾环节可以询问候选人对这次会议的感受，以及如何改进这样的评价方式；对候选人的积极参与表示感谢；告知候选人下一步的行动计划。在候选人离开后，三人小组对比未来岗位要求和候选人的能

> 力现状，进行讨论，就主要观点达成一致。会后 HR 将以邮件的形式
> 把管理者对候选人的评价和个人发展建议发送给候选人和他的上级。
>
> 　　在发展反馈的整个过程中，HR 扮演以下三种角色。
>
> 　　（1）专家。发展反馈实际上是对候选人的领导力进行全面、深入
> 的评价。在进行评价时，管理者经常会陷入一些误区，例如认为善于
> 阐述豪言壮语的就是高潜力人才。在现场，HR 人员作为专家可以提
> 出一些引导性问题，避免管理者陷入误区。
>
> 　　（2）主持人。开场时介绍发展反馈的目的、意义和背景。过程中
> 解答他人的各种疑问和要求。
>
> 　　（3）记录员。把反馈者的问题、候选人的回答，一一记录下来，
> 以便会后进行总结。

联想集团以非常正式的方式让管理者能够公开地给予候选人反馈，有效回
避了反馈当中的障碍。我们总结了在接受反馈或者提供反馈时的常见问题，供
参考。

**我该怎么告诉对方，他的个人习惯（例如自言自语，或是打电话时声音过
大）影响了我的工作呢？**

给出这类反馈和其他多数情况并无二致。首先确保不要让对话过于冗长繁
复。在私下的场合，用较为中性色彩的说法提供反馈意见，并允许对方应对。
明确你的所指只是基于个人经历而非代表整个团队。

当员工的个人问题影响到其工作时，我该如何提供反馈意见？

即使员工是受困于个人问题，你也有必要提供反馈意见。应指出其个人问
题，并表达你提供帮助的意愿。你的描述需要与事实相符，还要听此人如何回
应。如果该员工坚持说只有他的个人境遇得到改善，情况才会好转，那就向其
说明其个人行为带来的消极作用。明确你对工作绩效的预期，并强调这一预期
不会因员工的个人境遇而改变，指出该员工的行为对整个团队的消极影响。

我已经提供了反馈，却没有看到任何改进。我该如何处理？

调查一下为什么没有任何改进。对方是否对问题有掌控力？试着再次指出

目前情形。例如，冷静地接近他们，通过"我知道这个问题已经讨论过了，但还没得到解决。你怎么看"之类的提醒来引入话题。如果对方确实对问题有掌控力，且与你的观点并无根本分歧，你就应该重申做出改变的重要性。

如果我不认同接收到的反馈意见，该怎么办？

你可能以后还会需要反馈者的意见，所以应尽量委婉地处理。首先想想你为何不能认同反馈意见，确保你并非一味排斥他所说的一切。设想从对方的立场看，他对情况的理解是正确的。如果不想采纳意见，你需要评估其带来的影响。如果不打算采纳意见，你可以选择不告知反馈者。不过如果你经常与他共事，那最好还是说清不采纳意见的理由。

如果受到不公正的批评，我该怎么办？

先不要反驳，仔细想想缘由，然后领会并核实你听到的信息，说明哪些可能并不正确，看提供者如何反应。

我总是无法在需要时获得反馈，意见来时已太晚。我该如何处理？

确定你想要何种反馈，并试着求助导师或信任的同事。例如，你想了解自己做的备忘录效果如何时，可以问问某个你觉得文笔不错的同事。详细叙述你想要得到评价的特定行为。根据问题的不同，你的导师可能需要在提供反馈前有观察你的行为的机会。

我想告诉某人自己对他工作的看法，但情况已经改变且无法逆转。我该如何处理？

你依然可以让他们知道自己的感受，并看看下次是否能够改变这种情况。

教练式辅导

许多人将教练式辅导（coaching）和导师指导（mentoring）二词混用，但二者不尽相同。教练式辅导侧重于当前的绩效问题和学习机会，而导师指导更注重个人的长期职业发展。此外，辅导教练通常是被辅导者的主管上司，而导师绝少有这种情况。最后一点，辅导教练要在辅导过程中对学习进行引导和指导，而在导师指导过程中，则由被指导者自己来掌控学习。

教练式辅导是一个持续过程，只要有需求或时机合适，就可以进行，随着辅导时机的不同，管理者所扮演的角色也会有差异（见表6-8）。通常，辅导是在管理者与员工探讨目标、挑战及在职表现等问题时不经意发生的，并在日积月累的过程中不断给出有益的反馈。

表 6-8　教练的角色

绩效的建议者	关系建立的中介	重要工作经验的提供者	工作经历的优化器	事业的支持者
"从说教到赋能"	"建立高质量的关系，而非更多的关系"	"为发展的需要，深入挖掘角色内的各种经历"	"从行动到思考，再到应用"	"为成为更高一层的领导铺平道路"
1. 提问，而不是告诉——最好的领导者通过提正确的问题来发展有潜质的下属，而不是把正确答案告诉他们	3. 引导对组织内的人际关系的认识——最好的领导者利用自己独特的洞察力引领下属认识、进入内部的关系网	5. 把经历和提升相结合——最好的领导者为下属的重要工作经历和职业生涯的提升之间建立清晰的联系	7. 从行动到思考，再到应用——最好的领导者应为下属创造从自身经历中思考和学习的空间	9. 支持成长中的人才——最好的领导者应成为成长中的下属长期发展的有形的、积极的支持者
2. 利用长处——最好的领导者通过发展下属的长处来培养成长中的他们，而不是改正他们的不足	4. 建立重要的关系网——最好的领导者会积极帮助下属建立重要的关系，而不是更多的关系	6. 提供挑战性的工作经历——最好的领导者会把下属安置在能提供挑战性工作经历的职位上	8. 把学习嵌入工作中——最好的领导者应确保下属能把从先前经历中学习到的东西运用到现在的工作中	10. 输出人才，不只是引进人才——最好的领导者会为有潜力的下属成功转型或升迁尽可能提供机会和支持

作为管理者，可以说每时每刻都是进行辅导的时机。

请仔细思考下面这些例子。

- 小张是一名有才干的市场研究人员，不过相对于与市场规划人员和新产品研发人员一起开会而言，他更愿意坐在自己的电脑前。他富有价值的发现未能被公司规划所采纳，自己的职业生涯也因此停滞不前。

- 小李学习速度快，与他人相处融洽且充分了解公司的目标。她的上级想要提升她，但她不愿面对难于相处和喋喋不休的人，这使她踌躇不前。

- 小王是一名精明干练的员工，他的上级想将更多富于挑战的任务授权给他，这样上级就能有更多的时间来进行规划性的工作。不过要胜任上级所授权的任务，小王还需要一些新的技能。

- 最近小刘要提升为主管，但她未能给下属充分授权任务，反而想事事亲力亲为。当她主持自己团队的会议时，经常令会议超时，而且得不到实际成果。

所有这些情况都是员工存在绩效问题或能力短板的表现，这两种情况都表明员工需要进行辅导。作为经验丰富的管理者，他们拥有大量知识与这些员工分享。不过由于他们的时间有限，因此将时间花在辅导员工上才能取得最大的投资回报率。辅导机会就在上述例子所描述的情况下产生。

- 一位新下属需要指导。
- 一位下属差不多可以承担新职责，但还需要一点帮助。
- 一位绩效欠佳的员工经过一些指导就会达到合格的工作水平。

不过请谨记，由于教练式辅导的前提是相互达成一致，因此它并不是解决所有绩效问题的最佳方法。当员工明显违背公司政策或组织价值观，或其在接受多次辅导会谈后仍旧表现平平，管理者需要进行更直接的干预。对于组织而言，通过增强员工的自信来培养人才是颇具回报和成效的。但是，领导者必须保证员工不会在接受辅导并得到发展后变得过分自信。ICI 集团董事长彼得·艾尔伍德讲述了他对辅导和过分自信之间如何平衡的经历。

我曾经有幸与一位绝顶聪明的人共事，他是从事战略规划工作的员工。当时我是银行的首席执行官，负责两年期的债权业务，他来找我。他非常有天分，但很不自信。他会来到我的办公室，问我"您希望我做什么"。我说："嗯，问题就在这里。你怎么想呢？"他没有任何想法。他说："您让我做什么我就做什么。"我回答他说："不，不，你为什么不回去好好想想，考虑一下我们应当怎样解决这个问题呢？"渐渐地，他变得越来越自信，越来越善于对问题提出自己的建议，最终成了栋梁之材。你甚至可以从他的外表看出他充满自信。这一点非常重要。这时，你必须要确保他们不会因过分自信而变得自大，因为在你作他们的导师时，对他们有一定的影响力和约束力。因此，最好的做法是赋予这些员工成长的根基和飞翔的翅膀，并且确保他们在谦虚和自大之间维持良好的平衡。

一旦抓住辅导机会，就可以按照如下步骤开展辅导。

1. 前期准备

对一个潜在的被辅导者进行观察，管理者要验证对他的技能或绩效的假设是否属实，留意需要帮助的信号。在开始辅导前，管理者要评估改进的可能性，正如安德鲁·卡内基所说：人必先自助而后人助之。如果一个人不愿意攀登，你无法把他推上梯子。所以，管理者在辅导之前首先要考虑员工是否有动力接受辅导。

- "该员工是否愿意并能够接受帮助？"只有当被辅导者自愿参加辅导时，辅导才会起作用。
- "这个绩效问题是否可以解决？"有些问题已经根深蒂固，以致再多辅导也无济于事。你如何界定这些问题？老板做派、派系倾轧或是缺乏自信，这些时常自乱阵脚的低效率行为及一系列类似情形都无法通过辅导改善。

在确认员工有意愿接受辅导后，管理者要让下属做好接受辅导的准备，此时可以让其自行评估工作绩效。提问：

- "你的目标已经完成到哪种程度？"
- "你是否已经超额完成了一些任务？"
- "你目前是否有正在竭力实现的目标？"
- "是什么阻碍你达成自己的目标？是缺少培训、资源还是我的指导？"

如果辅导的目的是让某位员工为新工作或更高的职位做好准备，可让该员工将其目前的能力与新职位或职责所需的能力进行比较，并确认差距。

2. 技能和绩效的初步讨论

当管理者与某位员工进行辅导面谈时，需要就所观察到的该员工的实际行为进行讨论，而不要讨论对他的个性或动机的假设。开始进行辅导会谈时，先指出观察到的正面行为，然后集中在要给予他们的建设性反馈意见上。

在整个讨论过程中，管理者应避免谈到自己对他人动机的猜测，比如"你习惯打断他人表明你想支配别人",或是"这种行为让我觉得你不愿意接受新的想法,而且不喜欢这类工作"。我们很容易在头脑中对正在发生的情况做出一些经意或不经意的假设。关键是管理者不能被这些假设所蒙蔽,因为人们经常会做想当然的事情。他们会说"哦,是的,那很有趣",而他们根本不这么想。管理者需要通过提问避免这种情况的发生。因此,如果有人说那很有趣,我们可以问:"你觉得究竟有趣在哪里?"这样,管理者就始终能够探究回应表面下更深层的信息。

在讨论中,提出开放式问题(即不是仅用"是"或"否"来回答的问题)来鼓励员工参与,并激发解决绩效问题或弥补能力短板方法的产生。通过这种提问形式,管理者能够了解他人的观点并深化自己对问题的看法。这反过来也能帮助管理者提出更好的建议。

开放式问题的例子有:

- "如果……会怎么样?"
- "你对自己目前的进展情况感觉如何?"
- "在职培训方面,你面临的主要困难有哪些?"
- "如果你可以重做上次的销售演示,会有什么不同?"
- "你认为是什么导致你没有在团队会议上提出自己的观点?"

提出封闭式问题(需要用"是"或"否"来回答的问题)可以达到以下目的。

- 强调员工的回答:"你对自己的进度是否满意?"
- 确认他人所说的话:"那么,你的主要问题是如何安排时间,对吗?"
- 达成共识:"那么,我们都同意你目前的技能不足以实现你的职业目标,是吗?"

针对初步讨论中发现的小问题,诸如修正电子表格的错误之类的小目标可以通过现场辅导解决,不需要行动计划。但对于那些更大的目标,比如帮助员工掌握某种新职位所需要的技能,就需要制订一个行动计划了。由被辅导者本人制订的行动计划最为行之有效(见表6-9)。

表 6-9 被辅导者的行动计划模板

行动计划构成	示例
对绩效问题或能力短板的陈述	张明总是在会议上打断别人的发言
对目标的陈述	学会如何允许别人表达观点
应采取的措施/成功的衡量标准	1. 避免在会议上打断别人的发言/可用在连续两次会议上没有出现打断别人发言的行为来衡量 2. 仔细倾听别人的观点；对问题做出回应而不是自顾自说/用被辅导者针对他人发言提出的跟进问题数目来衡量
日程表	在 2 月 15 日回顾措施 1 的进展情况；在 4 月 15 日回顾措施 2 的进展情况
辅导教练的角色	辅导教练将在每次会议后对进展情况进行点评

案例：IBM 用多样化的方式培养员工

IBM 为个人成长提供了很好的机制，同时也在工作中提供了很多实践机会。IBM 对员工的重视，表现在直属经理要定期给员工制订个人发展计划（IDP），员工每年都可以和老板讨论个人的职业发展计划，你是希望将来做经理，还是希望做一个专业人士，抑或希望通过部门之间的交流，广泛涉猎、扩展知识层面，以及你对什么工作感兴趣等，都可以向老板表明，老板则会根据情况，在工作分配，或是技能、专业培训的安排上考虑你的情况，甚至帮你找一个导师，带你一段时间，都是有可能的。员工会感觉自己在与公司共同成长。根据员工的优缺点以及员工和公司双方面的需求，直属经理会为员工设计制定每个阶段的学习和发展方向。IBM 会把有潜质的员工调派去做高层管理者的助手，让他有机会从较高的层面俯瞰公司的发展前景，显示对公司事务的处理能力。IBM 的员工除了自己参加培训外，有时也要为别人提供培训，比如在部门内带徒弟，为其他部门培训，这些工作都不在界定的工作范围内，却是提升自己能力、加强横向沟通和促进团队进步的绝好机会。有时老板会分配新的工作或进行工作内容调整，目的是让大家都有机会学习，不断提高自己。

---

3. 持续跟进

计划制订后，持续跟进是有效的辅导过程中不可或缺的步骤，是指随着辅导过程的展开，管理者需要定期与下属一起检查进展情况和理解程度，以便鼓励被辅导者继续改进，强化对新技能和新行为的掌握，并防止退步（恢复原先的问题行为）。

持续跟踪辅导的过程是否成功取决于两个关键点：第一，能否准确地识别领导力改进的障碍，以及辨别这些障碍都在哪里。第二，导师与被辅导者是否能够建立起亲密的信任关系。

发展的障碍可以用素质的冰山模型表示（见图 6-10），主要包括：冰山在水面以上的部分，如知识、技能，这一部分的障碍比较容易克服，通过阅读、培训或训练可以克服。冰山在水面以下的部分，如社会角色/价值观（也称之为"心智模式"）、自我意识、个性和动机，这些因素比较难改变。自我意识比社会角色难改变，而个性、动机又比自我意识难改变。根据我们的经验，通过领导力辅导，大概 70% 的人其社会角色/价值观可以发生显著改变，但只有约 30% 的人其自我意识发生显著改变（越成功的领导者，其自我意识越难改变）。对于个性和动机，即使进行领导力辅导，发生的改变也微乎其微，除非其人生发生重大变故。随着冰山在水面以下层面的逐步深入，其改变的难度也逐渐增加。

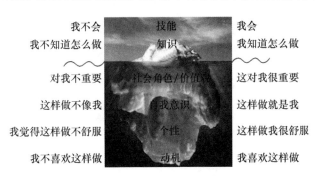

图 6-10　素质的冰山模型

更重要的是，冰山在水面以下层面的障碍能否被克服，与导师与被辅导者之间的信任程度有关。对于知识和技能障碍，导师提出来后，被辅导者很容易就能接受，可能不需要双方建立紧密的信任关系。对于冰山在水面以下社会角色/价值观的改变，只有在双方建立起一定的信任关系后，被辅导者才能信服导师的反馈。随着冰山在水面以下层面的逐步深入，导师和被辅导者之间需要建立更深入的信任关系，否则，这些障碍很难被克服。

在具体的跟进方法上，我们建议采用以下系统化的方式来保证效果。

- 设定跟进讨论的日期。许多辅导教练计划在辅导会谈的几天或一周后进行跟进讨论。

- 定期检查被辅导者目前取得的进展。如果辅导的目的是为新的工作职责做准备，可要求员工演示其掌握的新技能。如果员工在掌握新技能或纠正行为时遇到困难，可以问问对方如要取得更大进步需要自己提供什么帮助。

- 持续观察下属的绩效和行为。例如，如果管理者正努力纠正一种效率低下的行为，就应该不断评估这种行为是有所改善还是更加恶化。积极表示关心，问问该员工需要何种帮助，使其不断取得进步。

- 保持对被辅导者积极倾听的态度。当利用提问和讨论进行跟进时，还需要显示出管理者对被辅导者的关心、支持和重视。先仔细倾听，然后给出回应或想法。

- 不断改善行动计划。找出对行动计划的可行修正，并积极实行。检查改动的结果，看是否可以做更多有益的调整。

- 改进辅导流程。定期询问辅导流程中哪些部分发挥作用，以及如何对流程加以改进。例如，上级和被辅导者的面谈次数需要增加还是减少。

在学习活动中发展

"如果不准备充分，继任就只是个计划而已。"这是一位 CEO 在接受我们访谈时深有感触的评价。在过去几年，我们看到很多企业构建了自己的继任梯队，但对不少企业而言，那不过是一套高层用来"娱乐"的陆战棋。高管缺乏对继任者在继任前和继任后的培养与转型的认真思考和投入。大多数企业过于注重后备人选的甄选，一旦选入后备人才库中反而不再关注，而优秀的企业不仅关注入库前的选拔，更加关注如何在库中培养。只有两方面都做好了，才能产生合格的人才出库。因此，在库培养要改变随意性，转向有序、有机培养。

对诸多中国的成长型公司而言，对领导者的培养与全球优秀企业的水平相比还有相当大的差距。其关键就在于"体系化"。我们看到无论是 GE、卡特彼勒、西门子，还是麦当劳、美国银行、思科，都构建出了针对不同层级的管理者在他们职业发展的道路上一个个关键的培养项目，而这些项目与企业的整个人才管理紧密衔接，它们清晰地规定了什么样的人，在什么时候，参加什么样的学习活动，达到什么样的培养目标，以及如何应用培养结果。这些学习活动的集合体，我们称之为领导力学习地图。它将帮助管理者加速成长，在实现个人发展的同时，实现组织战略目标。本节将以构建体系化的领导力学习地图为出发点，讲述如何通过各类学习活动培养管理者。

构建优秀的领导力学习地图需要完成以下三个方面的工作。

- 识别培养对象的发展需求。
- 设计适合成人学习的混合式培养项目。
- 与人才管理体系紧密联系。

识别管理者的发展需求

领导力学习地图的设计要把握管理者的需求。一般而言，领导力培养的需求包含四个层面（见图 6-11）。这些内容已经在本章第一节中有过系统阐述，在此不对内容做进一步阐述，有兴趣的读者可以先读那一部分再来续读此部分。

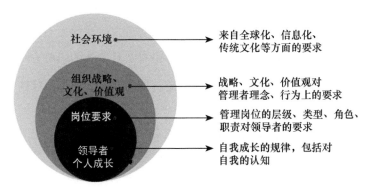

图 6-11　领导力培养需求的来源

案例

　　我们不妨一起来看看美国银行是如何帮助新任高管完成新任期转型的。美国银行在分析了新任管理者的发展需求后，对每位被提升为 250 名核心高管队伍之一的新任管理者提供一份定制的上任计划。表 6-10 列出了成功地完成第一年工作的路线图，包括哪些是要重点发展的关系，哪些信息需要快速掌握，工作的主要目标，如何发展自我以及在不同阶段其他利益相关者对他的期望等。这些学习资源和工具已经被证明非常有价值。

表 6-10　美国银行的高管上任工具箱

工具	目标	时间
新任领导任职计划	为新任管理者组织各类就职活动	第一周
领导力模型工具	介绍领导力模型、自评	第一周
主要利益相关方会议	加速发展利益相关方网络	前 60 天
新同事融合	加速发展与新同事的关系	60～90 天
45 天利益相关方评价	对其优势、不足进行反馈，并制订改进计划	45～90 天
高层关系网	创造机会与公司级领导层发展关系	每季度
360 度反馈	根据领导力模型评估素质	180 天后

　　支持团队：直接上级、关键相关高层、同级管理者、HR、外部教练或顾问

　　资料来源：Growing Your Company's Leaders, AMACOM, 2004.

设计混合式培养项目

　　培养领导者的目的是帮助企业提升绩效，只有领导者的行为发生了变化，培养才是有效的。所以之于识别需求，设计推动行为改变的培养项目就显得更加重要。那么，领导力究竟应该如何提升才最有效？传统的培养方式有什么弊端？由于大脑的发展规律，成人在接受信息、处理信息上具有独特性，即 70-20-10 的规律。

　　70%：成年人的学习有 70% 依靠实践获得。因此往往通过轮岗、带领项目、外派等方式发展人才会取得较好的效果。所以在设计学习项目时，需要纳入管理者实践的环节，如行动学习、模拟分析、讲授课程等，以保证学习效果。

20%：成年人的学习有 20% 依靠向他人学习获得，包括辅导、反馈、评价等。因此在学习项目设计中会纳入多样化的评价、团队互动反馈、小组研讨等方式，保证管理者在学习中有更多的交流，相互学习。

10%：成年人的学习有 10% 依靠传统课堂面授获得。这是最传统的培训方法，但它对知识性和基础技能性的培养具有很好的效果。此部分将通过面授与 E-learning 结合的方式，把传统课堂培训的时间与地点的局限拓展开，通过即时学习提升学习的针对性和有效性。

基于这样的思考，我们提出以"培训、实践、讲授"（training，action learning，teaching，TAT）模式作为领导力培养项目设计的主要模式，构建融合三种方法于一体的领导力培养体系（见图 6-12）。

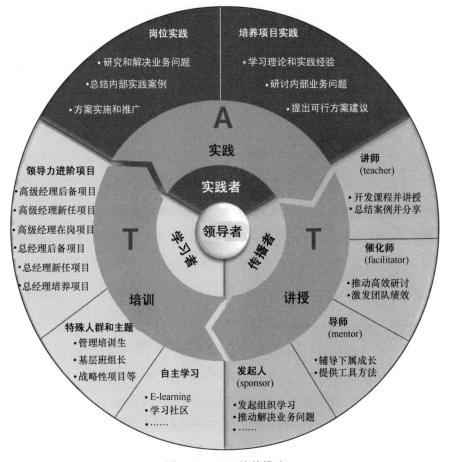

图 6-12　TAT 培养模式

TAT培养模式表明了任何一位管理者在培养过程中要完成的三种角色：学习者、实践者和传播者。这三种角色的设计目的都是为了更好地促进管理者的学习提升。

作为学习者，培训模式是领导力提升的基础，它主要发挥着持续提供养分的作用，大量的知识学习、理念学习，如新岗位技能、行业趋势、政策法规、新技术、公司价值观、国际最佳实践等内容都将以培训为主要的学习形式。作为学习者，培训一方面强调自我对知识吸收、内化的过程，磨炼快速学习的能力，提升自我管理；另一方面起到统一思想、统一理念、统一方法的重要作用。

作为实践者，行动学习把领导力培养与企业经营管理实践相结合。在行动学习中通过不断解决各种复杂的、具有挑战性的问题，培养战略思维、系统思维、变革创新等经营管理中需要的领导力素质，并可积累出大量可应用的管理工具和案例，有助于促进业务改善。

作为传播者，讲授的模式把沉淀在领导者思想中和经验中的精华提取出来，一方面帮助领导者把隐性知识显性化，显性知识结构化，另一方面在讲授、分享、辅导中，把结构知识课程化、课程知识传播化，这个过程能够有效地培养并梳理领导者的影响力，也使他们学会激励与辅导下属。

对处于不同阶段的管理者而言，三种角色的侧重有所不同。例如，在新任经理培养时期，侧重于扮演学习者角色，多通过培训来掌握新岗位的能力要求；在挑战期，侧重于扮演实践者的角色，把管理者放到真实的环境中，通过行动学习解决实际工作中的挑战来培养能力、考察潜力。

案例：国航的领导力学习地图

"十二五"前夕，国航高层清晰地看到了公司在未来几年将面临的巨大挑战：运营体系日趋复杂，全流程服务难度增加，以打造本土化的全球公司为新的战略目标，急需一批具有变革创新能力、视野开阔、高瞻远瞩的管理者。为此，国航决定通过构建完善的领导力培养体系，快速培养出大批符合新的战略目标的领导人才。2010 年年初，国航成立了项目组，重塑国航领导力培养体系，重点以构建领导力学习地图为切入点打开局面。基于上述理论研究成果，项目组设计了覆盖五类人群的领导力学习地图。

国航领导力学习地图（见图 6-13）覆盖了从管理培训生到总经理 5 个层级，针对每一个层级的新任期、在岗期和提升期都设计了不同的培养项目，如在高级经理层，新任期需要参加"领导力转型 Ⅲ"项目，而在岗期的高级经理需要完成"行业领导力"和"班子领导力 Ⅰ"项目，针对潜力较高的高级经理，则提供为期三个月的"LEAP+"项目（leadership excellence acceleration program plus）。这些项目大多结合了测评、行动学习、在线学习、面授辅导等多样的学习方式，用混合式的学习模式促进管理者学习。

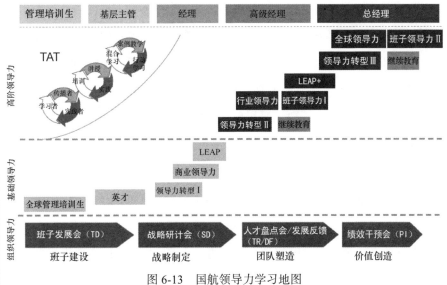

图 6-13　国航领导力学习地图

该学习地图除了针对个人领导力外，还设计了针对组织领导力发展的四类关键活动：班子发展会、战略研讨会、人才盘点会和绩效干预会。当管理者开展好这些与日常管理工作紧密结合的活动时，将大大促进国航组织领导力的提升（即班子建设、战略制定、团队塑造和价值创造）。

> 　　领导力培养体系只有在实践中不断应用才能够持续提升。在公司高层对体系框架认可的前提下，本着"边实施、边验证、边优化"的思路，项目组在 2010 年 11 月首先启动了针对国航新任总经理的混合式培养项目。值得一提的是，为了让培养内容真正国航化，项目组说服了国航的两位高层管理者在该项目中授课，课程内容的案例素材以高层管理者多年经验的总结为主，更是国航智慧的沉淀，引起了学员强烈的共鸣。

打造领导力学习地图与人才管理的强连接

　　尽管人才培养在各种调研报告中都被列为未来几年企业的头等大事，但并不意味着就培养谈培养就能够解决问题。越来越多的 HR 把培养和人才管理的各个模块放在一起考虑，包括人才规划、招聘、绩效管理等，它们是人才培养的外部环境，这些因素与人才培养体系不断交换信息，以保证培养的活力。CedarCrestone 的一项调研发现，那些仅仅采用最好的培养方法培育人才的企业在收入增长速度上，要比采用整合式的方式进行人才培养的企业慢 10 个百分点。

　　基于咨询实践和理论研究，我们提出了人才管理的整合模型（integrated talent management model，见图 6-14）。该模型包含了四个层面的内容，清楚地阐释了每个层面之间的相互关系。第一层是以领导力学习地图为核心的学习发展体系，第二层是围绕学习发展的人才培养内环，即七要素模型。该模型以组织能力分析为起点，一方面通过构建能力模型建立人才评价标准，并通过测评找出个人优劣势，最终形成个人发展计划；另一方面，通过人才盘点找出高潜力的人才，通过比较形成继任计划，最终也以制订个人发展计划为结束。在这样的循环过程中，学习发展把各个要素更加有机地连接起来。第三层是外环，它由六个子模块构成，每个模块都与内环保持紧密连接，例如继任计划的结果形成了人才库，能力模型用于人员招聘，绩效管理的评价结果用于检验组织能力的提升效果，薪酬管理推动个人有持续发展的动力等。内外两环紧密地咬合在一起，相互驱动，成为推动组织的人才发展驱动轮。第四层是外部环境，为驱动轮引领发展方向。

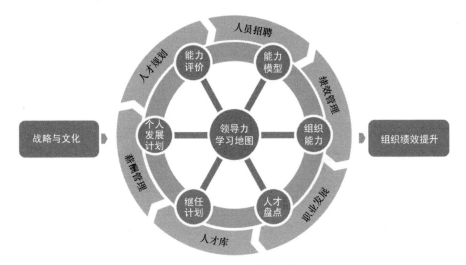

图 6-14　人才管理的整合模型

毋庸置疑，整合的人才管理模式将为企业带来诸多的收益。但对于中国企业而言，要建立这个轮子并不容易：要么没有领导力学习地图这个主轴，要么缺少与人才培养各个要素连接的"辐条"，或者"外胎"充气不均匀，影响行驶速度。要抓好领导力学习地图建设的主轴，推动整个体系逐步发展，这既是解决问题的入手点，也是关键。

· Part 2 ·

第二部分

最 佳 实 践

案例一

通用电气公司：Session C

....

通用电气公司是一家学习型的企业，我们当今真正的核心
竞争力并不在制造业或者服务业方面，而是在全世界范围内吸
引和培育全球最优秀的人才，并进一步激发他们努力地去学习，
争创出色的业绩和把事情做得更好。

——杰克·韦尔奇
通用电气前董事长兼 CEO

....

导　入

通用电气公司（General Electric Company，GE）是世界上最大的提供
技术和服务业务的跨国公司。它将自己定义为一家全球数字工业公司，创造
由软件定义的机器，集互联、响应和预测之智，致力变革传统工业。在 2017
年 6 月发布的《财富》美国 500 强排行榜中，GE 排第 13 名，营业收入达到
1266.61 亿美元。同时，在 BrandZ 最具价值全球品牌中，GE 排名第 19 名。
截至 2017 年，GE 是美国拥有专利最多的公司。

GE 是享誉世界的百年企业之一，它的历史可以追溯到托马斯·爱迪生，
他于 1878 年创立了爱迪生电灯公司。1892 年，爱迪生电灯公司和汤姆森 -

休斯顿电气公司合并，成立了 GE。GE 在公司的多元化发展当中逐步成长为出色的跨国公司。目前，公司业务遍及世界上 100 多个国家，拥有员工超过 30 万人。

从成立至今，GE 取得了如此辉煌的成绩，这与公司对人才的密切关注有着不可分割的联系。它被称为"人才制造工厂"，每年投入超过 10 亿美元用于人才培养。它的企业大学克劳顿学院被《财富》杂志誉为"美国企业界的哈佛"，出身于 GE 而后跻身《财富》500 强的 CEO 多达 137 位，而这个数字还在增长。

人才盘点的先驱

从 20 世纪 50 年代开始，GE 的人力资源或者说人才管理体系就开始经历持续不断的变革。每一代企业的继任者，都不遗余力地推动着这些变革。人力资源的变革来自市场环境的变化。受到第二次世界大战的影响，在 1939 年以后的 15 年里，GE 的业务规模增长了 10 倍以上。业务的范围从传统电气业务扩展为核工业、飞机引擎、雷达等诸多领域。原有的集中管控的模式已经很难适应业务发展的需求。当时的 CEO 拉尔夫·科迪纳提出去中心化（decentralization）的策略来重塑组织架构，即成立以事业部制为核心的组织体系。由于事业部模式对权力下放的幅度很大，GE 需要一大批能够"用好"这些权力，更是责任的出色经理人才，尤其是具有综合管理能力的事业部总经理。

看到人才匮乏，科迪纳下决心在奥西宁建立了第一所企业大学，即后来人们熟知的克劳顿学院。在克劳顿学院成立当年（1956 年），GE 花费了 4000 万美元用于管理人才的教育培训，这几乎是 GE 当年税前收入的 10%。克劳顿学院作为一所企业大学，参与到人才发展的各个环节，包括吸引人才、培养人才、管理人才和留住人才。GE 的领导力开发与整个人力资源管理体系密切衔接在一起。科迪纳在加强教育培训的同时，开始对管理人员的在岗发展体系进行重新设计，构建了人才盘点 C 会议（Session C），成为现代企业人才盘点体系的先驱和标杆。

融入公司战略与业务运营的确定流程

Session C 作为一种确定的公司流程，而非独立的人力资源流程，与其他管理工具共同构成了公司的业务运营和管理体系。在科迪纳之后的几代继任者的努力下，GE 不仅逐步完善了 Session C，还构建了其他一系列的管理工具。现在，Session C 与 Session Ⅰ（战略规划）、Session Ⅱ（财务管理）、Workout（群策群力）、6 Sigma（质量管理）这些管理工具相互衔接，共同构成了 GE 管理体系的基础。

GE 一年一度的战略和人才规划活动是领导力开发的基础，这些活动明确地考虑到对应于企业的战略，人才需要具备的可用性和可发展性。年度活动包括以下四部分（见案例图 1-1）。

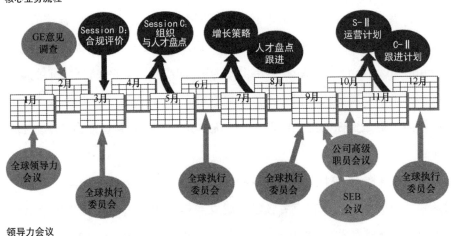

案例图 1-1 GE 业务运营全图

- 1 月（执行总结会议）：商定商业战略，讨论最佳实践解决方法。
- 3 月（6 月、9 月、12 月）（执行委员会会议）：根据总结会议商定的议程进行讨论和分工。

- 4/5 月（Session C）：评价和规划目前及未来企业跨部门的领导力发展，这一会议由 CEO 带领，对组织的领导力和人才发展计划进行盘点和审查。

- 秋季（Session Ⅰ、Session Ⅱ）：考察公司未来 3 年及来年的商业前景和人才需求。

其中，Session Ⅰ 和 Session Ⅱ 主要指公司的发展目标。Session Ⅰ 指公司 3 年的业务规划，包括市场评估、竞争评估、业务战略开发以及人员、技术和市场动态整合；Session Ⅱ 指公司第二年要完成的目标规划，包括年度预算、投资资金筹集、销售固化、运营管理 / 现金流评价等。Session C 是对公司人力资源工作进行的评估，从人力资源的角度审视公司的一系列目标与计划，是识别人才的过程，也是识别公司发展对人才和组织的需求的过程；Session D 是对遵纪守法与诚信的评估：包括合规年度审核，国家、州和当地法规，环保规划及公司政策。

GE 通过 Session C 识别整个企业中所有个体可能为组织提供的潜在领导力，并共同探讨员工个人的职业发展规划及其可能继任的管理者职位。在 Session C，GE 会采取书面化、非常正式的方式对每名员工进行评估。评估包括自我评估、360 度评估和上级评估。Session C 属于业务范畴而不仅是人力资源的事情。在 Session C，每个人都要与自己的直接经理讨论个人发展计划，并拟定下一年度需要参加的培训。GE 从价值观和业绩两个维度对员工进行区分，以此为基础进行人才的激励、储备、培养和优化。

管理学大师拉姆·查兰 2006 年 11 月在《哈佛商业评论》上发表了文章"破除优柔寡断的文化"，其中有一段关于通用电气 Session C 如何与公司其他管理会议相互结合的描述，我们摘录下来。

在 Session C 上，韦尔奇和通用电气的高级人力资源副总裁比尔·康纳狄会见每个业务单位的主管和人事主管，讨论领导力和组织问题。在长达 12 ～ 14 小时的紧张会议中，与会者对业务单位有潜质的人才以及组织的优先目标做出评估。对谁应该得到晋升、奖励和发展，怎么去做，谁没有达到业绩目标，每个人都必须坦率，并且必须执行会议的决策。人们在对话中会反复讨论，而且对话会与各个业务单位的战略紧密联系在一起。韦尔奇会用笔做记录，总结对话的要点和行动项目，从而跟踪每次会议的效果。通过这一机制，选拔和评价员工成了通用电气的一项核心能力。难怪通用电气会有"CEO大学"之称。

业务单位主管实施行动计划的进展情况是 Session I 的议程之一，Session I 在 Session C 结束大约两个月后举行。韦尔奇、公司的首席财务官以及 CEO 办公室中的成员，将会见每个单位的主管及管理团队，讨论未来三年的战略。这一战略必须包含在公司执行委员会上提出的有关全公司的主题和行动，并接受韦尔奇和高层管理者的彻底审查与现实的检验。与在 Session C 上一样，有关战略的对话是同员工和组织问题联系在一起的。在 Session I 上，韦尔奇同样会用笔做记录，写下这次对话使他对单位主管有什么样的期望。

Session II 通常在 11 月举行，与 Session I 的议程基本相同，只不过它关注的时间段比较短，一般是 12～15 个月。在 Session II 上，人们会把公司运营的重点与资源的分配联系起来。

这些会议共同把反馈、决策以及对组织能力和关键员工的评估联系在一起。这个机制明确地把每个单位的目标和业绩与公司的整体战略联系起来，并积极地鼓励领导者培养下一代接班人。这个过程严格要求管理者负起责任。同时，韦尔奇会利用这些机会进行跟踪，并做出直率、切中要害、以决断力与执行力为核心的反馈。这个运作体制或许是通用电气最为持久的竞争优势。

Session C 人才盘点过程

Session C 不是一个事件，而是一个全面的流程，每年循环一次，周而复始。它属于 GE 一年一度的战略和人才规划活动，有一个强化的行动 / 决策重点和严格约束的跟进机制。我们从 GE 的网站上找到一段目前对 Session C 的定义：Session C 是为保证组织一致性，对组织绩效、领导力采取的多层次评估和审计。下面我们将从 Session C 的三个阶段，介绍其人才盘点过程。

阶段一：准备阶段

在正式的 Session C 召开之前，需要比较详实地搜集员工的相关信息，以保证对员工绩效和潜力的讨论有比较可观可靠的依据，基于以下几方面信息来源。

（1）个人内部简历和自我评价。作为员工在 GE 的绩效要素之一，所有员工都需要完成一份一页长的个人简历表格，包括其职业历史、技能和发展需求，以及在与其经理讨论的基础上得出理想的下一步行动。

（2）按时间顺序的深度结构化访谈（Chronological In-Depth Structured，CIDS）。这是 GE 对资深员工进行的访谈，这些高强度的访谈（最长 5 小时）考察其个人职业生涯中的主要工作成果、失败及错误，并最终形成评价和发展报告，结果会对其个人晋升和轮岗产生影响。

（3）绩效评估。绩效评估由个体的直接上级完成，包括员工对评价的反应，以及来自经理、同事和员工的 360 度反馈，说明相关的优势和不足。

（4）最新的职业潜力评价。由高于被评价员工两个层级的经理完成该员工的职业进步 / 潜能评价。

这一阶段，员工管理系统（EMS）和 360 度反馈可以帮助有效地搜集这些信息。通过 GE 的 EMS 工具，从员工自评开始，先由员工本人填写个人的工作完成情况、个人的长处和发展需求、个人的事业兴趣等；同时也有来自经理、同事和员工的 360 度反馈，说明相关的优势和不足；再由员工的直属经理对员工的绩效、优劣势和培养需求等进行再次评估；以及高于被评价员工两个层级的经理完成该员工的职业进步 / 潜能评价。通过 EMS 完成对所有专业人士（多于 10 000 人）在绩效、优势、弱点、就业兴趣和潜力上的彻底评估。

阶段二：Session C 召开

每年 4 月或 5 月，GE 的 CEO 以及公司人力资源部门的 SVP 将在 GE 的各个职能单元主持 Session C：针对该管理团队的业绩表现和高潜力人才进行长达一天的盘点。会议包括以下目标。

- 审议战略前景和人才的潜在影响。
- 评审组织绩效、改革计划以及高管方面的发展需求。
- 关键个体的绩效回顾。
- 识别高潜力人才，并规划高潜力人才的培养。
- 针对前 20% 和后 10% 的员工制定战术。
- 规划重要岗位的继任和后备计划。
- 特别关注重要的公司或业务信息。

绩效的人才的评价和讨论会参照 GE 的领导力素质模型进行。1～5 分的 5 点量表被用来评定个体针对胜任特征的相关优势，以保证不同候选人、不同公司间的对比有效。随着 GE 的战略发生改变，领导者的行为要求也随之变化。这些行为素质是 Session C 进行评价的参考框架，因此人才的识别和规划过程能够与首要战略保持一致。

GE 的 Session C 流程一直非常神秘。我们根据收集到的资料模拟了一个 Session C 的日程安排，它显示了会议是如何针对部门员工的绩效和潜力实现全面而有效的回顾。

会议首先由各个 BU 的 CEO 阐述其直接汇报者的绩效（除了该事业部的人力资源副总裁，其他副总裁不参加会议的这一部分），在讨论完这些内容后，该事业部的高层管理者可以参加进来，由该事业部的副总裁阐述所分管业务的全面人员概览，最后针对该事业部的人才管道状况进行评估（见附录）。

在 Session C 中，多种工具的使用使对人才的评估和盘点更加有效，包括准备充分的员工报告、组织结构图、九宫格等。

员工报告：在 Session C 上，GE 的 CEO 和其他与会者会采用同一种参考工具，用来呈现每个员工绩效和潜能的缩略图，前期准备的每个员工的资料被压缩成一份由两页纸组成的文档后呈现给大家进行讨论，其中包括职业背景 /

经验、可晋升程度 / 绩效评定、360 度绩效反馈总结、优势 / 发展需求 / 可能的发展动向四个方面。这一简单的报告能够帮助我们在短时间内迅速直观地了解被评价者，并更加有效地纳入领导力发展规划中。

　　组织结构图：用组织结构图推动关于人的讨论，组织结构图将组织、岗位及员工的情况清晰地呈现出来，将员工放在组织和整体中去评估，可确保对人才的评估与组织的战略和业务发展需求紧密相关。

　　九宫格 / 活力曲线：Session C 最终会生成一个九宫格，其中比较了所有候选员工晋升的可行性。这一矩阵基于价值观和绩效两个维度划分为九类，并将所有候选员工分配至各个维度组合中。这一矩阵提供了 GE 领导力人才库的健康状况。各企业中 CEO 对于会议内容的熟悉避免了不符合实际的评价，集中监督的机制确保了人才评定的公正性，并在不同分支中进行校准，以此保证最终的矩阵能够提供真实的情况以指导继任计划，且适度关注发展类的活动。

阶段三：后续人才发展

　　基于 Session C 的讨论决议，CEO 和高级执行官达成共识并签订每位员工的发展行动计划。这些行动指明了员工为进一步发展其领导力才能在 GE 范围内可能担任的领导者岗位。公司总部拥有 TOP500 的员工，并将他们派往各个业务部门。培训和实践类的发展机会包括以下几个。

- 在克劳顿学院讲授技术类和管理类的课程。
- 对外讲课。
- 跨区域、跨职能部门、跨业务单元的轮岗。
- 晋升为拥有更大或不同职权的职位。
- 被指派至特别工作组或项目团队。

经理层对人才培养和人才渠道的质量负责的机制对于 GE 成功保持强大的领导力储备至关重要。公司期望所有经理人针对下属的职业目标进行指导，这样的工作能够将公司的 CEO 及高级执行团队和公司每一位专业员工的成长联系起来。疏于促进优秀员工发展或阻碍员工在组织内调动的管理者，绩效评估将会得到负面评价。

Session C 严格评定，排序和发展规划流程使 GE 能够识别其最具能力的员工并保证其明确的发展道路。3000 位经理中，大约 360 人被选拔参加公司在克劳顿学院的领导力培训项目。CEO 和高级执行官也将定期积极参与到这些课程的教授和教学中，为参与者提供接触重要领导角色的机会。

在 20 世纪 80 年代后期，在密歇根大学诺埃尔·迪奇教授的带领下，GE 的克劳顿学院构建了它的领导力学习地图（见案例图 1-2），并不断完善至今。

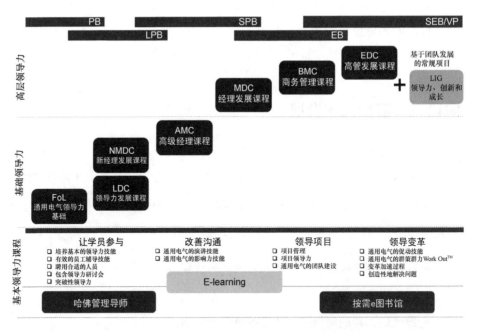

案例图 1-2　GE 领导力学习地图

（1）领导力基础（foundations of leadership，FoL）：针对高潜力的，同时表现出领导责任的个人贡献者。GE 有 60% ～ 70% 的员工都会上这个课程。

（2）新经理发展过程（new manager development course，NMDC）：

针对新任经理，GE 的全球通用课程。

（3）高级经理课程（advanced manager course，AMC）：有一定经验的或通过并购新进入 GE 的经理。

（4）经理发展课程（manager development course，MDC）：晋升为高级管理者才能参加。

（5）商务管理课程（business management course，BMC）：针对某项业务的某一大洲的 CEO 级别经理人，从全世界范围挑选高管参加培训，需要公司副总裁提名。

（6）高管发展课程（executive development course，EDC）：领导力课程体系中级别最高的课程，针对公司级高管，从众多候选人中选拔。

绝大多数培养项目都是以晋升或业绩优秀为参加前提的。例如，AMC 课程必须是高级经理当中的前 20% 才有资格参加，MDC 课程是晋升为高管后才能参加，BMC 课程则要由公司副总裁提名那些最优秀的管理者参加。因此，能在 GE 学习本身就成了荣誉，是 GE 经理人所向往的。

FoL、NMDC、AMC 为领导力基础课程，时间为一周，参训者需要管理人员和人力资源管理部门批准。MDC、BMC、EDC 为高管培训课程，覆盖5000 名高管。EDC 每年一期，从过去的 15 人增加到了 35 人。BMC 每年三期，每期 50 人。MDC 每年 10 个班，每班 80 人。

把培训活动与人才盘点对接的目的就是要加速继任者的成长，并快速适应新角色。一方面通过设计在岗的拉升性项目让潜在继任者体验未来岗位的要求，这里的关键词是"挑战"。例如 GE 的 BMC 项目：该项目通常为期四周，除了第一周在 GE 的克劳顿学院外，剩下三周学员会分成不同小组针对同一个主题在全球不同国家进行调研访谈，例如，如何通过社会网络提升 GE 的业务，学员在汇集了全球不同国家的观点后形成多样化的解决方案，并向伊梅尔特汇报。另一方面，培训项目的设计帮助那些已经继任的管理者快速适应岗位，这里的关键词是"支持"。美国银行新任高管的转型就是由一系列学习活动构成的，有力地支撑了人才盘点的落地。

GE 人才盘点体系的"秘密"

随着 GE 的管理方式和理念在全球推广，GE 的人才盘点工具和机制已经被很多企业效仿并运用到自己的管理实践中，但实际运用的效果各不相同。正如拉古·克里希纳穆尔蒂（现任 GE 首席学习官）在他 2014 年发表的文章"GE 人才盘点体系的'秘密要素'"中谈到的："真正区分 GE 和其他效仿者的人才盘点的核心要素并不在于表格、工具、评分和技术，而是在于组织为此投入的大量时间以及对候选人潜力和绩效讨论的深度。这些对话和时间比任何机制都要重要得多，我们的人才盘点的核心始终在于组织和高层领导为此付出的大量时间。"

高级管理层推动人才发展

CEO 积极参与 Session C 的人才评价和规划过程是 GE 领导力发展进程的本质特征。作为 GE 的 CEO，杰克·韦尔奇在与人才相关的活动中投入了大量的时间，例如 Session C。他承认自己的大部分时间都用于评价员工了，"我应该是这里最牛的员工"。拉古·克里希纳穆尔蒂提到："我们绝大多数的高层领导，包括 CEO，至少会将 30% 的工作时间专注于与人才发展相关的工作上。"这是 GE 运营机制的一部分。

CEO 对人才进行着坚定且高调的管理，同时要求其他高层领导全力投入到人才发展的工作中，这些都保证了 GE 对于领导力储备的持续关注，并且这一过程是严格而高效的。

对员工个人评估的重视和准备

在 GE，绝大多数员工每年有超过 1800 小时的时间与经理在一起工作，为公司发展贡献力量。因此，经理每年至少要花几小时的时间认真思考和讨论员工的绩效评估，以此履行帮助员工成长的责任，GE 认为这是理所应当的。

经理被期望花足够的时间，对员工的绩效表现、价值观、潜力、优势、待发展项和发展计划进行细致深入的讨论。对员工的个人评估被认为是进行有价值的讨论的基础。

集中深入的讨论机制及公正开放的讨论氛围

员工的直属上级、HR、事业部领导和CEO将共同参与对员工的评估。公司的CEO设定整体基调和期望，事业部领导给出建议、评论以及反馈，每一个事业部领导很可能都在自己的业务领域内给予洞察和点评，但集中讨论的机制实现了从公司视角对人才评估的全面性和一致性。

评估过程鼓励公开、实事求是的讨论。当直属经理对员工的评估和反馈不够准确时，他将面临来自上级和其他人的质疑，甚至是驳回。这种开放、实事求是的讨论氛围保证了评估的公正和全面。

Session C的这些讨论涵盖了领导力、继任计划、发展机会、组织与人才策略、多样化以及全球人才发展等，深入地讨论人才评估的同时，也帮助更加深入和整体地评估绩效及其背后的原因：包括市场因素、内部因素、组织复杂程度以及风险因素。更重要的是，这些讨论由事业部的领导来主持引导，而不是HR，这与GE认为人才发展与盘点的工作是关键的业务问题，而不是简单的人力资源事务的观点是一致的。

符合需求的工具

九宫格作为GE人才盘点的核心工具一直沿用至今，它能帮助管理层将员工晋升的可能性进行直观、横向的对比，同时又避免了强制排序的弊端，保留了对人才评估的多样性。随着业务讨论的进行，管理人员会逐一确认在每个象限里的人才的位置，九宫格将人才所处的象限与评估结果直接联系起来。

核心素质：区分伟大与优秀的评价标准

对人才的评价需要遵循一定的标准，这个标准既要符合GE的文化和发展需求，也要符合对人才的希望，真正筛选出那些杰出的人才。经过多年实践，GE 不断更新和沉淀自己的领导力标准，它认为伟大的领导与优秀的领导之间的区别并不在于智力，而在于判断力和决策力。另外，相较于分析思维而言，赢的欲望、坚韧性、为客户着想、思维敏捷等能力是 GE 更加重视的，这些特质是 GE 在多年的人才盘点实践与讨论中逐步发掘的，在未来的人才评价中将占据更大的比重。

正如拉古·克里希纳穆尔蒂所言，有效的人才盘点是一个需要高层领导投入大量时间的紧凑的进程，它没有一个完全标准的公式。成功与否更取决于从公司层面的人才发展的责任出发，全员的投入与重视、公正的机制和反馈、能够有效区分人才的评价标准。

GE 的综合人才评价与发展进程，以及 CEO 对这些进程出色的领导能力已成功创造了一个明确的以人才为核心的组织架构。Session C 不仅是公司发展高效领导力的主要原因，还是整个进程的锚点，并且已经在组织和员工中产生了很大影响。

附录：Session C 的流程

第一阶段：对业务领导的讨论

（汇报人：事业部的 CEO 和该事业部的高级人力资源经理）

- 请回顾 / 讨论你所直接管辖的组织结构。我们将基于该结构图讨论你直接下属（业务领导）的工作经验、他们的组织，以及他们的继任计划。我们希望看到讨论是基于员工管理系统（EMS）中的数据。
- 提供对你的所有主管和高级管理人员在九宫格中的排序（20/70/10）。
- 请告诉我们你的组织的管理者结构，告诉我们你所管辖的组织中有多少管理人才，讨论你管辖的范围内最优秀的管理者。说明你的组织中管理岗位的空缺情况，以及填补这些空缺的计划。

第二阶段：人才管道讨论

（汇报人：事业部的 CEO 和该事业部的高级人力资源经理）

- 提供所有事业部高级管理者（executive band）的九宫格 20/70/10 等级及可提升性排序。我们将以这种形式讨论发展"最佳员工"的行动，并改善 / 开除那些效率最低的员工。
- 展示你组织中员工的多元化数值。回顾你的"最佳员工"中的多元化和全球化人才，以及每个人的培训计划 / 时间安排。
- 分析所有副总裁、高级管理人员和管理人员的工作和业务时间 / 经验。
- 提供每年主管、高级管理人员和管理人员自愿与非自愿的离职率，突出留住员工的最佳做法。
- 列出高级管理人员和主管的潜质。列出参加 EDC、BMC、AMMS，以及通用电气的管理能力测评的提名者。

第三阶段：战略性增长

（事业部业务领导可参加）

- 描述你的组织是如何支持有机和无机增长的。
- 告诉我们你是如何从商业拓展向市场进行资源转移的。
- 为我们展示你的市场和销售团队的结构。我们将以这种形式讨论事业部 EB 及以上人员，以及他们的继任计划。
- 提供 EB 及以上的所有市场 / 销售领导者的九宫格 20/70/10（能力）等级排序。列出高级管理人员 / 主管的潜质。
- 更新最近一年销售队伍的发展情况。

第四阶段：卓越工程管理

（只有工程部门参加，企业领导团队可能参与）

- 讨论你在卓越工程管理方面都做了什么，请给我们展示在工程领域从新员工到副总裁的发展渠道，包括组织内各级工程师的人数。
- 给我们展示工程职能的组织结构。我们将以这种形式来讨论所有主管 / 高级管理人员 / 管理人员、薪酬方案，以及他们的继任计划。
- 提供对所有执行理事会及以上管理人员的九宫格 20/70/10（能力）等级排序。我们将以这种形式讨论最佳高级管理人员和主管。

第五阶段：首席执行官调查

- 回顾你的 CEO 调查结果和行动计划。请务必告诉我们你将重点改善的三个领域和你的策略。
- 告诉我们你对调查结果的看法。请包括以下几个常见的问题，以便我们能跨事业部比较：
  - 我喜欢在 GE 的工作；
  - 这家企业运行得很好；
  - 企业的沟通是公开和诚实的；
  - 我的上级经理 / 主管通过自己的领导能力激发高业绩；
  - 综合来看，我对 GE 很满意。

案例二

联想集团：OHRP

搭班子，定战略，带队伍。

——柳传志，联想集团创始人

联想集团成立于 1984 年，最初只有 11 人，经过 30 多年的快速发展，现已成为全球领先的 PC 制造商，全球员工超过 60 000 名。2005 年，联想集团并购了 IBM 的 PC 业务，这是它布局全球至关重要的一步；2014 年，联想又先后完成了对 IBM 低端服务器业务、摩托罗拉移动的收购，致力于成为更加多元化发展的全球科技领导企业。为了支撑其全球化发展的战略，联想集团在人才培养上实施了一系列重要举措，有力保证了快速发展所需的人才供给。其中，人才盘点工作尤其具有特色，它将整个人才培养和组织发展的各个环节打通、关联，真正把人才管理与组织战略充分结合。

人才理念

柳传志在掌帅之初就提出了"搭班子，定战略，带队伍"的管理三要素，用简单朴素的词语把战略和人才管理的关系刻画得明明白白，这三要素也成了联想集团人才管理的 DNA，并在杨元庆时代得到充分发挥。公司的很多战略举措都能够明显地影响人才选用与培养策略。例如，在并购 IBM 的 PC 业务之初，鼓励文化的多元包容是重要战略策略，其领导力素质模型就提出了一个素质族"多元共赢"，而当文化审计发现中外团队之间的信任感不足时，领导力模型又将"坦诚沟通"调整为新的素质族，并且专门设计了"当西方遇到东方"这样的培养项目，让全球的管理者都能够了解文化差异所带来的行为差异，从而增进相互理解，消除质疑。

人才盘点体系

联想集团的系统化人才盘点工作从 2006 年开始启动，至今已经十余年，在前三年的实施过程中，要求所有经理级以上人员都要填写一份个人发展计划，包括个人基本信息、职业目标、工作成就、基于领导力素质模型的能力自评，在填写后需要与上级进行沟通，重点对自评的素质进行确认，共同探讨究竟哪些是个人优势和劣势，此时往往会以个人以往的 360 度反馈为素材进行分析。之后上下级会一起来制订下级的个人发展计划，主要针对个人劣势的改进和职业发展目标。从 2009 年起，该工作的针对人群已经扩展到普通员工，并且将个人发展计划部分细化为三种不同的类型，即通过实际经验发展、通过接受辅导与反馈等互动关系的方式发展、通过传统培训教育的方式发展三类，所占比例分别为 70%、20% 和 10%。为此，公司设计了组织和人才盘点这一网络平台，实现了上级和下级可共同查看下级的个人发展计划。上级完成了与下级的沟通后，还要独自对下属的发展潜力给出评价，经过小组讨论后，有针对性地和下属沟通。

人群扩张的意义不仅仅在于数量的增加，而是说明了公司员工个人发展和人才培养意识的提升。在访谈中，组织发展的相关负责人告诉我们，经过四年的人才盘点工作，他们感触最深、最明显的是，原来经理把人才发展当作人力资源的工作，而现在大多数经理认为这是自己最重要的工作之一，不少经理会主动找到组织发展部门，邀请他们一起探讨如何帮助自己培养下属。

在联想看来，人才盘点是一个系统工程，需要一套完备的流程、工具和实施团队来支撑，联想把这个工具称为 OHRP（organization and human resource planning，见案例图 2-1）。OHRP 作为促进联想国际化成功的核心机制之一，提升了高管的战略执行力，是落实联想人才战略的关键举措，培养了一大批本土的国际化领导人才。

案例图 2-1　联想的 OHRP 体系（由禾思咨询的顾问整理）

这一体系从标准构建，涉及若干个关键词，在此一一分析。

适应业务发展的人才标准

联想集团的人才盘点体系始终是为了支撑组织的战略发展需要，人才标准（见案例图 2-2）也随着组织的战略和业务发展方向持续进行调整和优化。

领导力素质模型

联想集团的领导力素质模型并不是因人才盘点的需求而生。联想集团认为，领导力素质模型是企业战略、文化和价值观对管理者的能力与行为的具体要求，因企业战略、文化和价值观的变化而变化。早在 1997 年，联想集团就提出了明确的对领导者的要求，包括"德"和"才"两个方面。2001 年，联想提出了第一个正式的领导力素质模型，当时的素质模型与公司"服务转型"的战略保持一致。联想集团在随后的实践中依据新的战略要求对素质模型做出了大大小小的调整。这一战略工具很好地帮助联想在不同时期明确人才选拔、培养的方向和标准，与战略目标始终保持一致。案例图 2-3 为联想集团自 2014 年起人才盘点采用的素质模型，从领导自我、团队和业务三个方面，包含了 14 项素质标准。该模型是公司选拔和培养管理者的基础，目前联想的 360 度反馈、人才盘点、个人发展计划的制订等工作均以此为评价的出发点。

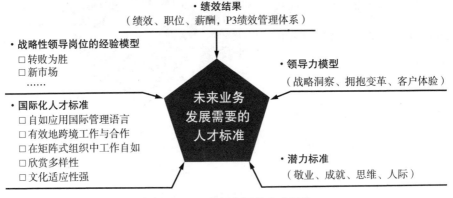

案例图 2-2　联想集团的人才标准

案例图 2-3　联想集团 2014 年领导力素质模型

潜力标准

潜力是指人的发展潜力，投入相同的培养资源，相对于低潜力人员，高潜力人员的培养价值高。对员工的潜力进行区分和评价，可以帮助管理者有针对性地分配培养资源和安排后备计划。

联想用"一个人最远可以发展到什么位置"这样的问题帮助管理者判断员工的潜力大小，并用可提升的职位层级数量来表示潜力的大小。此外，员工的学习能力、成就动机、全球思维能力等因素也是判断潜力大小的依据。潜力根据大小可分为以下几种类型。

- 高潜力：可以被提升两个或以上职位层级。例如，某高潜力的高级总监，表示其可以被提升到高级副总裁。
- 中潜力：可以被提升一个职位层级。
- 继续在原岗位上成长：不具备被提升的潜力，需要继续在原岗位上锻炼和成长。
- 计划离职：包括退休、主动离职，以及企业因个人业绩／能力原因考虑辞退。
- 新提拔的人，目前还无法判断。

当根据员工当前的表现来预测员工的潜力时，考虑到员工并不是不会改变，对员工潜力的评价每年都要进行。可灵活采用各种方法对潜力做出评价，如直接上级和隔级上级直接评价，或采取圆桌会等方式。

人 才 测 评

在线测评

基于领导力素质模型及其他人才标准，联想每年进行定期的360度测评和团队氛围测评，为即将进行的盘点会议提供客观、量化的输入。

360度测评以领导力素质模型为基础，由被评价者本人、上级、同级和下属分别进行评分，通过不同的视角反馈，对被评价人的领导素质及内在特质进行洞察和评估，一方面提供了可供盘点者参考的客观数据，另一方面也为被评价者后续的发展辅导提供一种反馈的路径。

团队氛围测评则由被评价人带领的团队成员针对个人在团队中工作氛围的状况进行评分，测评结果从全体员工视角反映集团核心策略的执行效果，并评价公司整体工作环境的质量，找到管理关注点。团队氛围的评价结果能够有效地展示被评价人管理团队的领导能力,一方面为公司的管理层提供客观信息,另一方面也为一线团队管理者提供能力提升的抓手。

在测评题目的设计中,包含以下关注重点。

- 战略理解及执行情况:战略沟通、战略理解、战略认同和战略落地情况如何(是否为战略落地提供相应的保障)?
- 组织能力建设情况:组织的核心能力建设情况如何?有哪些优势和不足?
- 组织文化建设情况:组织塑造的企业文化是否与战略相一致?
- 组织反应速度:组织能否及时根据环境变化获取有效信息并快速决策?
- 内部协作:跨部门、跨业务合作以提升运营效率。

述能会与圆桌会

事实上,联想在 2005 年与 IBM 的 PC 事业部并购之前就已经有了一套自己成熟的人才盘点体系:述能会与圆桌会。所谓"述能"是区别于"述职"而言的。"述职"的核心是"业绩",是对照一个阶段的主要职责和任务有哪些,完成任务的情况怎样,完成任务好/坏的原因何在,以及寻求进一步改进的办法。"述能"的核心是"能力",指在一个阶段内自己行为上的优势和劣势是什么(用具体事件说明);对自己过去的能力发展进行总结,并分析自己今后的发展趋势和如何提升能力。联想集团规定总监级以上的管理者都要进行述能,从管理自我、管理团队、管理工作和管理战略四个方面向其上级进行个人能力的阐述。除了自己的上级外,还要邀请 4 ~ 6 名业务联系紧密的部门同事或下属参加自己的述能会。在会上,管理者要以自己过去取得的工作成绩为基础,对自己的能力状况进行系统总结,用典型事件清楚地把自己能力的优劣势展现出来,提出今后的发展计划,形成述能总结。

述能后,上级对其个人四个方面的能力进行评估,选择优秀的推荐上圆桌会。在圆桌会上,被述对象不参加会议,他的上级、隔级上级、其他相关评价人参加。候选人的上级对候选人进行介绍,包括态度、品格、四项能力的水平和工作业绩，在此基础上，评价小组就候选人的潜力进行评价，主要依据定性问题进行判断。

（1）想把事情做得更好的欲望是否强烈？

（2）学习掌握新东西的愿望、快慢情况如何？

（3）头脑灵活程度、看问题的深度、站位高度怎样？

（4）前瞻预测、宏观规划能力如何？

通过讨论，那些潜力好、能力优秀的人才便被定义为高潜力，形成会议重要产出之一年度盘点报告。

组织与人才盘点实施

人才盘点表格工具

这是联想集团人才盘点的核心工具。该套表格包含五个主要部分：每个组织的架构和人员信息、直接下属管理者的能力评价、直接下属管理者的继任者情况、高潜力人员库和组织发展改进计划。该套表格清晰地勾勒出一个组织发展需要关注的核心问题：关键岗位和关键人才的匹配与持续供给。表格均以PPT的形式呈现，每位副总裁及以上级别的管理者都需要填写，并在人才盘点会议上予以呈现。表格的内容并不复杂，但其中关注的问题非常直接，比如，作为某一业务单元的负责人，是否培养出了人才梯队，管理队伍和员工人数的配比是否合理，组织结构如何与业务匹配，关键人才下一步如何培养等。如果有人觉得这些问题很好回答，或者仅仅通过几天的准备就可以完成那就错了。要知道，人才盘点不是一次性的检阅，而是周而复始的持续性工作，每一个问题的回答都会牵扯到前后多个方面的人员和组织的调整，而且，到下一年再做人才盘点时，首先要回顾的是过去一年的组织发展改进计划的落实情况，所以副总裁的每一个承诺和判断都务必尽量准确到位。通常，准备这份表格所需要的时间最长。

年度盘点会议

为了便于理解，我们将实施流程从最后一个阶段说起。

人才盘点每年举行一次，分业务单元进行，每个业务单元的高级副总裁（SVP）将带领他的直接下属向 CEO 做该业务单元组织与人才发展的汇报。这一最终汇报并不是由该业务单元的 SVP 完成，而是由该 SVP 的下属副总裁（VP）逐个完成，即每个 VP 需要与 CEO 面对面地陈述前面提到的人才盘点表格，在此过程中，SVP 在必要的地方给予辅助说明，但整体上是 VP 与 CEO 之间的跨级对话。CEO 会关注 VP 下属团队的组织结构合理性、人才队伍的建设情况、关键岗位的人员准备度，以及与全年战略目标实现相关的人才问题等，并提出很多尖锐、敏感的话题。在此之后，所有的 VP 都离开，只剩下该业务单元的 SVP、CEO 和 HR 在场，讨论这些 VP 的发展潜力和工作安排。这是一场高层间真知灼见的较量，比拼的是谁对这个组织更有洞察力和远见。如此形式每年一次的人才盘点，对于所有高管来说都是极其重要的，其正式程度足以让每个参与者把人才发展的观念烙印在思想中。每个业务单元在盘点后都会形成一套行动计划，作为今年人才培养的实施重点。

人才盘点会议的沟通重点如下所述。

- 上一次（年）人才盘点行动计划的完成情况。
- 目前的组织结构以及调整的规划，包括重点关键岗位的职责、人员编制与空缺情况、组织效率和管理跨度是否合理等。
- 重点关键岗位的人员盘点，包括业绩、能力、潜力和综合排序，以及个人发展计划。
- 重点关键岗位的继任者计划。
- 高潜力员工盘点，包括个人发展计划和档案。
- 团队氛围评价。
- 预计未来新增的关键岗位需求。
- 未来 6～12 个月的行动计划，含组织调整和人员调整计划、班子建设计划。

　　为了准备最后的人才盘点会，各 VP 会与他们各自的直接汇报团队也开一次小型人才盘点会，即每个总监要向 VP 汇报他所带领团队的人才储备和组织结构状况。而且，为了能够真正做好人才管理工作，越早举行这样的会议，越有利于最终的结果。因此，每一个管理者都会被驱动着关注人才培养和发展，也都会积极地帮助下属和自己完成个人发展计划的沟通和实施。

　　作为以上工作的基础之一，领导力素质模型也会在每年较早的时候做一次回顾，确定是否需要调整，或者明确今年重点发展的素质主要侧重于哪些方面，以便在发展人才时比较一致。

人 才 发 展

发展反馈

　　在最终的人才盘点会后，将会产生一系列的重要决策，包括很多关键人员的调整、晋升、轮岗、外派，以及组织结构的调整等。该结果的应用涉及整个人力资源的方方面面，发展反馈是其中的一方面。该项工作已经在联想持续了近三年，目前与人才盘点的结果更加紧密地结合起来，要求凡是盘点中表明具备高潜力的人才（副总裁及以上），都需要由全球高管（SVP 及以上）完成一次发展反馈。对于个人来说，该反馈是一次难得的高层辅导，在形式上，会由来自与本人不同的其他业务单元的三位高级副总裁作为小组成员与该 VP 做面对面的交流，时间在两小时左右，主要以交流个人在工作中的困惑和个人未来职业发展为主题，小组成员均是拥有极为丰富的经验的管理者，往往能够一针见血地点出被反馈者的问题所在，并且给予个人极有价值的发展建议，因此是一种提升管理者满意度，明确其职业发展方向的有力工具。这些高级副总裁在进行反馈前会阅读该 VP 的各类资料，包括个人发展计划、360 度反馈和人才盘点结果等。在反馈后，其中一位 SVP 还将成为该 VP 的导师，为期半年。

　　发展型反馈要求反馈者要创设一种轻松、自然的非正式环境。参加反馈的管理者要以接纳、共情和尊重的态度认真倾听候选人的回答和陈述。

整个反馈过程共有三个阶段。

开场环节由 HR 担任的主持人介绍发展反馈的目的和主要流程与方法，并鼓励大家开放式发言；候选人主动进行自我介绍。

提问环节主要针对候选人个人职业发展中的困惑、挑战和未来发展等方面进行，以下是一些典型问题。

- 你如何看待自己的职业生涯？你觉得成功吗？（请举事例）
- 到目前为止，你感觉自己的最大成就是什么？
- 到目前为止，你遇到过的最大挑战是什么？你是怎么处理的？
- 请给我们分享一个故事来说明你是如何在业务上解决问题的？
- 对自己未来的领导力发展有哪些需求和期望？

结尾环节可以询问候选人对这次会议的感受，以及如何改进这样的评价方式；对候选人的积极参与表示感谢；告知候选人下一步行动计划。在候选人离开后，三人小组对比未来岗位要求和候选人的能力现状，进行讨论，就主要观点达成一致。会后 HR 将以邮件的形式把管理者对候选人的评价和个人发展建议发送给候选人和他的上级。

轮岗：以经验发展的方式培养后备人才

联想认为，个人为自己的职业生涯负责，公司为个人的发展提供机会。公司将为高绩效、高潜力人员提供制订个人发展计划的机会，同时也为将计划的内容运用到具体工作岗位提供机会（见案例图 2-4）。

联想始终认为绝大多数学习和发展都发生在工作中，最好的发展方式是基于经验或实践的发展（We believe that most learning and development happens on the job, and that best kind of development is experiential）。当然这并不是说不重视课堂培训，联想基于岗位序列和职位层级设计了不同类型的课程，帮助员工发展。但仍然确信 80% 的发展是在工作中发生的。

案例图 2-4　最有效的发展方式

基于经验的培养方式有很多种，例如轮岗、项目锻炼、安排新的任务等方式，通过这些方式可使每个人不断学习和提高。不同发展手段的使用是基于员工所处的职业发展阶段。这里以轮岗为例，分析联想的以经验培养人才的模式。

根据不同目的，轮岗包括两类：晋升性轮岗和经验拓展性轮岗。联想主要使用的是经验拓展性轮岗。联想认为，在联想晋升不仅仅基于潜力，还必须考虑经验。这样做能够保证管理者用最短的时间适应新的岗位，缩短胜任的时间。因此，最稳妥的做法是，被晋升的人已经具有相关工作经验。因此，轮岗是员工跨职能、BU 晋升的前提和有效的发展方法。

联想轮岗的基本原则如下。

- 上轮下不轮。如果上级轮岗，则下级不能轮岗，反之亦然。相隔时间至少半年。

- 轮岗人员需要满足下列条件之一：高绩效员工；高潜力员工；被列为后备培养对象。

轮岗人员的职责定位于新岗位，原岗位职责不再保留，目的在于使其承担责任，保证轮岗效果的达成。轮岗之前需要为轮岗人员设定更高的、清晰的和可衡量的绩效标准或要求，至少要传递这样的信息给轮岗人员。

　　2009年，为了让轮岗更加有针对性，联想的人力资源部针对公司的高级副总裁进行了深度访谈，识别出了一个基层管理者成长为高层管理者必需的九种经历（见案例表2-1）。这一岗位经历分类的提出，大大提升了人才盘点后结果的可应用性。例如，由于华东区总经理岗位的继任者缺乏后端岗位的经验，因此评估时只能为"2～3年的继任者"，也因为这个结果，在人才盘点结束后，组织会尽快安排他进行两年的职能岗位轮岗。当候选人弥补了缺乏的经验，他在继任名单上的位置也会得到提升。

案例表2-1　联想的九种关键岗位经历分类

经验类型	典型岗位	解释
前端	销售、营销、一线服务	有直接的客户界面类的岗位，了解客户对公司业务的直接感受，体验业务增长的压力，了解公司战略对一线究竟意味着什么
后端	职能类、产品研发类	非客户界面类的岗位，作为公司内部运营的一部分，了解业务协作，提升服务意识等
P&L	区域总经理、地区经理	负责价值链端到端的所有环节，完成价值创造的全过程，既掌握资源，也要对业务损益负责
扭亏为盈	亏损企业总经理	面对业绩下滑，在时间压力下完成对组织、团队、个人方面的困难决策，考验个人毅力
新市场开拓	区域总经理、新产品市场负责人	根据对市场机会的判断，策略性地通过多种途径，与当地政府、企业打交道，获取或储备关键的资源，以多样的市场策略发展更多客户
国际外派	海外岗位	长期或短期国际外派
带团队	高级经理、副/总经理	管理一个团队，有多个下属；或者管理多个团队，平衡团队间的需求
全球项目	商务谈判、兼并收购	完成跨区域、跨职能的项目，持续时间超过一年，如主持或作为主要成员参与重大项目的商务谈判、招投标
总部战略岗位	战略规划、人才培养	在总部担任负责全局性工作的岗位，具有战略价值，要求全球视野

　　联想集团通过人才盘点的工具，以战略目标为出发点，将人才发展所涉及的选拔、评估、培养工作有机地构造为一个闭环，不断循环并有所突破。我们持续跟踪了几年联想集团的领导力培养工作发现，人才盘点工具已经日臻成熟，并在组织内部成了战略性的工具。采用这样的工具对于组织的准备度要求很高，往往导入期会在两年左右，但一旦持续运行，其效果将是惊人的。这也是联想集团成为IT管理人才培养基地的原因。

案例三

长安汽车：述能会

....

　　以述能会为抓手，通过人才盘点转变企业高层管理者的用人理念和经营理念，借机促进企业的战略转型。

....

长安汽车的转型之路

　　长安汽车是由中国兵器装备集团公司、中国航空工业集团公司联合成立的一家特大型企业集团，是中国四大汽车集团之一。目前长安汽车已有34年造车积累，在全球有16个生产基地、35个整车及发动机工厂、10个重点海外市场，连续9年占据本土汽车品牌销量第一的宝座，成为中国汽车品牌行业领跑者。

　　长安汽车拥有155年历史底蕴，前身可以追溯到1862年由李鸿章创办的上海洋炮局，在后续100多年的发展中，随着中国近代史的变革，长安汽车经历了近代工业的兴起、军转民、由计划经济到市场经济、引进外部合作等一系列转型。悠久的历史和庞大的规模带给长安汽车的除了雄厚的基础和荣誉之外，也为其新形势下的持续增长和转型带来了一定挑战。2010年之后，中国汽车市场增速放缓，一线城市的汽车市场趋于饱和，主要城市采取限购政策限制汽车数量，消费市场向二三级城市转移，与此同时，国家大力推动新能源汽车的发展，新能源市场快速发展；此外，由于互联网理念对汽车行业的渗透，以及产业链缩短使造车门槛降低，传统车企及跨界车企快速崛起。面对日益加速和严峻的竞争，长安汽车从曾经的依靠资源壁垒和合资品牌产生利润的传统车企，开启了向独立研发、快速响应市场的自主品牌的转型和崛起之路。2012～2015 年被称作自主品牌的"长安时代"，凭借几乎完整的产品线，长安自主品牌的销量在 2014 年突破 1000 万辆，开创了自主品牌历史上的里程碑时刻。

人才盘点支持创新改革

回顾长安汽车过去五年的转型之路，同时展望行业的发展趋势，技术进步、消费者期望、移动性三大因素被认为是汽车行业的颠覆者。传统车企要在新形势中保持竞争优势，同时形成技术优势和市场优势，对长安的人才队伍提出了更高的要求，一方面原有的人才队伍需要摒弃原有的安逸稳定的观念，强化创新变革和不断改进的意识；另一方面，原有人员需要从政策导向转变为市场和客户导向，提升打造客户体验和品牌的能力。同时，行业竞争加剧导致汽车行业人才的争夺战日益白热化，如何在对人才的争夺中保留和吸引高潜力人才，是业务转型向长安汽车的人力工作提出的要求和挑战。

在长安汽车，从公司高层到基层管理者历来非常重视人才培养工作，把人力资源领先作为推动长安汽车快速发展的重要保障。伴随业务转型，长安汽车的人力资源也在摸索自己的转型之路，从 2012 年发布 CL1721 领导力素质模型到 2014 年，长安汽车在原有的人才选拔中引入了述能会的方式，述能会的推开与普及给这个传统的国有企业注入了新的活力。长安汽车对人才盘点之路的探索，是从 0 到 1 的突破，对大多数处于转型和探索阶段的企业来说，有更好的借鉴意义。

素质模型引领人才方向

长安汽车认为，一个人成长的唯一依靠，就是能力和业绩。只要努力，就有机会；只要付出，就有回报；只要肯干，就有平台。为了对人才能力进行清晰划分，长安汽车构建了领导力素质模型。长安汽车认为，领导力的界定随不同管理层级、文化、对领导力的需求以及时代特征而存在差异，因而，在公司发展的不同时期，长安汽车与时俱进地调整其领导力素质模型。

2012年，深感于业务发展要求与现有人才理念和队伍之间的差距，长安汽车构建了其发展历史上的第一个领导力模型：CL1721领导力素质模型（见案例图3-1），包含一个愿景、七大角色、21项领导力。CL1721领导力素质模型在其七大角色中突出的创新实践者与品牌打造者的角色，体现了业务转型的要求；同时通过详尽的领导力素质模型手册，规定相应领导力所应具备的行为，提供详尽的提升工具和方法。现今，CL1721领导力素质模型成为所有长安人自我成长、对标学习的标准。

案例图3-1 长安汽车CL1721领导力素质模型

2016 年，在互联网行业井喷式发展的推动下，传统商业模式中的需求与供给模式不断被颠覆。长安汽车认为，面对不确定的市场，企业必须快速发现机会、整合资源，生产出直击消费者痛点的、具有前瞻性的产品和服务，为此，长安汽车推行矩阵化管理改革以形成更好的市场适应力。相对应地，每个管理干部不仅仅要作为"战略承载者"，也要把自己摆在全局位置考虑问题。在领导力素质模型方面，长安汽车在 CL1721 的基础上提出了 CCL1824 模型，总结了高层管理人员的四个目标、八大能力以及 24 项具体能力，明确提出战略规划和决策的战略力，发现机会的洞察力，不断改革改进的学习力，以及直达客户、发现痛点的创新力，以适应业务发展需求。

述能会的应用与普及

述能会是长安采用的一种最主要的人才盘点手段。自 2014 年长安汽车首次引入和采用述能会的形式之后，述能会作为一种被广为认可的人才评价和盘点方式，被应用于公司级别的后干、中干选拔，部门内部竞聘，并延伸至部门日常的人才管理动作中，逐渐成为长安汽车各层级管理人员所必须掌握的人才盘点工具。下文将就长安汽车所采用的述能方式和流程进行介绍和讨论。

述能会的形式与传统惯用的述职会类似，但"述职"的核心是"业绩"，是一个阶段任务的完成情况，不仅仅代表着个人的能力，还包含着团队的工作成果；而"述能"的核心是"个人能力"，是对个人过去一段时间的能力发展进行总结，并分析今后的能力发展趋势和提升方案。长安汽车的述能会采用层级滚动的方式进行，各层级的干部分别向各自上一层的领导者述能。随着述能会在公司内广泛应用，述能会的流程也会根据不同的应用场景进行调整。其核心的流程和内容如下所述（见案例图 3-2）。

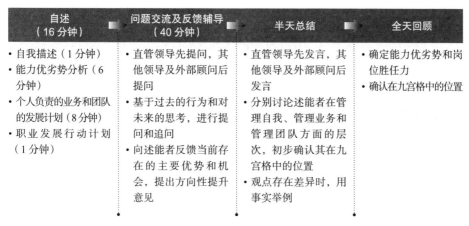

案例图 3-2　述能会流程

被评价人自述

被评价人将提前按照述能模板进行准备，包含以下内容。

（1）自我介绍：提供教育背景、工作经验等背景信息。

（2）能力优劣势分析：结合长安汽车的领导力素质模型分析自己的优劣势。讲述近两年发生的一个成功案例和一个遗憾案例，并分析自己在管理业务和管理团队上的优势和不足。

（3）个人负责的业务和团队的发展计划：包括年度业务计划、对未来业务的思考、组织和团队发展计划，并提供具体举措。

（4）职业发展行动计划：个人未来三年的职业发展规划、基于个人发展规划的行动计划。

评委提问及交流

评委针对候选人的述能材料进行提问。

（1）对成功与遗憾案例进行追问，挖掘述能者在案例的准备过程、规划过程、实施过程中遇到的挑战和思考，以及处理问题的思路和具体措施。

（2）对业务和团队的发展计划进行追问，了解其对于市场环境、长安汽车的处境、竞争对手和当前举措的看法。

（3）对于职业发展行动计划方面的优劣势进行追问，了解其自我认知、成就愿望等。

评价与总结

每半天进行一次汇总，评委根据评价标准对候选人能够达到的能力层级进行评定，同时参考述能干部上一年度的绩效档次，直管领导对其绩效表现进行举证说明。最后经过论证达成统一意见，在九宫格中对人才进行划分。

述能会的方法看似简单，长安汽车却将工匠精神发挥到了极致，细心打磨，使其具有以下特点。

现时性：在常规的人才盘点方法中，为了保证准确性，前期会开展大量的测评工作，耗费了大量精力。而述能会本身即为一种即时型的测评方法，通过结构化的汇报框架和提问方式，快速剖析出人才真正的实力，达到"现场述能、现场评价"的效果，大大减少了前期的准备时间。

公平性：通常情况下，被评价人不会出现在盘点会上，由评委小组根据其平时表现进行评价。然而，由于信息的不对称性，对于被评价人的评价，通常以直接领导的意见为主，评价结果难免受主观偏见的影响。述能会则将被评价人直接展现在评委小组面前，面对面，以客观事实为基础，由同一组评委按照相同标准做出评价，确保评价的公平性。

发展性：对述能者来讲，参与述能会最大的价值在于获得领导的反馈，在日常工作中，和领导的交流多以业务为主题，很少有机会在个人发展上得到领导的点拨。领导的提问和反馈暴露出了述能者平时意识不到的问题，明确了业务思路和自我认知，虽然述能与交流的时间一般不超过1小时，却使述能者产生了顿悟之感。

因此述能会作为一种人才管理方式，获得了组织、领导者和候选人三方的认可。从最开始的尝试，到快速应用至传统的中干、后干等干部的选拔流程中，参加了干部选拔的评委又主动将述能会带回本部门，成为部门内部竞聘和日常人才管理的方式，述能会逐渐成为长安汽车的人才管理应用最为广泛的工具之一。

述能会帮助人才理念落地

长安汽车 CL1721 领导力素质模型从组织角度全面地展示了对长安人的要求。模型颁布后，对于如何让模型真正深入人心，而不仅是文件里的模型，长安汽车也进行着尝试和努力，利用会议宣贯、制作手册等方式，期望长安全员理解和应用新的人才标准。长安汽车认为，要真正让模型成为全员心目中对自我的要求，就必须将模型用起来，应用于对人才的选用育留中。随着述能会的推广，领导力素质模型真正深入人心，成为所有长安人自我成长、对标学习的标准。

对于述能者自身而言，在自述材料的准备阶段，他需要深入地反思个人优劣势，并对个人优劣势进行深入的剖析，以此制订个人未来 3～5 年的职业发展计划。CL1721 素质模型系统地展示了组织对人才的期望，是长安人进行对标反思时最好的标准，候选人对照模型中对人才期望的七个角色，从战略承载者、文化创建者、系统管理者、团队发展者、问题解决者、创新实践者及品牌打造者的角度反思个人在工作中的表现，以此找到个人目前的优势及待提升方面。与此同时，分属于七大角色的 21 项领导力对于候选人进行个人优劣势的深度剖析也具有指导作用，候选人可更加深入地探究个人在某个角色上还需要提升的原因，是否因为在某项能力上的短板而导致角色的缺失，找到突破口。

对于述能会的评委而言，对参与述能的候选人进行公正、准确的评价是重要职责。为了达到评价的准确和专业，长安汽车在咨询公司的帮助下，根据 CL1721 领导力素质模型提炼出了其核心的评价标准，将自我认知、对标学习、不断改进、创新学习等素质整合在自我管理的维度，将问题解决、系统管理、品牌打造、战略承载等整合成业务管理的维度，文化创建、团队发展等成为团队管理的维度，以领导力素质模型为基础，对候选人进行评价。候选人参照模型对自我认知和反思的深度，也是一项非常重要的评价标准。作为长安汽车的高层管理者，评委必须更加深入地理解素质模型所展现的内涵及要求，从模型出发进行评价的区分，才能保证人才评价的客观公正。

述能会推广和普及的进程，实质上也是 CL1721 领导力素质模型落地的过程，素质模型也成了全员对标和学习的标杆，成为真正刻在人心中而不是文件中的素质模型，让长安汽车在新形势下所提倡的人才理念真正为全员所理解。

业务领导识人能力提高

为提升业务管理人员的人才管理能力，长安汽车对管理人员提出"622 法则"，即 60% 的时间做业务，20% 的时间做体系，还要用 20% 的时间带好队伍。因此，在长安，一位优秀的业务领导也同时是一位优秀的人才管理专家，对人才的选用育留是每位业务领导必须具备的能力。

长安述能会在实施中一直秉承"以内为主，外引为辅"的原则。述能会的参与评委通常包括三类人群。

（1）业务领导：针对述能者的汇报进行提问。提供日常工作信息，结合述能者场上的表现以及平时的工作情况做出评价，并进行反馈。

（2）外部顾问：在开场时介绍盘点的过程、目的和评价方法。需要发挥标杆作用，展示正确的提问技术，并纠正业务领导错误的行为。

（3）HR：述能会的主持、记录与述能报告的撰写。

外部顾问能提供专业视角，能对人的底层特质和潜能进行较准确的分析，但是外部顾问对具体的业务无法深入了解，此外，受限于述能者的表达能力和述能准备情况，也有存在偏差的可能性。而业务领导熟悉述能者本人及业务，所以能辅助提供平时的工作情况。两者综合起来可以达到客观、公平、准确的效果。

长安汽车的领导干部具有很强的执行力，但在人才评价的理念和方式上，仍然秉持着一些传统的人才评价理念。比如从员工是否使用本品牌汽车判断其忠诚度，从员工是否加班判断其工作是否努力；部分领导虽有识人意识，但还处于直觉判断层面，比如可能采用外部特征对人员进行评价，经常误将能力高简单等同于绩效好，将空话大话误认为有远大抱负，将外向活跃等同于有影响力，而对于人员的深层次特征缺乏辨别力。由他们主导的人才盘点在用人理念和选人标准上缺少专业的指导，往往较难有效地选出符合当下业务需求的人才。因此述能会在长安推广的初期，向评委传递科学的人才观和人才评价方式也是述能会需要承担的责任之一。

在述能会的推广期，每场述能会开始之前，评委都将提前进行半小时的集中培训，由外部顾问主持，培训内容如下。

（1）认识述能会：包含"述能"的重点、述能会流程等；

（2）提问技术：引入行为事件访谈的提问技术，提供提问示例，避免无效问题。

（3）评价标准：结合素质模型，对评价标准的内涵和表现形式再次澄清，统一和明确优秀人才画像及标准。

在述能会推广前期，先由外部顾问主导提问，向业务领导示范比较专业的提问方式；在评价总结阶段，评委会对个人评价的结果和原因进行呈现，由外部顾问针对有偏差的评价结果进行纠偏，并以候选人所展现出的行为作为评价的依据和支撑，规避可能存在的晕轮印象。

参与了若干次述能之后，业务领导逐渐开始转变原有的人才理念和评价方式，业务领导学会用 FACT 技术进行提问，关注候选人的实际行为；人才识别上能够尝试辨析行为背后的素质，较深入地从思维的深度和广度、成就动机、影响意愿、沟通协调的能力对人才进行评价，并且在评价过程中能够考虑人岗匹配和激励管理问题。经过述能会的磨合，在外部顾问的协同合作下，长安汽车系统地提升了组织的识人能力。

人才梯队激发企业活力

述能会对有效选拔人才的作用被广泛认可后，开始被广泛地应用于长安汽车的人力资源体系，并成为中干、后干的干部选拔中的重要环节，源源不断地为长安人才梯队输送人才。每一年都有上百名高潜力人才通过层层的公开选拔，进入长安汽车的干部队伍。述能会在保障公司人才梯队建设的同时，也鼓舞了高潜力人才的积极性，有利于保留和激发人才。

与此同时，自述能会实施以来，通过述能会脱颖而出的明星高潜力人才也能得到高层的重视，根据这些明星人才的优势及其个人职业规划，他们或被委以更大的责任，或得到了更多的锻炼机会。我们能够见到通过述能会在两年之内实现三级跳的明星员工，并且在后期的述能会上听到其讲述在新岗位上取得的新成就和成长；也能看到来自不同业务部门的评委对明星人才的肯定和求贤之心。重视人才、不拘一格提拔人才、能者上的人才氛围，让长安汽车在保有大型央企沉稳作风的同时，拥有技术与产品的创新活力，不断完善产品线，造就自主品牌的"长安时代"。

案例四

强生：以终为始的人才盘点

强生集团成立于 1886 年，总部位于美国新泽西州，在全球范围内拥有超过 250 家分公司，115 000 余名员工，是目前世界上最具综合性、分布范围最广的健康护理产品制造商和相关服务提供商。

强生的人才策略相当成功，长期在雇主排名中名列前茅，其文化和价值观、良好的职业发展机会和充满挑战的工作环境深受好评。杰克·韦尔奇在其经典著作《赢》里讲道，好工作能带给你职业和人生进步的机会，你在那里能够学到原来想不到应该去学习的知识。强生通过它完善的人才盘点和继任体系做到了这一点。

强生强调人才的晋升和发展路径，在招聘之初就会严格把关人才质量，之后通过层层盘点和发展计划等培养人才。系统地盘点高潜力员工，并将有潜力的员工送到国外轮岗或培训，是强生惯常的做法。强生往往会花 5～7 年的时间来培养一个关键岗位的管理人员，这样，可以保证公司未来的管理者充分理解公司实际，同时符合强生的未来战略指向。此外，得益于良好的继任计划，强生员工有清晰的成长路径，能非常清楚地看到未来 5 年甚至更长时间的职业发展。

以"终"为始

强生人才盘点体系最为显著的特点就是以终为始。下文将从强生人才盘点的"终点"展开,介绍强生在人才盘点及继任计划中的实践。

强生人才盘点工作的开展中,反复强调的"终点"实质包含两层含义。

组织能力:那些适应行业发展趋势,能够为组织带来竞争优势的组织要素,包括流程、技术、结构、竞争力等,被称作核心的组织能力。熟知强生的战略方向及增长计划,并且从战略出发进行组织能力分析,被认为是所有人才盘点和继任计划工作开展的前提。

在进行正式的人才盘点工作之前,所有的管理者需要先根据公司当年的战略计划,厘清能够帮助组织在商业挑战环境中获得成功的关键因素。接下来,对这些关键的组织能力进行评估,明确组织目前的优势和短板,以此制订长短期的行动计划,保证业务战略与人才战略紧密联结。

关键岗位:强生以关键岗位为核心来开展继任计划。强生定义的关键岗位需要至少满足下列标准中的三个。

- 对人力及财务有较大的管理权限。

- 对组织经营 / 部门绩效产生重大影响。

- 如果该岗位缺失,将严重影响业务进展。

- 具备岗位所需关键技能的人才供不应求。

- 直接向管委会 / 部门领导汇报和对接的关键人。

以关键岗位为区分点,强生的人才盘点工作被分为两个阶段。全员的人才盘点工作将在每年的 3 ~ 4 月展开,而涉及关键岗位的继任计划则在部门全员的人才盘点之后形成,并以逐层向上的形式,从地区到区域再到全球,从职能到业务,最终进行 GOC 及 EC 的人才盘点会议。

关键岗位与非关键岗位的盘点工作,其实施的目的、形式、侧重点均有不同(见案例表 4-1)。

案例表 4-1　不同岗位人才盘点工作的区别

区别点	关键岗位	普通岗位
开展形式	继任计划	发展计划
目的	建设关键岗位人才梯队,帮助企业可持续发展	提升员工能力以支持业务需要及员工职业发展 激励所有人才致力于组织经营目标

（续）

区别点	关键岗位	普通岗位
目标人群	关键岗位的高潜力人才	全体员工
责任人	公司管委会/领导团队	一线经理及员工本人
成果产出	明确关键岗位的候选人 关键人才的发展计划 成果输入 Talent Nav. 系统	每位员工的绩效及发展计划

明确关键的组织能力，并界定组织及部门级别的关键岗位，是强生人才盘点与继任计划工作的开始。

人才评价讨论会

当年的人才盘点启动后，首先由部门内部进行对人员的评价，评价时首先需要遵循以下人才准则。

- 员工需要在他们现有的岗位上完成"成功周期"：
  - 他们过去经历过一次完整的成功案例，包括设定目标，制定战略和策略，并成功地执行和实现目标；
  - 他们展示了一个持续进步的过程；
  - 根据岗位的责任大小和范围的不同，一个角色的"成功周期"在 2～4 年。
- 员工需要具有兼具广度和深度的多样化经历：
  - 经历的广度包括跨文化、跨地域、跨部门及跨职能等；
  - 有深度的经历包括扭亏为盈、新业务开创、成功领导跨职能/跨地域项目等。
- 从关键岗位出发对员工的职业发展有所规划：
  - 从员工的目标岗位出发去考虑增加员工经验的行动计划；
  - 对入门级的员工优先进行横向跨领域的发展而不是在同一部门内的晋升。
- 对员工的发展计划与期望应充分考虑他们的个人意愿：
  - 如果员工不愿意调动，那么他将被排除在某些岗位的候选人名单之外；

◆ 要进行持续的人才管理和深度谈话，以了解员工的发展意愿。

● 高层领导者需要至少发展 1 名继任者。

同时，对于领导力的评价和盘点，强生从两个方面进行考量。

一方面构建了清晰的领导力素质模型，每项素质下列出典型行为作为评价的标准：坚持诚信与信仰、战略思维、关注细节的全局观、组织与人才发展、好奇心、团队协作、危机意识、理性冒险、自我意识与适应性、结果导向（稍后可修改为模型的展现形式）。

另一方面，强生同时会关注以下可能阻碍领导力发展的脱轨因素，并结合日常工作表现和专业的测评工具，作为评价的参考。

● 社交焦虑；

● 犹豫不决；

● 授权不足；

● 排外；

● 视个人利益高于公司利益；

● 不帮助他人发展；

● 抗压能力弱；

● 避免必要冲突；

● 避免对绩效问题采取行动。

人才的相关信息和测评结果在人才管理系统进行更新后，强生采用内部讨论会的形式，以前期的测评及绩效结果作为参考，进行人才评价。人才评价讨论会对人才评定的输出结果主要围绕两项指标开展：第一是人才潜力，第二是人才的准备度。

潜力展示的是员工的长期竞争力，对潜力的测评侧重于候选人与目标岗位的匹配程度，重点关注的是候选人过去 2 ～ 4 年的绩效表现、学习敏锐度，以及领导能力和行为，而暂不考虑候选人对晋升的准备程度，即时间的因素。

强生认为高潜力与高绩效有所不同，其中最为关键的区分因素就是学习敏锐度：学习敏锐度能够帮助候选人在不熟悉的、变化的环境中快速适应；也是候选人从个人及他人的经验中主动学习并运用于其他不同环境的能力。只有同时具备高潜力和高绩效的人，才能成为未来的"领导明星"，因此人才盘点就需要找出那些同时具备高绩效和高潜力的人才。

对于潜力的评价会借助外部的测评工具，但在讨论会上没有程序化的分数，而是由人力部门提供一些指导问题，引导评委思考，给予最终的评分。

- 候选人在当前岗位上是否展现出承担更大责任的渴望？
- 候选人是否展现了扩展领导力宽度的决心和能力？
- 候选人是否展现了超越目前岗位要求的能力？
- 候选人是否展现了在公司内持续发展的事业激情？
- 你是否有信心支持该候选人（在你的业务之外）获取最为合适的发展机会？

讨论之后，评委就候选人的潜力等级达成共识并评分，评分的标准如案例表 4-2 所示。

案例表 4-2 潜力等级评分标准

分数	等级
4	候选人具备在公司层面晋升 2 个或以上职级的潜力
3	候选人具备在公司层面晋升 1 个职级的潜力
2	候选人在目前岗位上能够胜任，或能够胜任与现有岗位类似 / 相关联的职责
1	候选人在目前岗位上还未能胜任

关键岗位继任计划

全员的人才潜力评价讨论结束后，针对关键岗位的候选人还有另外的议题。

首先需要结合绩效和潜力的评定分数，形成人才盘点的九宫格，明确那些待发展和培养的高潜力人才（见案例图 4-1）。

接着，引入对人才准备度的讨论，以完善关键岗位的继任计划和人才梯队。

		效率低	绩效	效率高
		低（1～3）	中（4～6）	高（7～9）
适应性强	高（4）	⑤ ·发展	⑦ ·发展并保留	⑨ ·轮岗及保留
潜力	中（3）	② ·发展	④ ·保留并发展	⑧ ·保留并发展
适应性弱	低（2～1）	① ·调岗或解聘	③ ·保留	⑥ ·保留

案例图 4-1　人才九宫格

人才的准备度是指候选人何时可以得到晋升和较大的发展，侧重于时间因素。强生将关键人才的准备度分为三个层级，

Ready Now，RN：可以在 0～1 年之内晋升。

Ready Later，RL：需要经过 1～3 年的培养。

Ready Future，RF：需要经过 3～5 年的培养。

对高潜力人才的准备度的讨论，可以从以下几个问题入手。

- 候选人在不同领域和岗位下的工作方式。

- 候选人继任成功的可能原因。

- 候选人继任失败的可能原因。

- 候选人如何处理不确定性。

- 候选人如何处理危机和压力。

- 候选人如何处理冲突、障碍和不同观点。

- 候选人对规则、传统的态度。

- 候选人应对变化的能力。

- 候选人如何处理绩效问题。

- 候选人的合作性。

- 候选人的工作环境塑造能力。

- 候选人的非权力沟通能力。

最终，以表格形式形成继任计划及人才梯队的名单，同时提交的还包括以关键岗位为发展目标的，在列高潜力人才的个人发展和轮岗计划。

关键岗位评估

在年度公司层面的人才盘点会议中，关键岗位仍然是讨论的焦点。以岗位为出发点，从过去、现状和未来三个维度，对关键岗位和继任计划进行讨论。

当前情况评估：对每一个公司级别的关键岗位进行全面的盘点，首先需要呈现的就是经前期讨论确定的人员继任计划，每一个关键岗位均形成三级不同准备度的高潜力人员继任计划，强生根据继任人数来判断岗位人才梯队的健康程度：健康——2 名 RN 或者 1RN+ 1RL；良好——1RN 或者 2RL；问题——无 RN 或者 1RL。

对关键岗位的现状评估还包括现任人员的能力评估（经验、绩效评估、潜力评估、人员发展能力评估）、现任人员的流失可能、人才梯队情况，以及可能存在的风险（离职或退休）。

未来需求预测：对于岗位评估中表现出较高风险的岗位，需要出现在近期招聘计划当中，以便在半年内进行招聘或继任人员的晋升准备。

过去情况盘点：结合上一年度的人才盘点情况，尤其是关键岗位人才梯队的高潜力人才，对其制订的发展计划进行复盘，评价其是否达成上一年度的目标。

人才培养与发展

强生的人才培养力度很大，主要的培养方式有三种：课堂培训、他人的反馈和建议，以及工作实践。每年的人才盘点会议之后，所有员工都会形成一份个人发展计划，而关键岗位人才梯队的高潜力人才则以关键岗位为目标，进行必要的培训及轮岗锻炼。

强生的课堂培训包括领导力、通用技能、产品知识、医学专业知识等方面，这些培训很多是根据员工特点定制的，员工每年需要与部门主管和人力资源部门一起商讨并制订下一年个人发展计划。公司会根据其要求，制订匹配的工作和培训计划。

高潜力人才有机会参与更多的能力提升项目。业绩、潜力都得到认可的员工，将有机会进入继任计划，人力资源部门会逐步为其开设销售、财务和管理技巧课程，有意识地安排轮岗、参与管理项目。强生针对优秀管理人员设置了全球发展计划（International Development Program），对于已经为强生服务一段时间并被认为具有相当潜力的员工，强生为其提供大量培训费用，把他们派往美国总部接受高级管理技能培训，归来后根据培训成绩有针对性地安排晋升。

同时，强生强调从工作实践中获得经验。人才在进入强生之初，必须经历5～7年的基层工作。当产生职位空缺的时候，人力资源部会发布内部招聘信息，人才可以根据自己的兴趣和能力进行优先内部应聘。对于高潜力人才，强生还经常采取外派、轮岗的锻炼方式，对于这些外派人员，定期会由中高层领导针对其个人发展进行约谈指导。强生横跨医药、器材、诊断、零售多个行业，人才可以根据自己的意愿在强生内部跨行业流动。高潜力人才往往经历过内部转岗、跨部门项目、海外派遣甚至强生内部的跨行业流动。

得益于完善的人才盘点与继任计划，对于公司而言，任何一个关键岗位上的人才的请假或离职，都有足够的后备人员接替，确保公司稳定运营；对于员工而言，强生给予的不仅仅是一份工作，更是这种无限可能的工作环境，让能力与意愿兼具的人才能够得到充足的锻炼与挑战，实现路径清晰、以终为始的成长。

强生的成功经验

强生能够成功推行继任计划，并且将其作为一项激发和保持组织活力的重要工具，其总结了自己在继任计划推行中的关键成功经验。

继任计划享有最高优先级：将继任计划放在公司战略的高度，强生认为继任计划是公司三大最为重要的目标之一。继任计划的推行实施，直接影响着公司的人才发展和人才战略，对组织经营与发展产生重大影响，因此，继任计划并不单是人力事务，而是关系公司的组织绩效与运营的关键业务活动。

明确责任人：强生将人才盘点和发展的职责赋予领导团队，领导者将直接对人才梯队的建设，以及关键岗位继任人的准备度负责。强生甚至要求高层领导要晋升，则必须培养至少一名能够在1年之内胜任其岗位的接班人。同时，对普通岗位而言，公司明确提出评价和盘点由其直接上级负责，而发展计划则由员工本人负责。

公正开放、协同一致的组织氛围：在对人才的讨论与评价中，强生鼓励评委发表意见，同时要求所有评委开放平等，相信来自同事的评价；同时强生的轮岗文化也深入人心，不同部门或地区之间的人才交换非常常见，所有的组织和个人都需要对人才的流动保持开放包容的心态。

将继任计划作为常规工作：继任计划和发展计划制订后，要求本人与其上级每季度进行一次跟进和复盘，跟进目标是否按计划完成，同时两者也会进行深入的谈话，讨论发展过程中的挑战和想法，以了解人才的个人发展意愿。

案例五

IBM 的人才盘点

我认为，一个公司成功与失败的真正不同往往可以对接到一个问题：这个组织在发挥人的能量和才能上做得怎么样。

——托马斯·沃森

国际商业机器公司（IBM）于 1911 年由托马斯·沃森创立于美国，是全球最大的信息技术和业务解决方案公司之一，拥有全球雇员 30 多万人，业务遍及 160 多个国家和地区。

自成立以来，IBM 就重视对人才的发展和培养。关于 IBM 领导力和人才管理的成功经验，被视为其长达一个世纪之久的最为重要的遗产。尽管 IBM 的历任董事所面临的商业挑战和策略不尽相同，但对于人才的重视和管理理念却一脉相承。《财富》杂志曾将 IBM 排在最佳领导人排行第一的位置，将其对人才管理和领导力的培养创新实践作为标杆。

全球整合的人才管理

过去的 10 余年是 IBM 进行业务转型并且完成全球整合的过程。2002

年，彭明盛接任郭士纳出任 IBM 的 CEO，上任之后，彭明盛提出了"globally integrated enterprise(GIE)"的观点，认为全球市场和资源的无门槛流动与整合是不可逆转的趋势，IBM 无法依靠复制和推广单国的成功经验而取得成功，而是需要整合全球的资源和市场。为适应全球整合的业务需求，进行人才和文化的整合被认为具有更大的挑战，为此，IBM 的人才管理也进行了全球整合的转型。

从人才管理体系出发，IBM 虽拥有一大批优秀人才，同时也拥有技术资源、行政和其他资源，但这些资源相互独立，在某些情况下有重复，并没有整合进流程或系统，导致部门和人力资源管理数据收集冗余，不能做到完整地挖掘数据而满足人才需求。由此 IBM 整合人才管理的第一个奠基项目被称作 Workforce Management Initiative（WMI）。IBM 首先对人力资源的管理系统进行了有针对性的开发和优化，开发后产出的 WMI 不仅仅是一套人力资源的信息管理系统，其核心是一系列能够优化人才管理和发展的相关战略、政策、流程和工具的整合，帮助 IBM 实现了人力资源跨部门、跨地域的有效管理，成为业务与人才整合的有效工具，为 IBM 后续的全球人才管理、人才盘点和流动奠定了基础。

另一个 IBM 关注的焦点是人才的胜任力。正如资源的当地化，彭明盛认为，IBM 的核心竞争力并不是任何一款标准化的硬件或软件产品，而是能够基于对客户及当地市场的深入洞察，快速为客户提供有效的解决方案，为客户带来独特价值，因此 IBM 的人才不仅要精通 IBM 的产品和解决方案，更重要的是对客户及其行业的深入了解。IBM 要稳固竞争优势，实现持续发展，就必须在全球快速找到符合需求的人才。因此，IBM 对人才和领导力的角色要求也进行了第三次转型，提出符合业务转型的人才要求（见案例表 5-1）。

案例表 5-1　IBM 第三次转型对人才的要求

业务转型	客户导向、创新性组织	全球整合、智能化组织
角色转型	• 转型前的角色要求	• 转型后的角色要求
事务	• 激发他人拥抱挑战和追求卓越 • 聪明和前瞻性的决断 • 抓住时机，做出战略性的冒险 • 成为客户的战略性合作伙伴	• 帮助同事取得成功 • 以系统化概念指导行动 • 做客户的成功伙伴

（续）

业务转型	客户导向、创新性组织	全球整合、智能化组织
团队	• 赢取团队的信任 • 发展他人和团队 • 帮助团队扫清阻碍绩效的障碍 • 合作影响力	• 建立互信 • 注重沟通的实效
决策权力	• 横向思维	• 全球协作

通过各种整合和优化，IBM 将人才的管理变成了一个单一而综合的流程，实现了与战略相关联，为重要工作岗位提供稳健多元化的通路，促进跨部门人才推荐等作用，最终达成 IBM 人才管理的愿景：促使管理层识别并管理当前和未来所需要的各方面领导人才，以满足公司发展需求。

人才盘点的核心流程

IBM 重视如何在组织中发挥人才的才能，将识别、培养和布置作为人才管理的关键，由此确定人才盘点工作的核心流程包括规划、通路确认和培养、人才布置三个阶段。

规划阶段的核心是由公司与部门识别关键职位和相关技能，建立成功胜任该职位的要求。在此阶段，公司的人力资源部门需要通过对行业及公司内外部的分析解读，基于公司的人才战略评估人才需求，结合人才供应情况产出人才计划（见案例图 5-1）。

这一阶段的核心产出成果包括以下几项

- 业务单元和公司通过的整体领导人才行动计划。
- 由业务单元、国家、职能部门层面列出重要关键岗位和相关技能要求。
- 重要领导岗位成功就任者的特征。

进入通路确认与培养阶段，需要完成确认通路、创建基准、建立领导人才储备，并由个人和组织确认领导人才培养需求，建立培养计划文档。这一阶段的工作以在规划阶段产出的成果为基础，从员工自评开始（见案例图 5-2）。

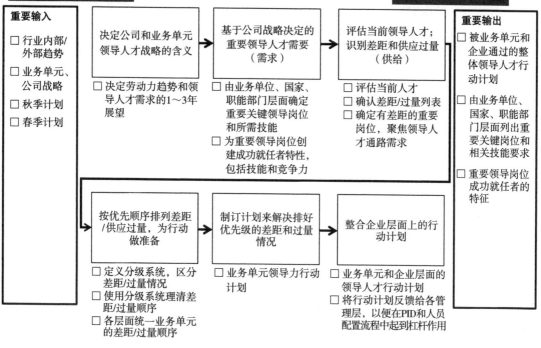

案例图 5-1　IBM 人才盘点第一阶段框架

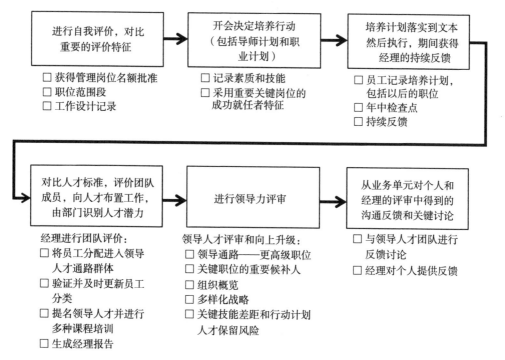

案例图 5-2　IBM 人才盘点第二阶段框架

这一阶段的核心成果包括以下几项

- 由业务单元、国家和职能部门层面提出重要关键岗位，并确定通路。

- 为重要关键岗位准备候补。

- 在 18 个月之内即可就任的领导人才库。

- 候选通路流程记录，并进行 5 分钟操练。

- 由个人和组织确定领导人才培养需求。

- 提名领导人才候选人并安排多种课程。

- 记录培养计划 / 反馈。

- 完整的领导人才模式。

人员配置阶段的核心是为关键职位选择候选人，管理好候选人反馈记录，为关键职位和增加任务的情况做事先培训。当管理职位出现空缺时，就开始进行人员配置的工作，整体流程如案例图 5-3 所示。

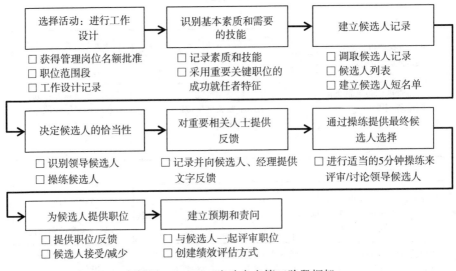

案例图 5-3　IBM 人才盘点第三阶段框架

这一阶段的核心成果包括以下几项

- 为新职位和重要关键岗位做工作设计文档。

- 为重要关键岗位挑选候选人。
- 对候选人的挑选和没有选中的人的记录和原因进行反馈。
- 记录操练。
- 外部招聘需求。
- 为重要关键岗位和拓展的任务安排做工作变动培训。

这套整合的人才盘点流程，从员工自评开始，到一线经理评估并制订人才培养计划，再到逐级往上的人才评估，直到与总裁一起进行 SVP 人才评估，最后落实到人才评估的巩固和行动，IBM 采用单循环的模式，将识别、评估和培养上万名高效、高潜力领导人才的方法在所有层次整合起来，并且将人才在公司内有效地配置，满足公司战略需求。

采用的工具和方法

IBM 继任者基准

IBM 选拔继任者的第一责任人是在任管理者，IBM 为其提供一套流程和标准，帮助其建立继任人才名单。

第一步：评估在你的岗位上取得成功所需要的关键能力、技能、经验和胜任能力（利用职业生涯框架图以及成功就任者特征来支持本项工作）。

第二步：考虑你自己的组织中具有满足这些标准的潜力的候选人。

第三步：考虑你自己的组织外部具有满足这些标准的潜力的候选人。

第四步：考虑你的基准的多元化（国家、种族、性别等）。

第五步：与人力资源部及同行合作，在你的国家、地区或全球识别可能不在你的雷达上，但属于你的基准的额外潜在候选人的人才。

第六步：评估候选人目前的能力并确定预备程度（从目前的工作、第一步的评估结果等）。

第七步：与你的管理层评估基准，作为你自己的职业发展计划的组成部分——以获得相关人的认同和同意。

第八步：与你的团队中的基准候选人合作发展其能力差距，以加速预备适应给定岗位。

5 分钟训练

5 分钟训练是一种将人才配置于关键领导职位的协作途径，在总裁层面上每月进行一次，在单位负责人、区域和部门层面上经常不定期地进行（见案例图 5-4）。目的在于联合管理重要的全球资源，确保最优秀的人才资源安置在关键职位上，以便激发人才和进一步培养。它为公司及全员提供以下内容。

- 一个机会：讨论关键管理人员空缺职位以及准备调动的管理者。
- 一个名单：各种各样可供考虑的讨论，以确保公司正在从整个人才储备库中选择形成候选人名单。
- 一个时间：讨论工作要求，帮助业务部门和候选人培养与达成合作共识。
- 一个流程：帮助识别和利用 IBM 内部人才。
- 一个机会：跟踪差异性现象的进程，以及关键计划。

> **总裁的 5 分钟训练日程**
>
> 目的：每月讨论关键职位的人员配置和准备
>
> 流程：职位是什么？真的需要吗
>
> **谁在考虑中**
> □ 其他人知道这个人吗
> □ 可能考虑到的其他人，也就是，为什么某某人没有出现在名单上
> □ 最近行动的概述（已宣布的和未解决的）
>
> **基调：SVP 的"指导"要基于人才讨论的需要**
> □ 强调某某单位整合和合作
>
> **运行规则**
> □ 第一次训练在业务单位内完成
> □ 由 HR 为业务单位准备名单
> □ 没有完成总裁的训练不得履职

案例图 5-4 总裁的 5 分钟训练日程示例

IBM 的经验总结

标准化的公司流程

IBM 的人才盘点最大的特点是盘点和继任流程的标准化。IBM 认为要使继任计划充分发挥影响，需要将其考虑成一定要做的公司流程，就像组织中的其他战略规划一样。继任计划如果仅仅作为某个事件（比如某个重要领导离职）的应对操作，是不会良好运行的。为此，IBM 在人才管理的整合中，将人才盘点和继任的操作整合为固定日常的流程，所有工具、信息、动作等都通过一套管理系统实现，并且为此提供了强大的 IT 支持，来保证人才管理工作的高效和统一。

个人培养计划处在核心位置

IBM 强调在职业早期发现人才，并且为今天和明天培养领导人才，提高领导人才的质量和深度，从而确保在正确的时间有恰当的领导人才可用，是继任计划的目标。因此在继任计划的实施中，培养通路设计处于核心位置，所有进入通路的候选人都将对照关键岗位要求，从员工的能力评估分析培养需求、制订培养计划，同时对培养计划进行记录和定期反馈，最终从人才培养过程的效果来进行人才配置。

董事长的投入

董事长是继任计划的最终负责人，董事长的评估是运营和战略规划日程表的一部分。他负责对继任计划进行年度评审及年中检查，每月进行 5 分钟训练，对公司层面的公开提名进行评审。在管理和调动人才过程中，非常强调董事长与各总经理的整合与协作。在这一过程中，他能够有效评估领导者的能力，为董事长岗位的继任计划确认人选。

禾思咨询简介

禾思咨询（www.humansmart.cn）是国际领先的人才管理咨询服务机构，提供综合的人才测评、人才盘点和人才发展服务，帮助企业挖掘人才的价值和潜力，从而帮助企业落实战略和提升组织绩效。禾思咨询构建了"才景人才衡量平台"（Talent Measurement Platform），提供在线的人才标准制定、科学测评、基准数据、技术和顾问服务，帮助企业评估、甄选和发展与岗位匹配的人才。

禾思咨询不仅构建了国际领先的评价中心平台，还自主开发了多项测评工具，如 CPI、WPD、领导风格、团队氛围、组织有效性测评，由本土心理学家联合美国西北大学的心理学教授，经过十几年的研究、开发和应用，积累了几十万的人才数据，信效度在国际上处于领先水平。禾思咨询的总部设在北京，在上海、杭州、天津设有分支机构。